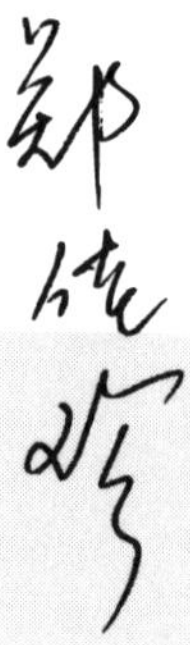

中国当代教育家丛书

立美人生

Li Mei Rensheng

郑佳珍／著

高等教育出版社·北京
HIGHER EDUCATION PRESS BEIJING

图书在版编目（CIP）数据

立美人生／郑佳珍著. —北京：高等教育出版社，2010.3(2011 重印)
ISBN 978 -7 -04 -023834 -1

Ⅰ. ①立… Ⅱ. ①郑… Ⅲ. ①郑佳珍 - 自传 Ⅳ. ①K825.46

中国版本图书馆 CIP 数据核字（2010）第 040241 号

策划编辑 肖彤岭 张 华 **责任编辑** 王冰怿 姜兰志 **封面设计** 陶 雷

出版发行	高等教育出版社	**购书热线**	010 - 58581118
社　　址	北京市西城区德外大街 4 号	**网　　址**	http://www.hep.edu.cn
邮政编码	100120		http://www.hep.com.cn
印　　刷	北京中科印刷有限公司		
开　　本	787×1092 1/16	**版　　次**	2010 年 3 月第 1 版
印　　张	17.5	**印　　次**	2011 年 3 月第 3 次印刷
字　　数	280 000	**定　　价**	36.00 元

物料号 23834 -00

《中国当代教育家》丛书编委会

顾　问(按姓氏笔画排序)

史习江　吕　达　朱小蔓　朱永新　刘志鹏
刘堂江　李　钺　张　力　张民生　张绪培
周稽裘　郑惠坚　郑增仪　赵书生　顾明远
陶西平　桑新民　康　宁　韩清林　傅国亮
裴娣娜

编委会名单

《中国当代教育家》丛书编委会

为了祖国的明天
创办一流幼儿园

二〇〇〇年二月

彭珮云

敬业情怀远
育人爱心多

北京明天幼稚集团五年庆

二〇〇〇年二月吉 柳斌

北京明天幼稚集团成立五周年

明天更美好

庚辰年春 陶西平

教育家向我们走来

当代中国有没有教育家？我们要不要为宣传自己的教育家做些认真严肃的工作？很长时间以来，我们一直为这些问题所困扰。讲起教育家不是古代的就是外国的，这既不符合实际情况，更不利于我国教育的发展。所以我们想做些开创性的工作，组织编写《中国当代教育家》丛书，以宣传教育家的事迹，反映教育家的成长，促进教育的改革发展。

2003年教师节，温家宝总理在人民大会堂接见教师代表时说:“教育工作要坚持面向现代化，面向世界，面向未来。要办一流的学校，就要有一流的教师队伍，有一批出色的教育家。要像宣传劳动模范、宣传科学家那样宣传教育家、宣传优秀教师，在全社会形成尊师重教的良好风尚。”温总理的深情讲话如春风拂面，不仅进一步坚定了我们的信心，而且增强了我们组织编写好这套丛书的光荣感和使命感。

在着手组织编写这套丛书之前，我们向王湛副部长和袁贵仁副部长汇报了这一想法，得到了他们的高度肯定。他们说：中国有近世界五分之一的受教育人口，有一千多万中小学教师；中国教育有悠久的历史文明，有素质教育的当代实践，中国教育理应为人类教育的发展做出贡献，理应有自己的教育家。事实上我们的时代和素质教育的伟大实践也正孕育并产生着这样的教育家。宣传我们的教育家，也是宣传我国改革开放的成就，宣传我国教育改革发展的成就。领导的鼓励进一步坚定了我们做好这一工作的信心。

当今社会发展迅速，社会对教育不断提出新的要求，教育不断面对新问题、新情况、新任务，各种各样的教育思想流派纷繁复杂。在这样的背景下，怎样坚持我国教育的优良传统，又改革创新；怎样坚持本土国情，又面向世界；怎样培养英才，又面向大众；怎样体现我国各个不同地方的共性，又能体现不同层次、不同地域的特点，等等，需要去研究、去回答。产生教育家是时代的要求。

在中国历史上，教育事业从来没有像今天这样受到过如此高度的重视。改革开放以来，党和国家确立了科教兴国的伟大战略，提出了人才资源是第一资源的重要思想，强调教育是国家的核心竞争力。教育的改革实践为我国教育战线出思想、出经验、出人物，创造了非常好的条件。产生教育家也是时代机遇。

我国广大教育工作者在教育实践中以他们的热情、智慧和责任感不断创造性地回答这些问题，不断丰富着世界教育范例的宝库。他们为祖国培养人才呕心沥血，为改革创新殚精竭虑，为教书育人谱写了一首首绮丽的教育诗篇。展现教育家风采，弘扬教育家精神，不仅是社会的责任，也是千百万教育工作者的长期夙愿。

怎样整理和呈现当代教育家的先进教育理念和卓越教育成就？我们在有关组织工作活动中通过研讨、交流和思考，逐渐明确了编写这套丛书的宗旨：

首先，要展现改革开放以来我国教师的动人风采，反映我国教育改革发展的巨大成就。我国教育在数量上迅猛发展的同时，教育质量也不断提高。教育观念不断更新，教育视野不断拓宽，教育管理水平也不断提高。教育改革催生了一批批教育家，教育家们又推动着教育改革的不断深化。在他们身上既承载着春蚕、红烛的传统美德，又体现了改革创新、与时俱进的时代精神。他们是我国千百万中小学教师的优秀代表，是我国改革开放以来教育改革发展的象征。

其次，要提升教育家的办学思想，推广他们的改革经验。教育家在自己的工作舞台上进行了大胆的、丰富多彩的改革实践，积累了宝贵的办学经验。通过这套丛书的编写，可以促进大家集中进行反思和总结，探讨教育规律，把握教育真谛，把个体经验提升为具有普遍意义的理论认识。

第三，要激发教育工作者的成就感和责任感，激发教育工作者追求卓越的信念。教育是塑造人类灵魂的崇高事业，教育不仅是知识的传播，而且是思想与思想的交流，情感与情感的沟通，生命与生命的对话。教育是造福于他人的同时也使自己获得幸福的伟大事业。我们希望呈现在我们面前的每一部作品都是一部教育改革的探索史，都是一部教育发展的奋斗史。使我们每一位教育工作者能够从中感悟到从事教育事业的崇高和幸福，能够看到教育改革创新的新标杆，通过教育家的今天看到自己的明天。

第四，要促进教育家们的共同成长。我们希望把作者们凝结为一个团队，成为一个新型的学习型组织，使这项活动成为交流改革经验、提升教育理念、探索素质教育有效途径的专题活动。使我们非常感动的是，所有作者都是怀着对教育事业的崇敬心情和再做一份贡献的责任感，投入这一工作之中的，为此他们克服了时间、精力、工作、身体等多方面的重重困难，在短短几个月的时间里，抒写了一部部精彩绚丽的教育诗篇。正如有同志所说，这项工作绝不仅仅是写一本书，而是一个督促自己再学习、再反思、再提高的过程，如同经过一场“炼狱”，经验与认识进一步提升，理念与追求进一步坚定，精神与境界进一步升华。

什么样的人才称得上教育家？这是我们的工作始终要面对的一个问题。在组织这套丛书撰写的过程中，我们进一步体会到，教育家并不神秘，他们也是平凡的、平常的教育工作者中的一员；他们也会有一些缺点和不足，甚至可能因为大力推进改革创新，某些缺点和不足更容易表现出来。但是，作为广大教育工作者的杰出代表，教育家又是不平凡的，他们为教育改革创新做出了突出的贡献。

首先，教育家要有自己的教育思想，有对教育的独到见解，有对教育理想的不懈追求。思想是否平庸应当就是教书匠和教育家的根本区别。自古以来，每个人对教育的期望、对教育的理解都会有所侧重、有所不同，然而教育家的教育思想应当更深刻、更系统、更自觉、更富有创见，并且更能坚持和实践自己的教育信念。

其次，教育家不仅有深刻的思想更需要有丰富的教育实践，可以说教育家就是有思想的实践家。能否把抽象的理论、先进的理念融会到每一个具体的教育细节之中，这是教育思想家和教育家的明显区别。教育家应当善于在实践中不断深化教育思想，不断丰富教育智慧，不断提高教育艺术；应当善于把知识的传授与人的发展结合起来，将优化学生健康成长环境视为自己的行为准则；应当善于把学生的发展与教师的发展结合起来，能够在教师集体团队中发挥引领作用。

再次，教育家是改革的实践家、创新的实践家，他们能够与时俱进，使自己的教育思想在改革实践中不断创新。善于发现新情况、新问题、新趋势，善于捕捉新机遇，采取新措施，建立新机制，这是当代教育家的明显特征。面对日新月异的社会形势，面对富有时代特点和新鲜体验的生龙活虎的学生们，他们应当能够把握时代脉搏，顺应时代潮流，并且敢于领时代之先，在教育过程中体现和代表先进文化发展的方向；他们应当敢于超越自己，不断更新思想观念，不断确立个人和学校发展的新目标。

第四，教育家是一个先行者、示范者、发动者，是能够提出学校发展愿景的设计师，是能够打造精英教师团队的精神领袖，是一个追求卓越办学成就的领跑人。教育家不是孤军奋战，教育家也是在方方面面的支持下成长起来的。教育家的成就与一个学科、一个学校、一个地区教育的发展实践是紧密联系在一起的。

第五，教育家必须是人性丰富、人格完善、人品高尚的人。真正的教育家，留给人们的是思想，更是人格。教育是挚爱，这种爱，越是无私，越是深厚；教育是思想，这种思想越是现实，越有智慧；教育是信仰，这种信仰越是坚定，越有力量；教育是追求，这种追求越执著，越有成果。在追求理想教育的道路上，必然会有思想观念的冲突，会有人际关系的矛盾，会有行动后果的风险……

没有“捧着一颗心来，不带半根草去”的大爱，没有“我不入地狱，谁入地狱”的大义，没有“敢为人先，争创一流”的大志，岂有大教育家？孔夫子“颠沛流离，累累若丧家之犬”而不改其志，陶行知“脱下长衫”穿上草鞋，“与牛大哥做朋友”，皆几十年如一日，始成教育家。苏格拉底、裴斯泰洛齐、苏霍姆林斯基、马卡连柯、蔡元培、黄炎培、晏阳初……当我们提到这些名字的时候，联想到的往往是他们视学生如己出，视学校如家庭，视教育如生命的不朽形象。在我国当代教育的进程中，斯霞、霍懋征、于漪、孙维刚……都是我们熟悉的名字，他们有些已经离我们而去，有些还在关心着教育工作，他们是优秀教师的代表，他们都是当之无愧的教育家。

但任何一项工作都有自己的特定目标，为凸显教育家的时代特征和现实感召力，集中反映我国基础教育领域推进素质教育的最新成就，这套丛书的作者仅限定于目前仍然在基础教育第一线工作的同志。他们长期在基础教育第一线工作，所取得的教育成就和业绩，已经得到社会各方面以及教师们的广泛认可……这样的人选还有很多，现在呈现给大家的是第一批，以后还会有第二批、第三批。相信会有更多各具风采的教育家向我们走来。

这套丛书在计划和组织过程中得到了很多方面、很多同志的帮助和支持。对本项工作，顾明远、陶西平、吕型伟、郝克明、叶澜、裴娣娜、朱小蔓等一批专家学者给予了诚挚的关心和指导；教育部基础教育司、人事司、师范教育司、教育发展研究中心等有关部门的同志们给予了有力的支持；北京、上海、浙江、重庆、湖南等省市教育厅暨师范教育处的负责同志，中国教育学会暨所属各有关专业学会以及《人民政协报——教育在线周刊》的同志，在推荐教育家代表人选方面做了大量的工作；《人民教育》杂志社、《中国教育报》、《中国教师报》、中国教育电视台等媒体单位自始至终地关注支持着我们的工作；高等教育出版社的领导及编辑们为本套丛书的出版付出了辛苦的努力……

没有这些支持，这套丛书是无法如期问世的。如果要把这些同志的名字都写出来那将是很长的一列，即使这样也还会挂一漏万。所以就让我们努力出好这套丛书，回报所有参与支持这项工作的同志们，回报上千万在教育一线辛勤工作的教师们，回报数以亿计对教育工作寄予厚望的学生和家长们，回报全社会所有关心和支持教育事业的人们，并以此庆祝我国教师节 20 周年。

袁振国

2004 年 8 月

目录

楔子

2005年3月的一天，春风和煦，北京海淀区塔院小区充满了安详与恬淡，老人们三三两两，踱步到了迎春园一栋别致的小楼前，那里，有许多年轻的父母，眼中满是幸福与欣慰的笑意。

究竟是什么，吸引了这么多老老少少前来观看？

听，是歌声，天使般的童音，伴着娴熟的乐器演奏。

仔细看，竟然是一群几岁的娃娃，整齐地演奏着小提琴、大提琴等各种乐器；另一群娃娃，伴着歌声欢快地起舞。沿着塑胶地上彩色的小脚印缓步进入幼儿园，墙上处处挂满了孩子们的绘画、剪纸作品。教室里，孩子们跟老师、家长欢快地一起游戏……

柔和的阳光暖暖地照进来，折射出一个斑斓的世界。

在醒目的“全国立美教育研讨会”的横幅下，领导掷地有声

★国务委员李铁映与作者合影

地宣布："明天幼稚集团是我国学前教育领域探索和实践'立美'教育的先行者，也是全国第一所实行集团化管理的幼儿园。在学前教育领域取得了骄人的成绩，为学前教育改革与发展提供了宝贵的经验……"

台下掌声雷鸣，有人悄然拭泪。

鼓掌的有欣慰的年轻父母，也有昔日往园内扔砖头的家长；有全国各类比赛获金奖的娃娃的父母，也有昔日听单调"吱吱"小提琴声就拍案而起的冲动家长；有多年奋斗在集团的老师，也有曾经张贴大字报泄愤的教职工，也有慕名而来的中小学教育管理者，也有当年斥"立美"为学术务虚的专家……

★1998年1月国家教委副主任柳斌来集团视察

15年的实践成果获认定。随着"立美"这个词汇被家长和各界广泛认同，被教育专家逐渐认定，一个全新的教育模式，终于冲破了多年探索的迷雾，冲破了多年被人们质疑乃至阻挠的局面，以全新的内涵，"守得云开见月明"，与各位教育同行见面了。

★北京市副市长林文漪与作者亲切交谈

如今，15年过去了，由当时的"立美教育工程"发展为今天的"立美教育"思想，明天幼稚集团各个幼儿园对立美教育研究也已经初见端倪。其中凝结着明天人多少心血和汗水，个中的苦与甜都尝尽。

我的追求与磨砺终于修成正果，拥有了它应有的收获。20多年实践研

★2009年6月1日，市教工委副书记唐立军、区教工委书记张卫光及市区教委相关领导来集团慰问

究终于确立了立美教育的文化内涵与品质，幼儿园基层的实践研究终于登上了全国课题研究的舞台，更加清晰和广泛地显示出它“向上、向善、向高、向远、向美”的教育思想与核心理念！同时，全国各地园所也纷纷前来学习和考察。立美模式正如春风化雨，悄然在幼教领域兴起。

那么，究竟什么是立美教育？立美教育缘何成为国家幼教领域的重要改革探索，并在全国各地推广？

★2009年4月24日，市区级教委领导检查指导明天一幼信息化应用

借这次丛书出版的契机，我重整以往的资料和笔记，与我的团队一起力争呈现我们共同经历的教育追求。

第一章

追求立美教育

一、“美盲要比文盲多!”

1984 年 5 月 8 日，《北京晚报》发表了老艺术家吴冠中先生的一篇短文《美盲要比文盲多》，直陈中国美盲比文盲多，尽管很多人有很高学识，但缺乏欣赏美的能力。所以，他倡导教育要提升审美的能力。

当时，诺贝尔奖获得者杨振宁和李政道先生读后都极感兴趣，一度出现“科学和艺术是一个硬币的两面，谁也离不开谁”的论述。

科学家关心美育，历来如此。爱因斯坦说过：“这个世界可以由音乐的音符组成，也可由数学公式组成。”他常常和量子论的创始人普朗克一起演奏贝多芬的作品。而钱学森会吹圆号、弹钢琴，他的名言是“科学家不是工匠，科学家的知识结构中应该有艺术，因为科学里面有美学”。

法国作家福楼拜曾说过：“科学与艺术在山脚分手，在山顶会合。”李政道则在 20 世纪预言：下个世纪就是两者会合的顶峰。

这些给我们的教育提供了一个新的课题——要在 21 世纪实现这两者的会合，我们的教育需要做的，便不能只是传授知识，更应该培育学生发现美、欣赏美乃至创造美的能力。

早在新中国开创伊始，教育就有了“德、智、体、美、劳”的元素。但是，随着时代的发展，如何让我们的美育更加明确，更加科学，通过实施全程美育教育的整体构想，就“美的规律”建设统一的、和谐的整体教育，从更高更深的层次把握教育的未来等问题，就此我思考着，选择着，体会着，实践着……

站在前人的肩头，把美育看得再清楚些。

为此我翻阅了大量关于美育论述的典籍，从传统美学到当代美学，从精英美学到大众美学，从孔子的“诗教”、“乐教”到蔡元培的美育观、席勒诸人的美学等，我一直在通读、学习和领悟。

★以美育人的摇篮锦旗

情感品质和情感能力是个体最基本、最重要、最关键的一种品质和能力，它影响着人对自己的认知和调控，对他人的同情和理解，对科学的探索和迷恋，对祖国的热爱……它涵盖着一个人对己、对人、对事、对社会的自制力、刚毅力、善解人意的能力。积极、健康而优秀的情感品质和情感能力，给人以智慧、力量和信心，促人成长，助人成功。

对儿童来说，其情感品质和情感能力是人格发展和创造人生的基础，打好这一基础不仅关系到儿童个性、道德、人格的成长，也是认知学习的效率及其社会活动的保证，影响儿童一生的发展和幸福。

以美学的眼光重新审视今天，中国教育正面临多元文化的撞击，每位家长都希望自己的孩子能有美好的人生，为了孩子的教育付出甚多，然而其良苦用心并不一定能使孩子健康成长。不少教育家在反思：孩子们的成长究竟缺少什么？他们需要什么？他们是否能感受到成年人的关爱？

我因此开始重新思考美育是什么？如何做？

1993 年的一天，我与我们园的家长王天阳的父亲、区教科所研究员王骐老师聊起我对美育的一些思考时，王骐老师也很感兴趣，他说：“郑园长，你这些想法太好了，你可以看一下赵宋光教授的音乐教育和桑新民教授的审美-立美观。”

“立美”这个词我一听就觉得格外认同，于是，来不及回家，我满怀兴奋地直接去了书店，查阅关于他们二人的著述。晚上，捧着好几本书回家，如饥似渴地开始阅读。

这两位前辈学者提出了“立美”的概念，他们的著述给了我坚定的勇气，也给了一些启迪。然而，在如何具体实施“立美”上，他们却缺乏实践的研究，没有可操作可参照的标准与课程体系。

那么，美，该如何立呢？

受到启发后，我又跑到国家图书馆，如饥似渴地翻阅了大量的书籍，查看了大量的美学理论，更坚定了立美教育是一种全过程立体式的美的实践操作活动，重在“立”，重在实践，重在操作，重在体验，重在感知，重在现实。

时代的进步让教育处于反思之中，要形成新的教育理论，更要检讨教育活动本身的目的、性质、价值和知识结构等。我想，立美教育就是在原来的以美育人的反思中得出的“立教育自身之美”来育人，它是通往未来的美的教育。

在不断汲取中外权威教育心理专家的研究成果的基础上，在多年办园探索实践的研究中，我带着一支团队不断进行着实践基础上的理论创新，和理论指导下的实践探索，不断升华着“立美教育”的思想内涵。

我想，“立美”不仅仅能提高幼儿的审美能力，还能开发幼儿的创造性，同时塑造幼儿的健康人格。立美教育可以提高人敏锐地发现和感受美的事物的能力。立美教育用美的形象去感染人，也就是激发人的情感活动，用情感活动来推动人的想象和思考，进而以情感的方式去把握和认识世界。从这个意义上来说，立美教育不仅能培养人感知美的能力，而且能增强人对美的事物的理解力，以美启真、以美储善，提高受教育者通过美的事物认识世界的能力。

“立美教育”是建立美的合乎规律的教育活动的实践过程，是力求将与教育相关的各个方面都变成美的东西，即美的内容、美的形式、美的方法、美的手段、美的环境、美的教师、美的管理、美的氛围，从而使教育本身成为美的教育、美的文化。

“立美教育”的前提是教育本身的美，包括教育环境、教育内容、园所文化、教师、课程的美。园所中所有的内容和形式都进入美的世界，使幼儿置身于美，从中受到教育，即实现教育立美。只有立美，才是教育的振兴之路、希望之路；只有立美，才能为教育找到美的法典。才能按照“美的规律”建设教育。只有教育的各个方面构成统一的、和谐的整体，才能实现立美。

“立美教育”是通过精心栽培的教育、和谐的美育、自主发展型教育、循序渐进的教育来完成的，是通过环境立美、以情至美、活动立美、以意导美、生活之美、以美促美及立美教育实践的各个环节的支点自转与良性互动为保证的。在这里，艺术立美只是立美教育的手段，是最直观的形式。

多年来，我带领着明天幼稚集团潜心研究21世纪幼儿成长的规律和成长的环境变化，以哲学的思考，在吸收国内外先进教育理念的基础上，提出了以“立美教育”为核心的教育思想。使教育成为真善美和谐统一的存在，使教育自身拥有美、显现美，成为美的主体。

二、为幼儿涂上美的底色

在家庭中，每一个孩子都是天使，幼教工作者是小天使的第一任教师，而我们的责任，就要给他们多彩的生活涂上最美丽的底色！

我清楚地记得，1995年的春天，我和集团老师在科研研讨会上，就“立美教育”的观点进行研讨，大家你一言我一语的真情话语，老师们的热情期待，至今都历历在目。十几年来，集团老师拧成一股绳的干劲给了我积极前行的力量和勇气，不断探索立美教育之路。

“美”在幼儿发展中起着无可替代的作用，我们的“立美教育”从一开始就定位在“涂人生最佳底色”上，寻求能够最大限度地促进幼儿发展的

★瞧，我会画画

途径。

在立美教育实践中，我渐渐发现，孩子并不只是一张完全空白的纸，他们有自己的喜好和领悟力。为此，我开始积极探求“适合儿童的教育”，以促进每个幼儿在原有的基础上得到发展。让我们的老师不仅关注那些发展水平好的和那些“淘气”的儿童，也更多地注意那些内向的幼儿，积极表扬、鼓励他们，使每个幼儿都感受到来自老师的重视与爱护，感受到来自集团大家庭的美与善的熏陶。

我们在尊重教育规律与儿童成长规律的前提下，研究其特殊规律，以培养幼儿优秀的情感品质和能力，陶冶完美人格为核心，以开启美、发现美、塑造美为主线，通过教育理论创新、教育体制创新、教育模式创新等系列的实践研究，构建起完整的“立美教育”体系，为探索幼儿教育的新思维奠定了基础。

★看！我们的舞蹈

可以说，立美教育是我对幼儿教育的理性认识和理想追求，它决定了我的教育行为，形成了我们办园理念。办园理念是一所幼儿园集体智慧的结晶，是全部园所文化的积淀，是能够凝聚人心的共同愿景。办园理念要被全园教师所接受、所理解、所认同，并最终成为全园师生共同的价值取向，共同的理想追求，共同的实践目标。

我认为，一个孩子的教育在集体中可能只是1%，但在家庭中却是100%。只要我们坚持不懈，只要我们付出努力，只要我们对每一个孩子播下爱的种子，就一定会让每一个孩子都能健康成长！就一定能实现“启蒙明天，播种未来，涂人生最佳底色。”的教育理想。

★看！我做的灯笼

我在《立美教育工程总体方案的试行方案》中指出“父母给予孩子的遗传是不等的，明天启蒙人的教育是相同的”。

我要求职工把“立美教育”贯穿幼儿教育活动全过程。始终以人的发展为本，从尊重幼儿成长的权利和需要出发，注重从情感和态度入手，追求高层次人的和谐发展，逐步形成了集团“立美”教育特色。

在提出“立美教育”的思想后，我们根据集团特色，制定了发展的总目标：优化幼儿教育的整体育人环境，以提高幼儿素质、全面育人、优质育人为直接目的，为塑造幼儿完美人格奠基。并在此基础上，量化教育特色发展的具体目标：建构幼儿立美教育理论体系，建立其社会基础和理论基础，营造全新的集团文化——实现集团教育的整体立美。

经过十几年的探索与实践，我们逐渐理清了立美教育理论架构的两个层面和4个基本框架：一是对幼儿立美教育工程体系的整体建构，二是对集团文化模式的建构。在四个基本框架内容里，一是理论创新，建立立美教育的理论体系；二是体制创新，包括以人为本、重在激励、科学合理地设置机构、定岗定编等；三是手段的创新，包括信息技术教育手段和资源库、计算机网络管理等；四是形成集团文化模式，实现集团的整体立美。

在实践中，我们不断深化着“立美教育”的内涵，提出环境立美、艺术立美、活动立美、生活立美等四大立美教育主线，并建立了“岗位立美、园所立美、课程立美、集团立美”的四大“教育立美”管理体系。

最终通过确立“让每一个孩子都发展，让每一个教师都成长，让每一个园所都提升，让每一个家长都满意”的立美教育核心价值体系和“体格健美，身心健康；形态优美，素质优良；习惯良好，气质高雅；兴趣面广，人有所长；生活丰富，人格健康；多彩人生，快乐成长”的立美教育幼儿培养总目标，集团建立了全方位、多元化的“立美教育”和谐模式，各幼儿园的立美教育特色更加鲜明。

三、记忆中的童年生活

著名文学家三毛的《逃学为读书》，于谐趣中铺开了当时教育背景的画卷。而我追求“立美”的脚步，也恰在童年的逃学中起步……童年最不愿意上幼儿园，经常从幼儿园跳窗户逃学的我，竟然做了一辈子幼教工作。

★小时家庭合影

在我的印象里，幼儿园的童年生活并没有太多的美好。很奇怪，不记得幼儿园阿姨的清晰面孔，不记得在幼儿园玩的游戏，不记得阿姨奖我红花的情景，不记得的太多太多……却很清晰地记得那扇紧闭的铁门，不太大的教室和院子，不太高的窗户和窗外那片蔚蓝的天空，每天在幼儿园枯燥无味的生活，还有那个向往自由的小姑娘——我自己。

妈妈出于无奈，把我送进了单位的幼儿园。说是幼儿园，其实就是一个院子，里面有几间房子，泥土的院子，教室里没有任何玩具。因为是单位福利，好像每月也不用交多少钱。初进幼儿园时，还带着几分向往和兴奋，但真正入园后，看到一个院子被一道大铁门锁住心里就很害怕。阿姨都是职工家属，也没有多少文化，不怒自威的严肃让我望而生畏。在教室里基本上对我们就是看着，不许说话、不许动。能教点儿阿姨脑海中记忆的简单儿歌就已经不错了，在院子里游戏的内容基本上就是在玩追人的游戏。阿姨则在旁边唠家常，说说谁家的男人怎么了，谁家的女人怎么了等。我们这些孩子爱干啥干啥，随便！

于是，我开始酝酿“逃跑”，占尽地利之便，我恰好坐在靠窗户的位置，于是，每次在阿姨不注意我的时候，我便登上小桌子，爬到窗口往外跳。记得第一次跳下去，脚还有点疼。但兴奋让我忘记了一切，窗外自由的空气让我如脱笼的小鸟般雀跃不已，我自由自在地奔跑，和很多不愿意上幼儿园的孩子一起玩儿，一起爬树，摘柳条，编成小帽子戴在头上。

由此，我懂得了，孩子是多么需要自由，玩儿是孩子的天性，孩子对世界的每一点一滴都充满了兴趣，当幼儿园不能尊重这种天性时，“逃学”也许真的成了一种享受！现在回想起来，幼年的生活片断，相比阿姨们教条式的训话，“逃学”倒成了难得的乐趣。

小的时候，家里生活条件很差。四五岁时还赶上国家三年自然灾害，那时几乎一切可以充饥的东西，谷糠麦麸、各种野菜、树叶都成了人们填饱肚子的“美食”。早期的印象我倒并不深刻，所记得的，就是吃柳树芽和红薯面的饼子。不知为什么那时的红薯面贴饼子格外的黑，黑乎乎的，并没有今天人们所想象中的“甜甜”的味儿。而且经常吃这些东西，还造成了营养不良，我和妈妈都得了浮肿病。

记得很清楚的是，当时一位警察叔叔骑着一辆挎斗摩托车带着我和妈妈去看病，医生说我们是严重营养不良导致的浮肿。后来我们家里还领到了一袋黄豆。被警察叔叔送回家的时候，带着几分兴奋和感激，还有些许的自豪，以为只有自己家才是那么的幸运，后来才知道，那是党和政府对百姓的救助。但是，不管怎么说从那以后，“警察叔叔”的形象在我心中异常高大。

几个哥哥都要上学，作为女孩子，我理所当然地要为妈妈分担家务。第一次做饭是我五岁那年。不知是不是天助，反正第一次就做熟了一大锅贴饼子。当时，我家里用的是那种砖砌的灶台，烧的是木柴。因此，即使要做出一顿简单的饭菜，也需要攻克不少技术上的“难题”。

首先是烧柴火可没有想象的那么简单，既要控制好火势，又要节省木柴。尤其是引火的时候，需要用吹火筒去吹，但是控制不好的话就会柴烟弥漫，刚开始的时候我被烟熏成了小黑猫，被烟呛得直咳嗽，眼泪鼻涕一块流下来，真是“声泪俱下”了。五岁的我，身高有限，手臂太短，今天看来不大的灶台当时显得格外的宽大。往锅里贴饼子根本够不着，只好爬到灶台上，沿着灶台转着圈儿贴；而且要想把红薯面和匀成形，也不是一件简单的事情，但就是这样，我竟然能够把贴饼子做熟了！听到妈妈的赞扬，看着哥哥们吃上了我做的贴饼子，兴奋之情难以言表。从此，我便开始了为家里做饭的生涯。

记得有一次，做饭的时候，柴锅灶膛的柴火加多了，火太旺，蹿出来的火苗引着了灶台口的柴火，火一下子就着了起来。看到着火了，我和哥哥都吓坏了，不知道该怎么办。比我大三岁的哥哥还是比我有经验，也比我老练，他急中生智把家里盖的被子拿来扑到火上，但浓烟弥漫，一场“火险”还是发生了。幸好邻居及时报了警，救火车及时赶来，否则，后果真是不堪设想……妈妈回家的时候家里已经是一片狼藉，无助的妈妈唯有放声大哭来发泄心中的痛苦，而我和哥哥却唯有呆呆地望着妈妈，不知如何是好……

我上小学三年级的时候，文化大革命开始了。有一天，学校突然来了很多红卫兵，操场上乱成了一团，不知道为什么，我的老师被打成了“臭老九”，学校停课了，我也开始在家里游荡。

那时记忆最深刻的就是八个样板戏和革命歌曲，几乎每个人都会唱，因为耳濡目染，差不多人人都会表演，随便一个人都会来上几段。有的时候我和同伴也会在大街上做一些表演，说得好听点儿是表演，其实那就是我们的游戏。因为我们没有学可上。记得有时我们自编自演《白毛女》，我饰演杨白劳，穿着破衣服，系上绳子，唱着“人家的闺女有花儿戴……扯上了二尺红头绳，我给我喜儿扎起来”边唱边表演，也是乐趣无穷。

每每沉浸在表演中，我便几乎可以废寝忘食，乐而忘忧。这也许就是“艺术”的魅力所在吧。

有一次，我和几个伙伴正在街道上热烈地跳着舞蹈《北京的金山上》，那是一首至今都经久不衰的曲子，也是我特别喜欢的一个舞蹈。这首曲子无论从作词、作曲、舞蹈编排上都有其吸引人的独特魅力。

“我们迈步走在社会主义幸福的大道上，嘿巴扎嘿……”

“让你巴扎嘿……都什么时候了还不做饭，我让你巴扎嘿！”突然我遭到了哥哥劈头盖脸的几巴掌。因为忘情地投入表演，浑然忘记了时间——

★作者在马甸中学就读二年级时的班级合影

我忘了回家做饭。

我委屈得直哭。是的，哥哥们已经把让我做饭当作了一件天经地义的事情，在某种程度上，我在这个家庭里承担了原本由家长承担的家务，这种家庭带来的压力既赋予我与年龄不太相称的责任感，也迫使我较同龄人而言更快地成熟。

从小到大，哥哥就打过我这一次，却让我记了一生。以至于长大之后还经常跟哥哥开玩笑说起来，在我们大笑的同时，还有一丝隐隐的庆幸和后怕。

如果说，当年上幼儿园的逃学是“迫不得已”。那么，以后继续上学，则可以说是“情非得已”了。

我1956年出生于河南洛阳，听妈妈说，我6个月的时候，全家迁居到北京。家里有五个孩子，三个哥哥，还有一个比我小两岁的妹妹。妹妹出世不久，父亲便去世了。妈妈艰辛地抚养我们五个孩子。一个女人，带着五个孩子，生活的艰难可想而知，可以说是含辛茹苦。后来，妹妹还因为交通事故早逝。这个变故再次沉重地打击了妈妈。原本就饱受命运捉弄的母亲，短短几年内连续遭受丧夫、丧女之痛。但是，她没有被命运打倒，而是坚强地撑起了飘摇的家庭大厦，用一天到晚拼命地工作来抚养我们这几个孩子。

给我印象最深的是，虽然家里很困难，但是母亲一直支持我们上学，从不拖欠我们的学费。那时候我的学费是每年两元五角，再加上三个哥哥的，每年母亲都要承担十块钱的学费。这在当时，是一个不小的数目。

虽然，有父亲作为建筑工程师遗留下来每月微薄的抚恤金，但对于我们四个孩子的生活、学费来说，仍是紧巴巴的。母亲必须一天到晚地工作才能养活几个孩子。母亲真是尽了最大的力。

即便这样紧张，母亲却从不借一分钱，并且时常告诫我们：“做人要有志气，有难处谁都不要靠，要靠自己。一定要争气！”

是的，一定要争气，当时小小的我们，已经能够感受人情冷暖。父亲去世后，我们家便被亲戚们“隔离”了，连最亲的祖母和外祖母，我都没有再见过。亲戚们都不登门了，妈妈偶尔打电话，亲戚开口第一句一定是哭穷。

“我不是借钱”，母亲只能这样解释。以后母亲索性不再与他们电话联系，哪怕理尽孝道也要遭冷眼，我们能体会到母亲的难过。

饱尝生活艰辛和人情冷暖，我们兄妹几个从小就很懂事，不但帮母亲做家务，而且兄妹之间也和睦相处，有好吃的“分份儿”，我都是拿出孔融让梨的精神，自己吃最小的。脾气好的二哥经常帮我补习功课，大哥他们则很早出去捡破烂卖钱补贴家用。

受母亲影响，我们都有很强的自尊心，也很争气，尽管我是那么不想上幼儿园，不想上学，但是，懂事之后，从此不再逃课，而是乖乖地读书，学习，在学校里一直是“品学兼优”的好学生。

有一次，当军官的姨夫来北京出差，也许觉得我们实在是清贫吧，带着我去合作社买东西吃，但是，我死活就是不让他给我买吃的和用的，不肯让他花一分钱，坚持什么都不要。这件事受到姨夫和妈妈的赞扬。姨夫说：这孩子太有志气，将来一定有出息！

母亲的品格是影响我们一生的财富。她告诉我们，任何时候都不要想着占便宜，吃亏是福。“我们的母亲太不容易了，我们一定要为她争气。”后来，我们兄妹几人，都把母亲的教导当成座右铭牢记，硬是靠着自己的拼搏和努力，为自己也是为家庭奋斗，各自创出了自己的一片天地。

每个人生来都有一颗不想被束缚的自由的心，每个人也都有一个童话般瑰丽的梦。

童年，在那个时代里，有着太多太多的故事。稚嫩的眼中，大时代背景的轰轰烈烈，小家庭世事的周折变迁，都是一种有意思的体验。

只是，那时候接受教育的历程，却存在着很多缺失和遗憾。想想那时候，每次逃学出来，有时候兴奋地奔跑，攀爬，雀跃，或在草地上打滚，折腾累了，便坐到草地上静静地休息。外面的世界好大，但小小的我一个人坐在草地上，兴奋中惶恐，惶恐中迷茫，不记得坐了多久了，只记得那时候的天空好蓝好蓝，阳光洒在我小小的身子上，好暖好暖……

回想当年，并没有童年梦幻般的美好，甚至显得单调乏味，就像吃饭不吃菜一样。

于是，我总是憧憬着，向往着，多么希望大铁门里的幼儿园，并不是一个托儿所式的“训育园”，而是一个美丽的童话世界，那里面应该有美丽的阿姨，耐心地讲着美丽的故事，有天使般的姐姐，带领我们翩翩起舞，鸟儿跟我们一起唱歌，花儿为我们绽放……

在那里，我们将开启人生最美的窗口，推开门，便是一个瑰丽神奇的世界，一条绚丽多彩的路……

四、成长在忽略美的年代

到中学时候，“文革”已经如火如荼地在全国铺开。

那时候，教育界盛行“开门办学”，遵照毛主席的教导“学生以学为主，兼学别样”，即学生走出校门从事学工、学农、学军活动。文化课主要是政治、数学、语文、英语。学习文化课已经很次要了，阶级斗争的“弦”时刻也没有放松过，由批判“读书做官论”改为批判“读书无用论”了。那时候政治课是结合当时的政治形势而定，经常请贫下中农和工人阶级代表来学校给我们开忆苦思甜会，让大家体验新中国成立前劳动人民受苦受难的滋味！

那时候的学校，除了要求学生具备一定的农业基础知识外，还要有一定的劳动经验，所谓“三大革命实践”之一，以避免学生们变成“四体不勤，五谷不分”的人。那时期有一种理论，说是要“知识分子工农化，工人农民知识化”，文革前主要是工人农民知识化，到了“文革”期间就强调知识分子工农化了。

于是，同学们便要打好背包，到广阔天地里去接受贫下中农再教育。到革命的大熔炉工厂去接受工人阶级的再教育。

“三夏劳动”对我们来说，其实并不觉得艰苦，反而有一种战天斗地的乐趣。记得一次，我们去农村帮着麦收。大家在炎热的天气里，从马车上往麦场一趟趟地抱麦捆，然后再把麦捆摊开，均匀地铺在麦场上。看着麦粒从脱粒机中脱出，我们高兴极了。然后，我们跟着农民一起用木锨把麦粒堆在一起“扬场”，把麦粒一锨锨地扬起来，麦粒飘飘扬扬落下，细小的麦壳、灰尘、杂草便被风吹走了。最后，看着一堆堆的小麦在麦场里散发着金色的光辉，那种成就感，真的是很难形容。

诚然，通过学工、学农、学军，促使学生从小就参与更多的社会活动，触及了更多的社会知识和劳动技能，对日后培养团结互助、吃苦耐劳和自理、自立、自信、自强的意志品质，有着积极的影响。同时也由于过多的社会实践活动，使我们对文化课的学习大大减少，因而，很多实践中的所见所闻，便不能及时与知识结合起来，可以说，也算是当时教育的一个片面。

“拉练”是那个特定时期的产物。所谓“拉练”就是为了适应备战需要，让学生走出校门，通过背起行囊集体徒步走很长的路，让学生去体验和尝试以适应战时的需要。“拉练”纯粹是为了体验一种新的生活。

参加拉练的学生必须准备自己的行装，包括背包，背包里裹的是棉被和鞋子、衣服之类的生活日用品。

第一次参加拉练，是在初中一年级的初冬季节。我们从学校出发，一直向北前进，刚开始，大家的情绪还十分高昂，不时传出歌声。

然而，越往后，大家就越没有了开始雄赳赳气昂昂的精气神儿，两条腿真像灌满了铅一样，每向前跨一步都十分困难。

走了几天终于到达了延庆的四海乡。据说那里是我们的终点站。那是一个群山环绕的村庄，景色很美。本以为终于可以好好地休息一下了，但是刚刚睡下不久，急促的紧急集合号声又把大家惊醒。在一个稍微平缓的山坡上，“团长”给我们通报了“敌情”：接上级紧急通知，由于本地区爆发了流行性脑炎，需要立即开拔——我们又拖着疲惫的身体出发了。

漫长的路，仿佛没有尽头，更关键的，大家对此行的目的、意义、终点毫无所知。

学工、学农给我留下了深深的印像，记得我第一次离家，那是上初一时，我们到农村去学农一周。我们去的地方是苏家公社的前家涧村，劳动了一天，同学们都很是想念妈妈。要知道这是我们第一次离开家，离开妈妈。晚上大家都哭了，都想爸爸、妈妈，于是我们想到了写信，同学们开始了一生中第一封信的写作。

信写完了，我们结伴投到了邮筒里。这时我才突然想起信封没写投递地址，这可怎么办啊？几个同学一起商量给邮递员写信，让邮递员见到没有写地址的信送到我们领导手里。

第二天，王老师找到了我，拿出了我没有写地址的信，我真是高兴极了。可王老师并没有立刻给我，而是把我给邮递员写的纸条递给了我，说："佳珍，你觉得这纸条有什么问题没有？"

看了半天，我也没有看出问题，茫然地摇头。

王老师看看纸条，轻轻念着："邮差叔叔！"然后又问我："你知道邮差是什么概念么？"

我仍不懂，诚实地回答："不知道。"

王老师耐心地告诉我，"差"在以前的年代都是对"跑腿的人"的称呼，用邮差来称呼专门送信的人，是对他们很大的不尊重。我们应该称呼他们为邮递员。于是，我赶紧跑去给邮递员叔叔道歉。

我的第一封信闹了这么大的笑话，现在说起来同学们还会善意地嘲笑我一番。不过，也正是这第一封家信，让刚上初中的我明白了做事一定要严谨，并在后来的学习中一直如此要求着自己。

其实，当时上学时，很多老师都挺喜欢我的，我对他们也有着很深的师生情。除了王老师，印象比较深的还有颜益才老师，他是一个印尼华侨，当时带我们的时候很是耐心和认真。后来，我们还一直保持着联系。尽管他基本不在国内居住，但每年都会回来，而我每年都会记得 10 月 22 日的时候去陪他老人家过生日。

五、教育，选择了我

坦白说，进入教育的大门，是在毫无准备的情况下，或者说，是一种无意识的选择。

文革结束后，邓小平同志复出，教育开始“回潮”，由于我在学校里表现很好，属于老师眼里的好学生。于是，当毕业在即，北京第三师范学校到学校去选人时，学校推荐了我。当时从8个班里只选了两个，所以，我带着无比荣幸的心情来到了三师。

教育并不是我有准备的选择，是教育选择了我。

我迈入了师范学校的大门。起初的师范教育生涯，是在“无欲无求”中度过的，虽然也在认真学习着教育理论知识，虽然也被教育的博大精深所折服，但是，师范前半年，我并没有认认真真地去思考如何为教，只是和同学们过着快乐而紧张的学习生活。

直到有一天，偶然看到一个电影——苏联经典影片《乡村女教师》，它以一种平静的力量深深触动了我的内心。

“孩子们，现在开始上课，我叫瓦尔瓦拉·瓦西里耶夫娜”，我想，生活在那个时代的中国人，对于这句经典台词是再熟悉不过了。而这部影片，诗情画意地展示了一个平凡又伟大的女教师的生活。她在自己的树人立业的岗位上，做出了极其不平凡的育才培德工作……

银幕上，瓦尔瓦拉只身来西伯利亚一个乡村当教师。开学那天，没有一个学生来上课，她面对空荡荡的教室大声讲课。意外地，门外竟有几个孩子在听，后来学生越来越多，学校办起来了。一年年过去了，通过瓦尔瓦拉的努力，学校越办越好，部分学生也学有所成。然而，学校和她遭到了一些顽固势力的仇恨和报复。经历了数次战争的考验，学校逐渐壮大，瓦尔瓦拉也沉浸于桃李满园的幸福之中。

一次次从艰难中崛起，一次次在困境中挣扎，一次次挫折中坚守，瓦尔瓦拉爱岗敬业的情怀深深震撼了我的心灵，她那种人格美，从此在我心中挥之不去。特别是影片的结尾———遍布苏联各地的学生回到满头银发的瓦尔瓦拉身边为她庆祝生日那一幕，让我感动得热泪盈眶。

平凡的事业，只要用心，用爱，也能呈现不平凡的生命意义。只有爱过了，才能品出真味，生活要投入极大的激情才有可能获得成功。知道了什么是真正意义上的师范，我为我成为一名师范生而感到自豪，并发誓做最美的自己。

自此，我的学习有了动力。我开始努力学习教育理论知识，巩固专业思想。

三师附近当时是国务院的一个机关，我们经常去搞联欢。我记得当时春节来临之际还曾经表演过一个描述今昔对比的诗朗诵："东家煮红豆，西家泡小枣，天不亮就听见村头碾轴叫，那是谁家的老大娘……"那种站在舞台上表演的感觉，至今想来，仍兴奋不已。对艺术的热爱，让我的学习生涯快乐而满足。

在那个时代，并没有注重"美"的形象，但是我觉得，为人师表的"表"也极其重要，美是一种力量，能在潜移默化中影响人。所以，在校期间，我便注重仪表，时时处处注意使自己保持朴素大方、时尚清新的形象。

六、初进幼教之门

18岁，正值花样年华，抱着"到需要的地方去"的理想，以一颗赤子之心填写了"服从分配"。踌躇满志等待来的结果是：我没能去那些贫困山区当一名梦寐中的乡村女教师，反而因为品学兼优，被分配到北京市海淀区教育局工作。

理想很丰满，现实很骨感。果然，接触现实才发现，书本所学的知识在实际运用中显得很是单薄。很多工作的完成，还需要从现实这所大学中努力学习。

譬如，作为幼教科科员，我分工负责幼儿园的视导、验收等工作，而这些工作，与我所学的教育专业知识都无关。工作流程的每一步我都要向老领导、同事请教，有时候，为了一个园的视导，我要找很多相关负责人询问、联络，沟通。

向工作学，向实际学，向同事学，向领导学。这时候，我接触的每一个人都成了我的老师，每一项工作都是一个成长的过程。每当为幼儿园解决一个问题，轻松之余，总是在思考这些园所今后发展所应该走的路。

每天晚上，我都要回顾一天所忙碌的事，总结经验。只有这样才能清晰地认识自己，从而找对自己的位置，给自己正确的定位，也在不断思索、观察中思索着海淀区幼儿教育事业的未来发展……后来，我有幸脱产两年参加了北师大教育系学前教育专业的进修学习。回来后，又承担了举办海淀区园长培训班的任务。

这个过程让我有了发挥的空间，我将所学、所悟的教育理论毫无保留地传授给园长们。看着这些园长们孜孜不倦地学习，我也享受着“指点江山”的书生意气。

然而，随着培训的开展，我的书生意气逐渐淡化，很多来源于一线实践的办园经验和管理经验，开阔了我的视野。渐渐地，我把这些培训的过程，当作启迪思想、悟出道理的过程，当作从实践中来到实践中去的过程。

不当纸上谈兵的书生，要当能指导实践的专家，此时成了我新的追求。我不断丰盈着自己的经验，与受训人员和授课人员共同学习，共同成长，博采她们多年的管理经验，使得自己不断学习提高。

每次园长、干部培训课，对我而言都是管理成长中的一次大餐、盛宴，得慢慢地咀嚼，细细地品味，进而消化、吸收，内化为自身的素质，内化为积极推进幼教不断发展、不断优化、不断前进的动力！

随着工作的深入，我开始越来越“心虚”，因为觉得自己缺乏专业背景和工作经验，不懂幼教就无法管理幼教。

十年幼教科的工作历练，我愈加感觉自己虽积累了一些管理经验，却缺乏基层的实践经验，在和基层园长与教师的接触中经常感觉自己底蕴不足。我选择幼教作为自己献身事业的方向，但我却遇到了知识的“瓶颈”，基层的“瓶颈”，我要发展，就必须切身体会，就必须深入一线。

而对教育现状的认识，却让我时时回想起自己记忆中缺乏美的童年。

七、争到一线去历练

幼儿是一张洁净的白纸，幼教的任务就是用绚烂多彩的颜色给他们涂上丰富的色彩。大家都知道，科技水平高度发展的今天，人们已经意识到情商在一个人才知识构架中无可替代的作用。在这里，雕琢的意义尤为主要，盲目和粗暴的填鸭式教育，也许对于一个数字或者一个文字的学习还起一点作用，对于细腻和深刻的情感教育只会适得其反，甚至使他们从此变得宁可跟毫无生命正义的数字和文字打交道，而厌倦对情感的加强。我们的幼教应该是人文的、和谐的，让每一个孩子都能如沐春风，感觉到美的过程！

在教育局幼教科做视导员的十年，在与园长、老师的接触中，我愈加感到幼儿教育虽平凡，却并不简单。经过到师大学前专业的两年学习，我虽然掌握了一定的理论，但却没有做实际工作的经验，没有第一线工作的切身体会，我有什么资格去视导呢？到基层去的热情在我头脑中萌生了。

当时，北京不少新建小区配套建设的幼儿园处于空置状态，已在教育局工作了十年的我，按捺不住蠢蠢欲动的心，想申请去一线，当园长！

但是我的内心却充满了矛盾。我从师范学校毕业留在局机关工作时，不知赢来了多少人的羡慕，在 280 名毕业生中，我是一名幸运儿，在机关工作 10 年了，领导和同志们都很了解我，到一个新单位，一切都要从头开始，从感情上愈加不舍。

但是当我看到国家投资盖的幼儿园，因为无人接管而荒芜着，看到海淀区有那么多新建的幼儿园因为没有园长，甚至开不了园，已经开的园所发展都条件有限。我心疼，我不安，我仿佛感到空旷的楼房在召唤我，幼儿园在等待我。但看到领导为幼儿园的人选而焦虑时，几次话到嘴边，我却未张开口。是啊！我当时虽已 28 岁，但在传统观念里我还是很年轻，我能做好工作吗？我还没有完成学业，到基层后学习的困难会更大。家里孩子还小，到基层早出晚归也有困难，这些困难我能克服吗？一些知心朋友和家里人知道了我的想法，很多人极不理解，好朋友说："佳珍，你疯了？现在的工作多好，多少人削尖了脑袋，寻找一切机会到机关工作，都在为自己创造往上走的机会。你何必非要放下铁饭碗甚至是金饭碗，放下舒适省心的工作环境，心甘情愿去基层呢？""人往高处走，水往低处流，基层的人想到机关，你何必自找苦吃呢？"有人认为我简直是个不可思议的大傻瓜，还有的人认为我是想出风头，想捞油水，想镀金……我在一片反对声中思考着。

1985年7月的一天，我还在幼教科工作。有一天科里来了一个长得很漂亮的小老师。当时，小老师迫不及待地问郭科长，她被分到哪个幼儿园工作？

郭科长耐心地告诉她："不要担心，现在还在放暑假，你先回去度假吧，假期后会分配你们工作的。"然而小老师说："我已经放假一个多月了，在家待着无聊，我想上班了。"

郭科长转头笑着对科里的其他老师说："嘿，这个老师还嫌放假的时间太长了，要求工作。"

旁边的很多老师都随着郭科长笑起来了，小姑娘一时倒有些不好意思了。

这么热切工作的小老师，倒是让我很喜爱，于是，我走过去，拉着她的手亲切地问："你叫什么名字？着急工作了？"

小姑娘脆生生地说："我叫王洪云，很想工作，没有事情做，在家里没有意思。"

我更加欣赏这个勤奋的小老师，于是说："那你就来双榆树南区幼儿园工作吧！"

正是这位老师想要工作的激情，使我更加坚定了到一线去的决心。后来，她成为我赴任南区幼儿园的第一位老师。后来，这个可爱的小老师跟着我到了南区幼儿园，以勤奋扎实的工作，跟我们一起艰苦创业，如今，这小姑娘早已成长为我们集团的一名幼儿园园长了。

其实，自从看《乡村女教师》后，我一直有种浓重的"吃苦情结"，到最艰苦的地方，到最需要的地方，那里有广阔的空间等我发挥！当然，在潜意识里，我更喜欢迎击挑战，因为只有在攻克一个一个难点的过程中，才最能发展自身，锤炼自身，同时也最能拓宽自身的天地、证实自身的价值。我想，一个人活在世上，应当表现自己的生存价值，应当为人类作出一些贡献，人活着应当去创造，去奋斗，而不应当去享受别人创造的成果。

经过认真思考，我坚定了下基层的决心。

1985年，在海淀区教育局工作了十年后，我毅然向领导递交申请，希望能到一个幼儿园里去当园长。并表示决心，中国需要强大就必须从幼儿教育抓起，而抓好幼儿教育的首要条件之一，则是应该从办园模式和管理体制上有一个新的突破，我希望到一线去历练，也希望当一个改革探索者。

对于大家的疑问，我没有过多解释，我想，很多事情，不需要解释，扎扎实实做过来的过程，就是最好的答案，时间能证明一切。

很荣幸，在郭德文科长的支持下，当时的刘忠干局长对我的想法表示理解和支持，他们批准我先去尝试，看看再说。我衷心感谢他们给了我这样一个体现自己价值的机会。

八、一切从零开始

1985年8月，年轻的我走马上任，担任双榆树南区幼儿园园长。

南区幼儿园叫做新建园，其实已经建成几年了，只不过一直没有开园，实际的用途是已经给教委装备部门做了存放家具的库房。走进大门，映入眼帘的就是密密麻麻、齐腰高的杂草，几乎每间屋子里都堆满了中小学备用的课桌椅……人呢？当时的人员，就是我加上保教人员总共10人组成的一个集体。

创业是辛苦而忙碌的，我知道，在这样的艰苦中，我们必须带领大家，营建像家一样的感觉，团结合力，让我们的创业充满开心、快乐和幸福。

8月的天气，烈日高照，骄阳烤着大地，火辣辣的太阳把大地烤得滚烫滚烫，操场上杂草一人多高，在密密麻麻的杂草丛中，人喘不过气来。

有的如同小树一样粗细，一棵草有时要几个人一起拔才能拔动，有时还要借助铁锹、镐头，我接过了最累最重的抡镐头的工作，拎着沉重的铁镐穿梭在杂草之间，镐起镐落将一棵棵如同小树般的杂草刨掉，为拔草的老师们清除障碍。院里没有一棵树可以为我们遮挡烈日，老师们汗水都湿透了衣服。我的两只手掌上都磨出了紫红色的血泡，汗水一浸，生疼生疼的。虽然又热又苦，但我始终保持高昂的情绪带领着大家，并与大家说说笑笑，还唱起了歌。在我开朗、乐观的情绪带动下，辛苦的劳动成为开心游戏……

锄完杂草、搞完卫生，我们就开始了清理房间里的原有家具，拉进幼儿园的家具。因为和局里的人熟悉，局司机班的楚师傅给我们义务帮忙，他开来了一辆 130 汽车，供我们拉家具使用。有一次，我们到教育局位于东北旺地区的一个仓库里去拉幼儿用的家具。去的时候，我和老师们一起坐在敞篷 130 汽车的车斗里谈笑风生，快乐地享受着大自然带给我们的习习凉风。到了仓库，里边装了满满的桌椅、家具。看到家具码放得那么高，大家不禁有些为难，怎么才能把它们弄到地面上呢？于是我让大家先从低处的家具搬起，将它们摆成楼梯，在楼梯的每层都有两个人传递家具，这样把每件家具从高处传递到地面。我第一个走上楼梯并走到了最高的一层，因为那里是最危险的，也是最难弄的，身为园长，我一定要冲在第一线，冲在最前面！

记得一次大雨过后，幼儿园的地下室被淹，厕所的粪便都漂在地下室的积水上，我毅然挽起裤腿赤着双脚，踏入齐脚腕深的脏水中，硬是一盆盆地将这些粪便水端走……

为保证能在短时期内开园，我又组织大家分头采购图书、玩具，还有食堂炊具、班级办公用品等等。特别高兴的是，一开园，我们就有了一架钢琴！而这架钢琴的得来，是在装备部门准备给中学配备钢琴的时候，到作为库房的南区幼儿园来拉，我奋不顾身地扑在钢琴上，库房管理人员只好紧急请示领导王金玉部长，看在我们平时关系不错的份上，他特别批准将钢琴给我们幼儿园了。而这架钢琴为我以后的艺术教育实践做了一个很好的铺垫。所以直到今天，我一直对钢琴情有独钟。

经过一番里里外外的忙碌，我们克服种种困难，各项工作终于全部准备就绪，仅用了半个月的时间，双榆树南区幼儿园顺利开园了，迎来了两个班的孩子，幼儿园的工作走上正轨。其速度和效率受到了社会各界的广泛称赞。凭借在行政岗位上积累的管理经验和人脉基础，以及开拓进取的精神，我们各项工作开展得红红火火。在扩大班级的招生工作中，家长们凌晨四点钟前来报名……

在工作中，我也会留意老师们的情绪变化，力争使她们在轻松快乐的氛围中工作。

记得，当年韩爱红老师和其他三名新毕业生一同来到我们双榆树南区幼儿园，但由于工作职位关系，其他三名北京幼师毕业生被分配担任教师，而韩老师则被分配担任保育员，职位的差别使她在工作上也带着一定的情绪，憋着一股劲勤奋工作，但由于工作方法不当，效率却不高。

在一次幼儿午餐后，有经验的老保育员已经将班上整理得差不多了，而韩老师那儿还没有收拾好。看到后，我专门找她谈话，肯定她在工作中的勤奋肯干，不惜力气，同时也提醒她无论担任什么工作都要动脑子，考虑如何打好时间差，最后亲切地鼓励她："相信你也会做得更有条理。"很快，小韩的工作也有了条理性，两个月后她由保育员转为教师，第二年还代表南区幼儿园参加了由海淀区教育局团委和海淀区教育工会组织的"为了人民的教育事业"青年教职工的演讲比赛，并获得了她工作中的第一个奖励，从而树立了自信，在工作中逐步成长为一个成熟的幼儿教师。

我对教职工的管理是严格的。我还记得，是个初春的清晨，魏秋艳老师迟到了。当她奔进幼儿园，时钟上的指针已经分开了大半。于是，按照制度，惩罚不可避免。只是，年轻的魏老师不明白，不理解。为什么不念及往日多次的加班加点，难道功不能补过么？于是，当时的她不满之色流露在眉宇之间。

我一下子便看穿了这个刚工作不久的老师的心思。她没有解释什么，我也并没有撤销处罚，大道理没有必要讲得太多。有些行为，是不能纵容的，当严则严。的确，一次迟到说明不了任何问题，但是一次的放松换来的可能是无数次的放松。

从那时起，守时的观念深深地潜入她的脑海，做事的严谨认真贯彻到了每一件事情上。魏老师从此知道，无论做什么事情，端正的态度是最重要的。她现在也已经成了一名园长，也在以我对她的严格要求对待园里面的老师……

1986年2月，由于我的工作成绩突出，组织上终于批准我加入了中国共产党，同时教育局机关召开大会，请我回去介绍经验，讲在基层创业的体会，并正式任命我为双榆树南区幼儿园的园长。

这段记忆已过去20多年，应当成为逝去的记忆了，但它又真的无法逝去。我时常回忆起那些创业的艰苦岁月，当年某些情景、某人、某事，永远无法忘怀。

当双榆树南区幼儿园有声有色的时候，我知道还有几所幼儿园都没有开业。我惦记着更多类似南区初创时期的园所。我也想办一个更大规模的园所。1987年11月，我毅然卸下已经红红火火的南区幼儿园园长的担子，去接手了更具挑战性的、还是一张白纸的塔院幼儿园的组建工作，并出任该园园长。

当时的塔院幼儿园只建成了楼房主体，连围墙都还没有建，施工还在继续，我只身一人到任，给自己当起了一个人的园长。虽然已经是提前介入了，但到现场才知道，还是来晚了。一个不可挽回的损失已经发生了：由于设计人员失误，将小数点儿点错了位置，幼儿园整体被下挖了60厘米！也就是说幼儿园整体低于地面60厘米，基本上成了塔院小区的洼地。对这个无法弥补的损失，在我和相关人员的督促下，最后只能采取在周边再挖60厘米排水沟的方式予以解决。好在后来我们用愚公移山的精神一点儿一点儿往院子里垫土，不断加高了院子，才没有发生其他事情。

从1987年11月，到1988年6月，我虽说是一个人的园长，但是却干了不少事情。当时无论园所大小，上级对新建园一律只拨2万元的开办费。为了筹集开办资金，我想了很多办法。由于幼儿园不具备开园条件，首先，我从盘活幼儿园资源入手。我和当时周边的电视机厂合作，和中纪委合作，和专利局合作……合作产生了效益。中纪委机关解散了他们的幼儿园，将幼儿园与我们合并，所有资产和人员全部归我们所有。附近的东升学区幼儿园也并入我们的幼儿园。一下子，我们就成了财主！在幼儿园未开园，老师们未报到之前就在小区里营造出一座漂亮的幼儿园。

1988年6月，我不再是一个人的园长了！陆陆续续我有了兵。但是这支队伍却比南区幼儿园要难带得多，原因是教职工人员组成复杂，从中纪委机关来的教师，可以说一直是养尊处优，不能适应艰苦的创业条件。老师们极度“娇气”，在很多制度的执行上也不能尽善尽美。有一次，幼儿园搞卫生，我要求大家都要完成自己的工作定额，不干完谁都不能走！这让老师们叫苦不迭，有的人试图溜走。我当即让门卫把大门关起来，告诉大家：“干不完活，一个都不许下班！”大家面面相觑，被我的威势震慑住，都乖乖地留下来干活。

我又开始带领大家，艰苦创业。在这期间，由于搬运家具，我的手指甲被砸掉了，鲜血直流，自己跑到医院去包扎一下回来接着干！老师们悄悄议论：“这个铁腕娘子，干起活来可真够鲁的！”正是由于我的这种拼命精神，感动了我们的教职工队伍，大家也开始拼命了，在大家的努力下，她们虽不理解我的干劲，却不自觉地被我的“拼”劲带进了一个工作的气场，渐渐地也都在工作时能够“豁出去”！幼儿园一开园就被誉为塔院小区“一枝花”。

1988年的7月，新一批幼师毕业生分配到我们园。那天，下着大雨，我决定去北京幼师接这群可爱的孩子们。

为了跟这群刚毕业的孩子们拉近距离，我还特意穿上一身合体的连衣裙。当我推开门，看到20多个新毕业生忐忑不安地坐在一起小声讨论时，我知道她们正在为由学校踏入社会而有些许不安。

当时，负责的老师查了花名册，喊着：“王晓红、张义霞、黄继萍，你们的郑园长来接你们了！”

三个孩子年轻的脸上满满都是感动：“啊？这就是我们的郑园长啊，竟然冒着大雨接我们来了。”她们急忙站起来，围在我身边，有一点好奇，有一点紧张。

我笑盈盈地看着她们，满眼的喜悦和疼爱。为了缓解她们的紧张，我搂着她们的肩膀，高兴地说："我代表幼儿园的全体老师欢迎你们，咱们幼儿园正等着你们呢，跟我走吧！"

这时，我分明听到其他同学羡慕地议论："你看她们园长多好，亲自来接她们，真让人羡慕。"

我也充满了感动——这群可爱的孩子，带着几分懵懂、不安和兴奋即将踏入工作岗位时，是如此的单纯、简单，如此懂得珍惜！

其实，去接这几个老师，并不是作秀，而是一个仪式，从此，她们就真的融入我们的集体，成为我们并肩合作的伙伴、姐妹！

后来，很多老师都说，第一次来塔院，是我那鼓励的语言、爽朗的笑声和亲切的面容，使她们放松了紧张和惶恐的心，很快融入这个温暖、向上的大家庭之中。难道，水乳交融，不正是需要用心来维系么？

当然，我还不只是局限于把这所空白的幼儿园办起来，还要办出特色。为此，从塔院幼儿园成立时，我就为园里请来了经验丰富的小提琴教师，使每一位来到塔院幼儿园的小朋友都能接受到小提琴教育，从小受到艺术的熏陶。同时也使每位塔院幼儿园的教师掌握了一定的小提琴技能。正是从塔院幼儿园多年的小提琴及其他艺术教育探索中，我开始探索"立美教育"理念，为以后集团深入地开展立美教育研究奠定了基础。

特别值得一提的是，很快我们的幼儿园就又有了发展。离塔院较近的学院路幼儿园也被并入了我们的幼儿园。记得当时，有位杨老师作为学院路幼儿园的代培老师暂时参与了我们的筹备工作，与我们培养了深厚的感情，想到要离开这个幼儿园，很是舍不得。就找到我，把自己想留在塔院幼儿园的想法告诉了我。我安慰她，我们也不舍得她走，并且一定会给她争取的。就在这时候，杨老师听到这个好消息，抱着我高兴地跳起来。看着她兴奋的样子，我也感动不已。

仅仅一年半的时间，我带领塔院幼儿园再次完成跨越——通过了北京市一级二类幼儿园验收。

第二章

东渡扶桑

一、35岁渡重洋

人生总是充满了奇妙的机遇。就在塔院幼儿园发展得红红火火期间，我又遇到了一个影响我后来事业发展的新机遇——去日本研修。

1991年7月，我主动申请并有幸接受团中央国际部派遣，到日本茨城县水户市进行为期一年的幼儿教育研修。这一年对我来说是挑战，也是重要的转折。异国学前教育的千姿百态让我眼界大开，并重新审视中国的幼儿教育发展现状，而这一年研修沉甸甸的收获，打开了我办园的新思路。

到日本的第五天，我度过了自己的35岁生日。

在那里，除了要从头开始学习日语，我最没想到的是，我还要从最基础的工作做起，包括打扫院子、清洗班上的便池等。在这期间，我经历的，我看到的，对于我都是刻骨铭心的。

1991年7月25日，当我怀着一颗立志学有所成的决心，告别祖国、告别亲人，乘飞机在东京成田机场着陆的瞬间，立刻感觉自己已置身于另一个世界。机场工作人员快步如飞，交通疏导人员快节奏的手势，令人目不暇接，巴士司机和乘务员的热情，令人感动。深夜，在去日本青年会馆途中，虽遇到红灯，且无车通行时，所有人员自觉等待变灯的行动，令人费解；在去研修目的地——水户途中，上下行交叉的高速公路，满视野的高级卧车，以及以后乘坐无人驾驶的电气火车，经过的无人管理的车站……一切都呈现出日本经济的繁荣。

初到日本，在这个完全陌生的环境里，语言不通，生活不适应，真是困难无比。耳听日本人说话，简直就是在听天书。尽管日本人很热情，我还是感觉自己仿佛到了一个人的世界中，孤独、寂寞困扰着我，一个人回到公寓也很害怕，但正是这种环境所迫，使我下决心学习日语，适应生活。

我把所有的日本人当作老师，从单词的发音到语意的表达，抓紧一切时间看书学习。当时正值暑假，为了让我熟悉和适应日本的生活，研修单位让我去游泳馆见习。说是见习，其实是什么都要干。每天早晨我都要一个人把覆盖整个游泳池水面上的苫布掀开，晚上再把它盖上。白天幼儿园的孩子们来到游泳池，我就坐在高高的救生台上观察，要看到任何死角有没有危险发生。这样的生活过了半个月。语言不通、心理落差、体力不支……最苦最累的时候，我哭了，我一个人关在屋里大哭了一场。那一次也是我在日本一年中的最后一次哭。哭过了，我擦干了眼泪，再也不允许自己掉泪。

从此，无论是中午饭后的休息，还是工作的空隙，我都抓紧时间记单词，抓紧可以和日本人对话的一切机会学习。以后，到幼儿园的研修生活开始了，自己没有一个安静的地方，我就利用午饭后的空隙，到幼儿园附近的高尔夫球场看书学习，记单词。夏天太阳暴晒，秋天冷风拂面，冬天天气的寒冷，无遮无拦的高尔夫球场成了我的天地，在迎来微风拂面的春天时，我终于感觉自己的听力有了提高，感觉自己能应对日常生活，感觉学有所获。为此，我感到无比快乐。

对我来说，写日语研修日记困难无比，但我的担当人，园长大久保博之先生对我要求非常严格。要求我每天必须写研修日记，并安排出写研修日记的时间，我只好硬着头皮写。开始一律是流水账，但是随着在日时间的推移和不断的学习，我感觉用日语记日记不再像当初那么困难了，而且能够表达出自己的意思了，我开始喜欢用日语写研修日记了，这又使我感受到学习的快乐。

在生活上，我也努力适应日本的生活方式，日本人吃生鱼、生菜，赴日之前虽有所闻，但实际体验却是一件难事。开始吃生鱼片，从心里感觉恶心，由于生活不习惯，体重骤减，但我想要适应一年的工作学习，必须从适应生活开始学起。因此开始少吃，逐渐加量，不知从什么时候，我竟然不仅适应了，而且还喜欢吃日本料理了。

为了能早日适应日本的生活，我每天凌晨4点多就早早起床，背目标单词和句子。早早就骑上自行车，踏上去往内原幼稚园的路途。晚上工作结束，回到住所，我还要整理材料，把一天的所见所闻所想记录下来。我不断进行小结，提醒自己要注意的问题。很快，满满一大摞的材料都堆成了一个小“富士山”，这些财富的积累，让我开心。

在日本期间，我还广泛地接触社会，参加他们组织的各种活动，与家长、老师交流，尽可能地增长见识，学到新鲜的知识。为了达到这个目的，我甚至在友人的家里没完没了地提出一个又一个的问题。最让我感动的是，他们对我仍报以热情的相助与指引。

通过两个月刻苦的学习，我就已经能用日语进行简单的交流了。

半年之后的中期报告会，我的日语交流水平让所有人吃惊。

一年之后，我顺利通过论文答辩，我撰写的《由自由保育引起的思考》一文在当时引起很大的轰动，因为对一个以前不懂日语的人，在一年后能够写出这样有成果的论文，确实不是件太容易的事情。

归国之后，我积极促成中日学前教育领域的友好交流，还和日本的りり幼稚园和向日葵幼儿园结成友好姐妹园。当时，团中央国际人才交流中心的邓亚军主任对我的工作给予了充分肯定，他说：“在这一批赴日本学习考察的人员里，只有郑佳珍在艰苦的历练中不但顺利完成了学习任务，还在中日友好交流方面作出了贡献，简直创造了一个奇迹！”

二、参加同窗会

1991年8月29日，在即将开学的前夕，幼稚园组织从本园毕业上一年级的小学生会员参加同窗会。

我怀着新奇的心情参加了同窗会。

参加同窗会的小学生是当年三月从幼稚园毕业的孩子，所有教过这些孩子的老师全部出席会议，就连怀孕在家的、带孩子在家的老师也抱着孩子出席了会议。

整个会场洋溢着浓厚的亲切气氛，每个老师都讲了话，老师们回忆这些孩子在园时的情景，孩子们随着老师的回忆爆发出一阵阵的笑声，她们为自己当时的天真感到好笑。接着老师们为小学生表演了自己创作的小戏剧。然后大家同唱幼儿园园歌。孩子们虽然已经毕业了，却很清楚地记着自己幼儿园园歌的歌词。

接着，老师们请小学生到室内游泳池，进行水球游戏和比赛。游泳馆里不时爆发出孩子的欢笑声。

中午，幼儿园准备了午餐，请小学生在幼儿园进餐，在进餐过程中，大久保园长为小学生表演了他的魔术小品。

同窗会在一片欢乐中结束。

参观了这个形式新颖、活泼、内容多样的同窗会，我的感触颇深。

据说，日本幼儿园每年组织两次同窗会，夏季是一年级的学生，冬季是六年级的“大”学生。学生的家长都积极支持和鼓励自己的孩子参加幼儿园的同窗会，有的孩子家搬到神户去了，仍不远千里参加同窗会。这在我国是很难做到的。特别是幼儿园出面组织小学生同窗会本身就是一件很难的事。幼儿园的社会地位本身就决定了它的难度。然而同窗会确实大有好处，一来可以组织分别已久的老师和孩子见面，增加彼此之间的亲情；二来可以增强幼儿园和社会的横向联系；三来可以扩大幼儿园的影响，提高幼儿园的社会地位。诸多好处，何乐而不为呢？

三、亲历始业式

漫长的暑假随着气候的变化终于结束，9月2日，水户内原幼稚园举行始业式。

在幼稚园从未见过的园长亲自来了。园长是一位年龄已近70的老人了，但看上去却很年轻。今天又穿得格外漂亮，白底粉花的连衣裙、宽大的领边披在肩上，硕大的项链成串地挂在颈上，腰中系着宽大的腰带。从后面看上去像是一位妙龄的少女。据说园长因为工作很忙，每个月光临一次，园里的工作主要由副园长——园长的大儿子承担。

★和日本幼儿园老师合影

9点50分，内原幼稚园的始业式准时开始。首先请老师和小朋友站起来同唱"幼稚园园歌"，优美的旋律，伴随着老师和孩子们的歌声飞出窗外，给人以振奋和激励，加上老师和孩子们身着统一的园服，放眼望去，一种集体荣誉感油然而生。然后园长讲话，副园长讲话，主要内容是激励小朋友和老师们在新的学期里奋发向上。接着请小朋友观看老师们创作的小型木偶剧。

参加始业式使我受益匪浅。始业式即我国的开学典礼，这种形式在小学、中学普遍开展，而在幼儿园却很少开展，参加了内原幼稚园的始业式，我感到幼儿园也很有必要举行开学典礼，一来通过开学典礼可以激励大家奋发向上，鼓舞士气；二来通过这样的集体活动使全园每一个人都增强集体荣誉感，为自己能成为这样的集体中的一员而感到荣幸，从而使人产生愿意为集体贡献力量的信心。

四、体验招生

招收新生是幼儿园的一项常规工作，也是幼儿园管理工作中的一个重要内容，然而我以一个普通教师的身份，亲自参加和目睹日本幼稚园的招生方式，却是第一次。

‖招生准备

日本教育为每年三学期制，即每年4—7月为第一学期，9—12月为第二学期，1—3月为第三学期。幼儿园和中小学相同，新生入园是每年的4月1日。日本人工作总是提前安排，幼儿园的招生工作从9月份开始进入准备阶段，9月下旬开始发放幼儿园招生简章，通过在园幼儿的途径向社会发放。招生简章中包括的内容有本园来年4月招收幼儿的数量，例如两年保育（4岁）80名，三年保育（3岁）40名。还有幼儿的出生年月日要求以及入园的手续。在入园手续中包括入园申请书的发放日、受理日、面试日，每月的保育费、教材费、用品费、设施费、幼儿送迎的条件和本园的保育特色等。不同的彩色套印，有幼儿在园生活学习的照片和幼儿园的所在位置。

10月份开始，由幼儿园事务室作为业务常规工作，发放入园申请书，通知10月1日开始直到10月31日结束。

准备阶段，除了通过在园幼儿的途径向社会发放入园申请书以外，常有一些人到幼儿园来咨询表达入园的愿望。

11月1日进行入园书的受理。这一天想入园的孩子家长要持入园申请书来幼儿园交纳入园审查费4000日元。早晨5点多开始就陆续有人来排队，拿号，拿到号的人在接待室等待（幼儿活动室），8点整开始受理。事务室的三个窗口分别贴出一年保育、二年保育、三年保育的标准，受理到本年保育招生额满为止，贴出人数已满的标志。凡是交了报名费的家长每人得到一份通知书，除了需交的钱数以外，还有面试的具体时间，即11月

9日某时某分在第几面试室面试。事务室在受理过程中，已按事先调查报名幼儿的姓名和面试时间打出表格安排好，整个过程约2小时结束，参加的人员有事务长、会计、出纳三人。

‖面试

11月9日是幼儿面试时间。这一天家长要带领幼儿在规定的时间内到幼儿园来面试。面试时5人一组，5人到齐以后由5位家长陪同幼儿进入面试室，室内教师2人，1人负责记录，一人负责考试。面试的方法，身体能力：走、跑、跳、拍、手的灵巧性，把准备的衣服扣子扣好，会说事实和睡前的礼貌话，知道自己、父母和兄弟姐妹的名字，看图回答问题，认识3~5种动物、形状。通过和妈妈谈话，了解幼儿在家时整体的生活习惯、身体状况等等。在每人的表格上做记录后将合格幼儿的材料装入一个大信袋中，由家长拿着到幼儿园服装登记室登记园服、鞋等，登记以后面试结束。面试合格后，要到事务室交纳入园费33 000日元，取得印有园长名片的入园许可证。至此幼儿取得入园资格，待来年4月1日入园。

整个招生过程与中国有很大不同，可取之处是：

1. 入园志愿书的公布，让家长有一个长期的思考过程，对园所的办园方针、特色以及其他主要方面有初步的了解，避免了经常到幼儿园询问的麻烦，对幼儿园本身是一个很好的宣传。

2. 通过入园志愿书的受理和面试两个过程，避免了家长一大早带孩子排队的情况，幼儿园麻烦点，家长却很方便，体现了幼儿园的服务性。

3. 面试过程细致，面试人员严格把关，责任者盖章，避免了推脱责任的问题。

4. 工作细致入微，通过二次受理，新入园幼儿的编班、制服，以及入园用品全部可以准备，避免入园时的措手不及。

但面试主要是发现智力障碍儿，不检查身体。这就有点有悖于公平和均衡教育的原则了。难道智力障碍儿就不应该入园了吗！

五、独具特色的“自由保育”

自由保育是日本幼儿教育的主流，说白了，自由保育主要就是让孩子们能自由成长，在自由的环境中获得生活、社会、人际关系、言语活动等各方面的交往的知识，特别是发展创造力。我没有发现日本有幼儿教育的大纲，在几个月的观察中，也从没见到幼儿园中教孩子们认识数字，却处处发现了幼儿在幼儿园的自由。他们入园以后在各个班游戏，在自己喜欢的地方和自己喜欢的小朋友、老师游戏，不仅如此，幼儿园在一个学期里还安排出两周固定时间开展自由保育活动，这真让我大开眼界。

日本的天气变化无常。9月初“盛夏问候”一类的词句虽已不再出现，但4日这一天的天气却很热。这一天是内原幼稚园的保育参观日。光临的全是清一色的孩子妈妈。由于计划生育不是日本的基本国策，所以妈妈们有的身上背着，有的手里拉着还不到入园年龄的孩子。保育参观开始了，妈妈们认真地看着教师组织自己的孩子参加保育活动。

日本的幼儿教育与中国不同的是提倡自由保育，这是日本幼儿教育的主流。所谓自由就是让孩子们能自由自在地成长，不受约束。今天的保育活动就是教师告诉小朋友用各种颜色的彩条能粘出各种各样的形状和物体，接着就让孩子们自己想象，动手创造自己的作品。不一会儿孩子们就凭着自己的想象，粘出了圆的太阳、半圆的彩虹、尖形的宝塔、搭着阶梯的桥梁……

孩子们还在精心地创作着自己的作品的时候，妈妈们集中在一起开会。会议内容首先让妈妈们观看了自己的孩子在保育活动中的录像，接着园长和教务主任讲话，把本学期的工作内容安排详尽地向妈妈们做了介绍。接着请妈妈们回到自己孩子的班上，这时孩子们已经完成了自己的杰作到操场上去玩了。老师请妈妈们观看自己孩子的作品，更有趣的是老师们不仅具有组织孩子的能力，还具有组织妈妈们开展游戏活动的能力。老师首先教给妈妈们游戏的方法、动作，接着站在椅子上指挥妈妈们玩游戏，优胜者可获得物质奖励。别看都是孩子的妈妈，但做起游戏来却都“返老还童”了。在大家兴致浓厚的时候，老师把自己班上一学期的教育目标和各种活动安排告诉妈妈们。特别是动员妈妈们积极参加运动会。

11月上旬是幼儿园自由保育时间，至此我才明白为什么每次喝完牛奶、饮料后，老师却要把包装品洗净，认真地收好，孩子们每天来园时，也要带工艺包装盒等东西。这一天，老师们为孩子们提供了一个材料工厂。这里没有一件现成的用品，全部是原材料，各种纸张、纸箱、冰激凌杯、盒，方便筷子、笔、胶条，这与中国幼儿的创造性游戏类似，但是相比之下，我们幼儿园的创造性游戏实实在在是名不副实，真正创造的东西太少。幼儿根据自己的意愿分成各个小组，首先商量要干什么，从哪儿着手，列出计划。有医院、理发店、珠宝店、机器人制造工厂、电影院、饭店等组，每个孩子按照各自的分工认真准备，并用各种材料组合。“书店”的小朋友用了三天的时间自制了十几本手绘的图书，装订成册；“牙科医院”的孩子们自制了齐全的医疗器具；“理发馆”的孩子们制作的理发工具等令人吃惊；“机器人制造工程组”的孩子们制造了大小不同的各式各样的机器人；“电车组”的孩子们做了自动售票机。你如果想了解日本的社会，就请到孩子们中间去吧。其中也反映和体现了资本主义社会的金钱观念，无论是想坐电车，还是想到西餐厅、电影院，如果没有孩子制造的钞票，就别想进去。电影院里在放电影，“一个搭成”的展幕后放映员在放电影，里面的机器很多，哥哥带着妹妹，姐姐抱着弟弟，我想进去看看，可是因为没有孩子们制造的钱而被挡驾了，这种毫不客气的“没钱莫入”，就是资本主义的金钱意识。

自由保育持续了两周，每天孩子入园以后都急切地想玩这个游戏，老师总是小结一下前一天的游戏开展情况，给孩子们提一些建议，丰富游戏的内容，每天都有一点新的进展，让孩子们玩不厌。幼儿在有兴趣的游戏中智力得到发展，真是创造力的表现。至此我才深刻体会到自由保育的深刻内涵。

自由保育持续了两周以后，迎来了保育参观的日子，三个年龄组分别进行。保育参观又是成果展览，让孩子们的妈妈看看自己的孩子在幼儿园是如何活动的，她们看到自己孩子的制作成果都非常高兴，纷纷加入到顾客的行列中，把孩子制作的点心、糖果，各种制品一买而空，带回家去留作纪念，有的马上用摄像机摄制孩子在园活动的一幕。

自由保育，保中有育，虽然没有固定的教育模式，孩子们却在轻松、愉快中获得了表现创造力的机会，这实在是令人深思的问题啊！

六、“家园合作”享天伦之乐

9 月 15 日是日本敬老日。连续一周的阴天下雨在这一天突然停止了。太阳也从云层中钻了出来，若隐若现地照射着大地。

清晨，我呼吸着雨后的新鲜空气，踏着路边小草的露珠，来到内原幼稚园——这个被森林环绕的幼儿园。昨天，教务主任营谷幸枝先生告诉我今天 7 点 30 分到园，我到幼儿园大门口是 7 点 15 分，我想我今天一定是第一名，但谁知往里一看，院子里教师上班的交通工具汽车已排成 3 排了。老师们大部分都已到岗，我急忙进入了老师们的行列，为今天的“祖父母感谢会”做筹备。和老师们一起扫院子，搬椅子，画场地，挂横幅，贴彩条，布置会场……经过一番紧张的工作，8 点 30 分迎来了第一批来参加会的小朋友和他们的祖父母。

日本的敬老日大概相当于中国的重阳节吧。在中国农历九月九日那一天，老人们为了表示本人健康，长寿，登高望远。重阳节似乎与小朋友没有太大关系。而日本却很好地利用老人们的节日，向小朋友进行尊敬老人的教育，这大概是社会参与吧！既使孩子们受到教育，又增

★日本家长参与幼儿园组织的种树

加了重阳节的气氛，使老人们感受到天伦之乐。

内原幼稚园280多名小朋友的祖父母的节日是在幼儿园度过的。

老人们盛装打扮，精神抖擞地来到幼儿园。虽然都已是年迈的老人，但从着装上却看不出来。各式各样的时装穿在老人们身上是那样的合体，加上精巧的化妆，使老人们焕发出青春。最漂亮的还是幼儿园园长大久保久子先生。她穿的是一件水绿色的连衣裙，宽大的针织百花衫披在前胸和后背上，颈上的宝石项链闪闪发光，看上去令人目眩。

9点整，祖父母感谢会准时开始，两个孩子简单讲了几句开头的话，然后园长讲话，紧接着就是由各个班的小朋友为老人们唱一首歌。然后以年龄组为单位为老人表演集体游戏。集体游戏形式活泼、新颖，把气氛推向高潮。各种各样的大小摄像机，高级照相机摄下了孩子的姿态。最有趣的是最后全园的小朋友和自己的祖父母一起跳舞，小朋友们以班为单位拉成圆圈，孩子们在里圈，外圈是他们的祖父母，一对一对站好以后，教务主任一声令下，老人们在孩子的带领下，随着音乐跳起了儿童舞蹈。老少忘情地跳啊唱啊，享受着人间少有的天伦之乐。最后孩子们把礼物献给自己亲爱的爷爷、奶奶……祖父母感谢会在高潮中结束。

★日本家长参与幼儿园活动

参加了祖父母感谢会，我的心情也久久不能平静。我想：老人和儿童在任何国家都同样受到重视，特别是老人应当受到尊重。特别值得提出的是，日本社会不仅尊重老人，还尊重全社会的幼儿，尤其注重让年幼儿童从小就知道尊敬老人，这种从小的教育对孩子将来的成长一定会有很大的好处。

一天的活动下来，虽然很累，但是我却觉得收获格外大。无论是整个活动的组织过程，还是会议的内容，都使我受益匪浅。

七、圣诞节

一进入12月，日本全国到处洋溢着迎接圣诞节的节日气氛，广播、电视、超级商场……到处播放着圣诞颂歌。各种各样精致的圣诞礼物琳琅满目，大人们都在冥思苦想，挑选圣诞礼物，孩子们则日思夜盼，期待着圣诞节早日到来。学校、幼儿园忙着举行圣诞节庆祝活动。

虽已是12月下旬，晚上的气温降到了零下3度，但白天仍然很暖和，迎接圣诞节的这些日子，人们的心情就像沐浴着阳光，那么灿烂。参加了12月17、18、19日幼儿园的庆祝活动，我感受颇深。这几天，幼儿园热闹非凡，一辆辆小汽车排成行，人们都身着盛装来参加庆祝会。

下午1点30分外面虽然阳光明媚，而举行庆祝活动的礼堂里却是星辰满天，有圣诞篝火在熊熊燃烧，随着圣诞歌声响起，帷幕慢慢拉开，一个个幻影似的身影手举荧光缓缓步入舞台，仿佛汇成满天繁星。随着灯光的变幻，台上出现了身着红衣，头戴红帽的圣诞小人，人们精神为之一振，随之爆发出热烈的掌声。掌声中台上近百名幼儿和台下近百名大人同唱圣诞颂歌——《铃儿响叮当》。接着与会者将人们引入了对学期中各种活动的回忆中，大型投影灯幻灯片打出了孩子们在各种活动中的生活照，让孩子们爆发出阵阵笑声，特别是孩子们自己画的圣诞老人的像，使孩子们笑得前仰后合。是啊，孩子们心目中的圣诞老人各种各样，因此他们的作品也是各种各样的。不管怎样说，这就是他们心中的圣诞老人形象。

★日本家长参与幼儿园活动

放映完幻灯以后，紧接着就是小班幼儿的音乐表演游戏，小班幼儿一律是圣诞小人的打扮，随着音乐声做着可爱的动作，接着中班幼儿，大班幼儿，每一个年龄组的音乐和游戏内容都是由教师自我选择、串接的，在编排制作过程中，也体现了教师的艺术欣赏能力。每个年龄组的幼儿表演以后紧接着是他们妈妈们的表演。妈妈们的表演真是引人入胜，不管是她们的木偶剧、舞蹈、音乐游戏，还是表演唱，绝看不出一点儿家庭妇女的影子。

圣诞老人的出场使庆祝会达到了高潮。大型闭路电视放映圣诞老人为世界上的小朋友赶制礼物以后，乘着神鹿车来到日本，突然不见了，突然停止放映，全场灯光一亮，原来圣诞老人已来到了幼儿园，他身着圣诞红衣，背着礼物登场，小朋友们高兴极了，圣诞老人把礼物一个一个送给全体小朋友后，庆祝会宣告结束。

圣诞节庆祝会的组织都是以大、中、小三个不同年龄组的幼儿组合为一个单位的，演出内容丰富。既有音乐游戏，又有朗诵、童话剧，最可爱的是每个幼儿全部登场。无论他们表演得好坏，只要看见他们登场，他们的妈妈们就很高兴。妈妈们也是一样，无一不登场。她们并不把这个庆祝活动当成是幼儿园的活动，而是当成她们自己的活动，仿佛她们也是幼儿园中的一分子。想起近日来为了联系节目，她们有的是在下班以后急急赶来，有的是背着、抱着不满周岁的孩子。晚上天已经很黑了，可是各个班的教室里却还有妈妈们的身影。而这些活动的组织者并不是老师，而是家长。父母事业委员会真正发挥着作用，节目的选择、选曲、编排、制作、道具、服装，全部自己动手，真是令人感动。这大概与日本人自有的集体意识有关吧！此外，这与日本家庭妇女的文化素质也有很大关系，尽管她们之中大概有50%的人在家中做家务，却都有很高的文化修养，这一方面是她们人都受过高等教育，除此以外，经常到文化中心学习也是原因之一。日本人业余生活非常丰富，除了工作外，大都有一二种业余爱好，参加各种形式的讲座，因而使她们的文化素养不断提高。

圣诞节庆祝活动是幼儿园的一项较重大的活动，但是并没有花那么大的气力去费劲地练习，原因之一，就是重要的在于参加，而不是在于高精尖；重要的在于乐趣，而不在于质量。这是与我国不相同的地方。想起我们在组织这些活动时要花很多时间，为了高精尖的节目而剥夺了一些孩子参加的权利，真是不应该啊。此外，一个活动分几天进行，虽感到幼儿园工作紧张一些，却为全体幼儿提供了表现的机会，这也是可取之处。

八、快乐远足

10月16日清晨，孩子们的欢声笑语，打破了内原以往的宁静，特别列车——幼稚园专列，随着工作人员清脆的哨声，朝着本列列车的终点——上野动物园驶去。

原来，这一天是幼稚园组织本园将于来年3月份毕业的大班（又称年长）小朋友到上野幼儿园远足，同行的有孩子们的父亲或母亲，全园年长的小朋友共有7个班280名左右，本列列车共有8节车厢，每个班一个车厢，6号车厢是本部。我有幸和园长、教务长、列车员等共10人乘坐6号车厢。本部车厢人不多，但是却显得很繁忙。园长和教务长穿梭似的，园长的手机不停地响，更有点紧张的气氛。老师们拿着各种颜色的彩旗来报告人数。直到列车驶出十几分钟以后，这种紧张的气氛才得以缓解。

大约一个半小时以后，列车到达本次列车终点——上野车站。孩子们在园长的带领下，徒步走到上野动物园大门口集合。这时各班教师召集自己班的小朋友集合，孩子的父母在队列后面，一切显得那么自然，那么顺理成章，孩子们自觉地听从老师的指挥。园长简单的讲话以后，开始列队进入上野动物园。我奇怪列车上的列车员也跟着队伍，问了园长才知道，原来列车员兼任今天一天的导游员，这真让我大惑不解。

上野动物园真是美极了，金秋十月对于北京来说是收获的季节，到处是一片金黄，各种树木也开始落叶了。而这里还是那么郁郁葱葱，茂密的树冠覆盖着上野动物园的每个角落，数千只和平鸽在地上，在人们的手上、肩上、头上啄食。一片宁静、温馨、平和的景象映现在眼前，我感到奇怪的是为什么日本的鸽子不怕人呢？

园长首先组织孩子们参观熊猫馆，熊猫在日本是极其稀有的动物，上野动物园的熊猫是从中国来的，是作为中日两国交流的友好使者，送到日本来的，日本人都非常喜爱熊猫。我生长在中国，在动物园看熊猫的机会很多，但是远在异国看见自己国家的熊猫，还是觉得挺激动，同时也挺自豪。现在上野动物园共有四只熊猫，欢欢、飞飞、童童和悠悠在这里生活得很幸福。它们住在非常清洁的宅舍里吃着竹叶，而且得到所有日本人的喜爱。看着它们可爱的姿态，我想应该为它们记一大功，因为它们是中日两国交流的友好使者，是联系中日两国人民感情的纽带。

上野动物园有很多动物，猴山上有悠闲自在的猴子，北极熊在池中戏水，企鹅拐来拐去地踱步，大象、河马以及各种各样的动物和鸟类在宅舍，在树上，在湖面上生活着。

下午2时由公园广播，让幼稚园的老师和家长带领孩子集合。

通过远足活动，让孩子们开阔了视野，增长了知识，也在接触自然中陶冶了对生命关爱的情怀。这种模式很值得我们借鉴。

九、活动教育的魅力

1991年9月28日，一夜台风驱散了密布在天空的乌云，近半个月未见晴天的茨城，今天又是烈日炎炎了。

清晨，老师们身着整齐的园装迎来了新的一天。经过昨天一个下午的精心布置，各个教室焕然一新。一束束鲜花摆在小朋友的桌子上，9月份过生日的小朋友的照片贴在精心制作的升降图片上，悬挂在黑板前面，一进门使人精神为之一振，不知道的人以为这里要举行什么大的活动，原来，今天是幼稚园为9月份出生的小朋友举行生日庆祝会。全园共有17个小朋友2名老师是9月份出生的。第一次参加这样的活动，我感到很新奇。

庆祝会首先从各自的班级开始，老师们先告诉小朋友今天是哪个小朋友的生日，请过生日的小朋友坐在前面，为他们戴上皇冠，让他们做一个最想做的动作，说一个自己最喜欢吃的东西，全体小朋友祝贺他生日快乐，然后全园集中举行大型生日庆祝会。

生日会开始了。凡9月份过生日的小朋友的家长也来参加生日庆祝会。

小朋友就座以后，台上帷幕拉开，17 名头戴金光闪闪的皇冠的小朋友，2 名教师出现在大家面前。今天他们格外自豪，全体小朋友为他们热烈鼓掌。首先由他们自我介绍，每个人向大家说说自己是哪个班的，叫什么名字，然后小朋友向他们致贺词，唱《祝你生日快乐》这首歌曲，接着园长讲话。园长祝过生日的小朋友生日快乐，并讲了最近的活动，然后请全体小朋友观看副园长表演的小魔术。副园长的小魔术变得很好，真让人看不出破绽，小朋友们都很高兴。然后全体老师为小朋友表演了木偶剧，在这中间还穿插了全园老师和小朋友共同的拉手游戏。最后在大家的掌声和音乐声中，年长的小朋友拉着 17 名过生日的小朋友退场了，各个班相继退场。整个会场秩序井然，生动活泼。

回到各自班上，老师们又把生日礼物献给小朋友，然后和小朋友以及小朋友的父母共同进餐（点心、牛奶），边吃、边谈小朋友的情况。

全园生日活动结束，我再次陷入了沉思。为什么日本对每一个教育的细节都不忽略，他们正是通过各个活动向孩子进行教育的渗透，看不见他们向孩子灌输知识，没有呆板的上课方式，却使孩子在自然中受到各方面的教育，这与我国的观念、方法都有很大的不同。这难道不值得大家深思吗？此外，通过参加今天的生日庆祝会，家长的感触更深，他们非常激动地感谢幼儿园，感谢老师，对于幼儿园来说，这难道不是一个收获吗？

又譬如，在日本幼儿园的运动会上，再次让人感受到他们活动教育的魅力。

1991 年 10 月 20 日清晨，当习惯于夜生活的日本人还在酣睡的时候，幼稚园已是一派繁忙景象了，十几名教职工正在这里忙碌着，她们要在今天的运动会开始之前做好一切准备。

似乎是经过了一场激烈紧张的战斗，一个多小时之后，几百面万国旗已悬挂在走廊、园所的空间，原来在小礼堂里摆满了的道具被搬到了指定位置，成人用的和孩子用的已贴上了标志，本部的音响设备及用品安置就绪，来宾席摆好了桌椅，摄像席搭好了架子，运动场用尼龙绳绕场一周圈了起来，扎满了鲜花的两个运动员入场大门矗立在两侧。放眼望去，整个会场既庄严又美丽，使人感觉这里似乎要举行国际活动。当时针指向 8 点的时候，会场一切准备就绪了。一些观众已开始陆续入场。这些观众大多是今天参加运动会的小朋友的父母，他们携带着吃的、用的、铺的、坐的用品，在运动场四周选好位置，等候运动会开始。8 点 30 分，随着副园长大久保先生的一声令下，运动会准时开始了。首先是入场式，今天的入场式既新颖又别致，随着活泼的音乐，三个小班的小朋友们手执鲜花从三个不同的角度步入会场，形成一个三角形，在老师的带领下进行集体音乐游戏，孩子们天真、活泼、可爱的动作一下子就吸引了观众，最后音乐游戏在形成三个圆心以后在孩子们“呀”的一声中结束。随着音乐的变换，小班孩子迅速向场地中间集中，这时中班，大班的五个班小朋友从四个入场门跑入场地，特别引人注目的是入场的还有 80 名姐妹学校的 80 名大学生。运动员在场地中间站好后，入场式开始了，首先是园长讲话，父母事业委员会会长讲话，接着由我代表中国人、 一位来自美国的男士代表美国人讲话。当我手执麦克风向全体到会的人员说我是中国人时，一种自豪感油然而生，我想我能在日本的土地上说出我是中国人的声音，这不仅是我的光荣，也是中国人的光荣。简单的入场式结束后，运动员们立刻投入紧张的竞赛中。

游戏和运动项目共有 16 个，每一个都各具特色，首先一个项目是年长小朋友的滚大球，年长小朋友两个班分成两个队，滚动两个巨大的皮球，看哪个队先滚完，场上的观众纷纷为两队运动员加油，这个项目竞争性强，小运动员们有兴趣。紧接着是中班的森林邮局，这个项目是中班三个班的小朋友的父亲全部参加，从一出场就很吸引人，近百名父亲背着自己的孩子入场，很有气势。在场地两侧，各分支队准备好形象逼真的邮筒、信箱和信，三个队同时竞赛看谁先把信送完，孩子们的父亲拉着孩子送信、取信，小朋友把信贴在中间的动物板上，紧张，激烈，妙趣横生。紧接着是从小朋友的箱中取宝……

12 点 30 分运动会结束了，整整开了 4 个小时，时间可真长啊！然而却不让人感觉那么疲劳，这个运动会的组织严密，竞赛和趣味活动交替进行，时有高潮出现，真是值得学习。

运动会开得圆满成功。然而成功中渗透了幼儿园老师们的心血，想起一个月来老师们每天加班加点，不分昼夜地制作道具，组织孩子，组织家长练习，实在是令人感动之至，这是一种拼命精神，相比之下，我们在很多时候缺乏的就是这种拼命精神，

运动会结束，而我的思绪却没有结束，通过参加运动会前后的工作，我找到了工作中的差距，我想，将来我们也会像日本这样开好中国幼儿园的运动会。

十、开门办园的启示

开门办园在中国是一个很熟悉的词语，过去开门办园很多，对其中的内容也颇为认可，在中国也获提倡，但在日本也有开门办园，这倒是很新鲜。

11 月 5 日，幼儿园中班各班到水户市双叶台商业街参观，我有幸一起前往。

商业街是由许多大小商店组成的，里边有电器商店、服装商店、书店、菜店、果物店和超级市场等。孩子们排成一队，一个商店一个商店参观，售货员对孩子同样非常有礼貌。老师们也给孩子介绍商品名称，向孩子提问：这是什么？干什么用的？孩子们回答的积极性很高，孩子们在超级市场陈列的商品中穿行，也不乱摸乱动，都按照老师的要求去做。

参观了商业街，孩子们认识了很多商品，知道了商品的名称，知道商品的用途。在直观的实物面前，丰富了知识，这不是在课堂上进行呆板教学能得到的。参观商业街以后，老师又领着孩子到附近的公园区拾落叶，那么自然和谐。我想，参加了今天的活动，孩子们一定会留下很深刻的印象。

类似这样的活动，我们的幼儿园却很少组织，一是动辄怕出事，孩子一出动就要兴师动众；二是嫌麻烦，不如在课堂上省事。殊不知孩子们在活动中受到的教育比课堂上大得多。“开门办园”对我们来说是一个不大先进的话了，但是它确实可以打开眼界，打开孩子们的智力发展之门。

十一、深入调研“给食中心”

为了了解日本幼儿园的伙食情况，在我的要求下，1992 年 1 月 28 日，园长同意我到给食中心见习。给食中心共有工作人员 7 人，其中管理员兼营养师 1 人，专职司机 1 人，炊事人员 5 人，全部为女性，年龄均在 35~40 岁之间。给食中心的供餐对象是四个幼稚园近 1000 名幼儿、近 100 名教职员工。

川田先生是给食中心的管理员兼营养师，负责给食中心的全面工作，每天负责计算各种食品的购入、营养价值、单价的计价、记账，每天召开会议，过程的管理、日记的记录、统计表的制作和各部门的联系等。因此，操作间的工作基本不介入。幼儿园的给食情况是每周一、周六供午点，诸如面包、牛奶之类的食品，其中除教职工每周一至周五供食外，每个幼稚园供食两天，因此每天供食人数平均 450 人左右。因为只供午餐，因此工作人员 8 点开始工作，下午 3 点 30 分结束工作。

操作间全部是机械化设施。洗碗时用洗碗机，就连淘米也是用淘米机。尽管如此，工作还是非常紧张，每个人都手脚不停地工作。餐具全部是塑料饭盒，幼儿是每人两个饭盒，成人是 1 个上下两层的饭盒。每天主食全部是米饭，副食的种类很多，每天至少在四种以上。饭盒中的立档把饭盒分成几部分，各种颜色，各种形状，各种味道的食物装入其中，这包括每天都有不同种类的水果。每一种的数量不多，但看起来很好看。上午几个人紧张的工作以后，约 11 点左右结束工作，把送给各处的食物、汤装上供餐专车——保温车，由专职司机送到各个供餐部门。专职司机是一名三十岁左右的女性，每天 9 点左右上班，做各种准备工作，11 点以后送饭。由于各个单位离得远，差不多要开车绕市一圈。搬运全部是自己一个人。中午的午餐是便当，就在车里吃。一直要到所有的孩子和教师都吃完饭把餐具搬上车，送回给食中心，工作才算结束。给食中心工作人员全部是请的临时工，他们每天都非常努力地工作，中午吃完饭后要马上开始为第二天做准备，各种材料的洗、切、煮等。送餐车回来后开始餐具的洗涤，直到3点左右结束工作，然后进行每天的例会。每天7个半小时的工作时间虽然不长，但工作内容安排得充实，绝不浪费1分钟的时间。当然这与日本的计时工资制的实行也有很大的关系。

到给食中心的四天，边工作边了解情况，对这里的人员和工作情况都有了解。这里的工作也和其他部门的工作一样管理有序，园长一年也不到给食中心来一次，只有管理员川田先生和副园长电话联系，说明园长对这里的工作非常放心。我的体会一是给食中心面向各个部门，社会化的给食中心使这里生机勃勃。二是给食种类多，营养价值丰富，营养计量准确。三是人员精干，由于给食人员全部是聘请的临时工，每个人都有危机感，因此每个人都绝对服从管理员的领导。当然日本的临时工也是有文化修养的人，因此他们具备较好的个人素质。

给食中心的参观和实践，使我获得了在幼儿园供餐管理方面的经验。

十二、分别会，最后的教育活动

1992年3月10日，也许是“老天爷”也知道今天是幼儿园举行“分别会”的日子，从昨天夜里就开始下起了春雨。10点整，全园幼儿在礼堂集中，举行分别会。

分别会的会场就与平时不同。年中组和年少组的小朋友围绕中间留出的空地席地而坐。会议开始前点名。点到年长组时，年长组的两个班入场，在台上就座。让孩子们知道今天是和年长组小朋友告别的会。接着年中、年少组的6个班小朋友以歌作为礼物献给年长的哥哥姐姐，唱歌以后全体感谢哥哥姐姐平日一起游戏，请哥哥姐姐不要忘了幼儿园，告诉哥哥姐姐，小弟弟小妹妹不会忘了他们的。接着年中、年少和年长组的代表来到场地中央，收受纪念品。纪念品是年中、年少组的小朋友为哥哥姐姐们上学而制作的课程表和笔盒。收受礼品的过程中，年少组的教师代表对纪念品加以说明，接着园长对年长组一学期全勤幼儿提出表扬，一学年全勤，两学年全勤、三学年全勤的幼儿授予证书。证书授予后，由年长组小朋友代表向年中、年少组小朋友赠送纪念品，由年长的小朋友向年中小朋友进行值日生交班。最精彩的是值日生交班以后，举行“偶人”表演，道具制作很精致，录音、表演效果水平都很高，童话剧“小红帽”受到孩子们和老师们的热烈欢迎。最后全体共唱幼儿园园歌，分别会结束。

分别会组织很严密，各环节考虑得周到细致。我第一次参加这样的会，感觉第一是日本把幼儿从幼儿园毕业看得很重要。第二是年长幼儿毕业不仅是年长组教师和小朋友的事，而是全园的一件大事，进入3月份以来全园的一切工作以此为中心。第三是幼儿得到建立友好人际关系的体验。因此，举行“分别会”确实可以让幼儿受到很好的教育。

十三、沉甸甸的研修总结

光阴飞逝，一转眼，秋去冬来春回夏转的一年四季，迎来了即将回国的激动时刻。回顾一年的研修生活，内心充满苦、辣、酸、甜，五味俱全的感受，365天在异国他乡度过的语言不同之苦，生活不适应之辛，尝到的孤独寂寞之酸，学有所获之甜……

在今生难忘的一年中，我不仅获得了人生的各种体验，更主要的是置身日本这个经济发达的国度，开阔了眼界，学到了在国内学不到的东西，目睹了日本的社会现状，不仅在语言学习上有了飞跃，而且在独立生活的磨炼中，意志得到了锤炼。

我赴日研修的目的虽然是学习日本幼儿教育的管理经验，但由于副园长工作繁忙，所以对我的研修安排总是从见习到做一名保育助手。经过一年的研修实践，我感觉到，这样的安排不仅为我弥补了缺乏第一线实践经验的缺陷，获得了当一名教师的实际体验，而且我感到，只要自己做有心人，也可以从最基层学到幼儿园的管理经验。

一年中，除了写研修日记以外，我根据自己的观察和感受写出了关于《幼儿园管理观念的更新》和《自由保育》两篇论文。在研修中，我努力向老教师们学习，每天和孩子们在一起生活、游戏，我感觉自己变得年轻了，同时在最基层的实践，使我领悟到了幼儿园的管理方法，因此，尽管我在班里做普通教师，我还是感觉自己有巨大的收获。

除了学习日语，研修幼儿教育以外，我的研修内容还有一项安排，就是学习钢琴弹奏。这对于我来说也是一件很幸运的事。在园内我既无时间也无条件学习，所以，开始我连五线谱也不认识，学习起来很困难，借助国内幼儿园老师邮来的五线谱教材，从认识音符开始钢琴弹奏的学习。经过几个月的学习，我不仅能识谱，而且能弹奏了。在日期间，学习、练习了三本钢琴入门教材的练习曲。在学习钢琴弹奏的过程中，不仅使自己获得了音乐方面的知识，更主要的是，陶冶了情操。在钢琴的弹奏过程中，我还经常思考，作为一个幼儿园的园长，工作中也要学会弹钢琴，科学地安排好各项工作。这也许是安排我学会弹钢琴的目的之一吧。

此外，研修内容中，还有学习计算机应用的内容，当我第一次运用计算机，用日语把自己的研修报告完成的时候欣喜万分。副园长大久保先生为我的日语研修报告打了 100 分，给予了很高的评价。

在研修过程中，水户地方报社还对我进行了采访，在水户新闻上报道了我在日研修的情况，登载了我和幼儿园的孩子们在一起的照片。在研修中，我没有辜负组织上和领导的希望，努力刻苦地学习和实践，时刻牢记自己是中国人，要为祖国争光，因而在研修中，受到研修单位的好评。同时自己一年中取得各方面的巨大收获，体验了收获学习中的快乐，是人生中的最大快乐。一年的研修生活为后来的工作和学习都打下了坚实的基础。

第三章

儿童乐园

一、以美治园的实践之路

其实，对美的追求，是一直深埋于心的。真正开始探索，则可以追溯到在塔院幼儿园当园长时。

那还是在上世纪80年代末期，我奉命来到了“家徒四壁”的塔院幼儿园，从此开始踏上了追求立美的人生之旅。

在那里，我希望孩子们，可以真正在一个美的世界中快乐成长。于是，我们从环境美化入手，几经辛劳，终于初现成效：庭院式的绿化，使幼儿园四季常青，三季有花。春季，嫩绿的树丛中，粉色的桃花、榆叶梅，黄色的寿丹、迎春花，白色的玉兰，紫色的丁香……竞相争艳；夏季，合欢树开满了妩媚动人的花朵，五颜六色的月季花开着绚丽的花朵；秋季，枫叶飘飞，菊花遍开……即使到了冬季也松柏常青。而幼儿园，犹如一只巨大的白色天鹅，俯伏在楼群中。院里起伏跌宕的“娃娃的城堡”、造型别致的“小小动物园”，高大、宽敞、明亮的音乐厅，形色逼真的巨幅壁画，色彩鲜艳的儿童游乐设施，将人们带入梦幻般的童话世界。室内，五颜六色的地板，与教学相配套的录音、彩电、闭路电视系统，以及先进的钢琴设备，为幼儿的幸福成长奠定了良好的物质基础。孩子们在这里快乐地成长，人们亲切地把幼儿园称作“塔院小区一枝花”。

接着，我又请人设计幼儿园的园徽，明天集团的团徽有东方初升的红日，表示沐浴在新世纪的中华民族正在振兴，图案上的雏鹰用中国画的写意手法绘出，似展翅飞翔，又似英文“Tomorrow”（明天）的第一个大写字母“T”。

大面积采用金色与红色，体现出我们的教育理念：“启蒙明天，播种未来，涂人生最佳底色”。我还请著名作词作曲家李幼容、徐锡宜为幼儿园首创了幼儿园的园歌——《儿童乐园美丽的家》，这在当时的幼教领域都可谓首开先河的创举。

★集团图标

我们把唱园歌当成精神环境建设中的有利手段，特别是在幼儿入园之初，用学唱园歌，讲解歌词内容的方法使幼儿尽快熟悉幼儿园的生活环境，吸引了幼儿，不爱来园的小朋友从喜欢园歌开始到喜欢幼儿园，爱上幼儿园，甚至星期天还吵着要上幼儿园。小朋友都非常喜欢唱园歌，经常不自觉地唱起园歌，很多小朋友在入、离园时都高兴地唱起园歌，在家里他们仍把园歌唱给爸爸、妈妈、爷爷、奶奶、邻居、客人听，园歌成了幼儿园和家长、社会联系的纽带。有的家长听到孩子唱的园歌很受感动，他们从歌词中了解了幼儿园，了解了老师工作的艰辛，沟通了老师和家长的感情。家长纷纷要求和孩子一起学唱园歌。园歌为振奋全园教职工的工作精神，激发幼儿热爱幼儿园的情感，联系社会、家长起到了不可低估的作用，扩大了幼儿园的影响力，增加了社会效益，在幼儿园的建设中起到了不可低估的作用。

为了让美成为习惯，我们时时处处都贯穿美的教育，我和保健医每天都以得体的装扮，最美的笑容在园门口迎接幼儿和家长，和她们打招呼，使得幼儿养成了问早问好的习惯，即使偶尔其中有一人不在，孩子们总是习惯地问园长好、大夫好。而孩子们一看见我们的园徽，总是情不自禁地唱起园歌。那时候，虽然园所面积不大，但每逢一些重大活动，我都让老师们铺上红地毯，音乐课也强调一定要到音乐厅去上。所以，每当幼儿到音乐厅或看见铺红地毯时就很兴奋，就充满了对美的向往。

二、我为“孟母”建佳园

昔日孟母择邻而处的故事，传达了每个父母对孩子成长环境的重视。我在办园中，首先考虑的就是要为“孟母”择邻，为幼儿营造最佳的环境。

我们在环境美上进行大胆的尝试，楼宇设计成中国南方传统的亭宇九曲长廊，园内是西方欧式的城堡，院内种植了近50多种供人观赏、提供教学和美化环境的植物。这些深得幼儿和家长的喜爱，老师们生活在这常年有花、四季常青的环境中，脸上更是洋溢着清新和快乐的神情与心境，“塔院一枝花”，让我们初尝环境立美的甜头。

当然，回顾这么多年的经历，不得不承认，每一个幼儿园的硬件发展都是受历史条件所影响的，然而，幼儿园应该是梦想放飞的地方，应该是孩子生活的乐园，我们应该努力把环境构建成一部立体的教科书。美国教育家布莱森说过：任何一所学校的校园环境都在默默地对孩子们发表演说，而且孩子的确会注意它，不知不觉中接受它的熏陶和影响。

★儿童的乐园

走进幼儿园，新颖别致的园门、五彩缤纷的壁画，把你带入一个充满幻想的童话世界。那烂漫的鲜花、嫩绿的小草、葱绿的小树，点缀在园内的各个角落；那舒适安全的塑胶地面、精心创设的教育环境、现代化的保教设施，处处体现了“涂人生最佳底色”的办园宗旨。

漫步园内，丰富有趣的户外自制玩具，功能繁多的大型器械玩具，回归自然的“种植园、戏水池、沙池”都会将你带回天真烂漫的童年，勾起你美好的回忆。瞧！孩子们在“攀岩”中锻炼着胆量、能力；在翻土、栽种、收获的过程中体验着劳动的喜悦；在玩耍、钻、爬中增强着体质。走进教学楼，充满童真童趣的活动室、温馨整洁的睡眠室、干净明亮的盥洗室都给人耳目一新的感觉。室内的布置融生活性、知识性、教育性、艺术性为一体。这里的每一个主题、每一件摆设、每一件作品都是老师、孩子和家长智慧的结晶，无不体现教师教育的过程，幼儿成长的轨迹。园内班班铺设了木地板，配备了钢琴、计算机等先进的教学设备。在此基础上，还配备了音乐室、美术室、科学发现室、幼儿图书室、陶艺室、扎染室、木工室、计算机室等各类型的功能室，充分体现了教育性、艺术性、趣味性与现代信息技术相结合的特点。

随着环境的不断美化，我渐渐又认识到，“环境立美”，并不仅仅应该是物化的美的环境营建，还应该在这个过程中，在孩子心中“立”起一种“美”，美的情感，美的追求，美的体验，美的品格。让幼儿在充分享受童年欢乐的同时，帮助其正确认识自己和周围的环境，获得生活、学习、做人的基本态度和技能，养成良好的生活、学习、行为习惯，形成良好情感和个性心理品质。

毫无疑问，“美存在于具体环境、具体现象、具体事情、具体行为、具体物体之中。”因此，环境对幼儿个性发展有着巨大作用；对于明天幼稚集团来说，幼儿每天生活的环境也就成了“立美”教育的出发点和突破口。

为了培养幼儿的感受美和表现美的情趣和能力，老师们充分利用走廊两面墙壁，除经常张贴幼儿喜爱的美术作品外，还张贴幼儿自己创作的作

★美丽的园景

品；老师们还利用园内空地、划地变作“舞台”、“社会交往场所”，供幼儿表演，自由交谈；对洗手间也注意整洁、美化。这些均起到了发挥物质环境的教育功能作用，使环境更艺术化，充盈一种宽容、民主、温暖、安全、平等与合作的气氛。

我们的幼儿园都非常重视环境布置。我们的老师不仅努力培养孩子们感受美表现美的情趣，还致力于培养孩子的观察力，增长孩子的科学知识。比如，幼儿园充分利用环境中画面上的变化引起幼儿的观察兴趣，培养其观察力，如引导幼儿注意墙壁上什么昆虫出现了？什么昆虫不见了？什么昆虫变换了位置？还可以观察隐蔽的昆虫，观察画面情节或明显或细微的变化。清清的河水，蓝蓝的天空，绿茵茵的草地，五颜六色的花朵……可以引导幼儿识别各种颜色，发展他们的颜色视觉辨别能力。有的教师还有意识地将各种昆虫布置在各个地方，有的安放在树上，有的安放在树下，有的在远处，有的在近旁，有的在前面，有的在后面，从而在幼儿的观察过程中发展他们的方位知觉分别能力，起到环境育人的功效。

孩子的世界应该是美丽的。在幼儿园，他们眼睛所触及的每一处风景、每一个角落都应该是美的。他们的眼睛在纯美色彩的无数次浸染之后，变得懂美爱美起来。他们的双手在制作美创造美的过程中，变得灵巧起来。他们的心灵在无数次欣赏之后，变得纯净美好起来。

因此，即使在集团成立后，我仍坚持以环境立美为教育的突破口，在为幼儿创造良好的生活和工作环境，坚持优化幼儿教育的整体育人环境，以提高幼儿素质、全面优质育人为目的，构筑立美教育工程的全新体系，为塑造幼儿完美人格奠基。

★2008 年 2–7 月，集团为各园统一绘制了主题标志墙，图为装饰一新的幼儿园

在物质环境的创设中，我强调各园根据自己的特点发挥自然环境的作用。在环境布置的过程中，我

们结合教育目标，注意幼儿的参与，发挥环境的教育功能，让“墙壁说话”。当然，最好的未必是最豪华的。我深深明白，物质的东西毕竟是没有生命力的，孩子的健康成长终归要靠引导，靠我们点点滴滴的呵护。所以，园内一切学习、生活设施以及供幼儿摆弄操作的玩具、用具，都注意符合幼儿身心特点，在造型、颜色上也注意引发幼儿的好奇心和操作欲望。

春天到了，孩子们一起用皱纹纸做柳枝，当把孩子们的作品贴到墙上，春风吹进，“柳枝”摆动，孩子们高兴地拍着小手说：“春风来了，柳枝动了。”我和他们一起享受快乐带来的幸福，孩子们还互相提醒保护“小柳树”，他们知道要爱护树木，而且要珍惜别人的劳动成果。

太阳的幸福在于给予阳光的闪耀，微风的幸福在于给予音乐的节奏，草儿的幸福在于给予供昆虫生存的隐蔽，而我们幼教人的幸福在于给予孩子全部的责任与关怀……然而所有的给予，听自然的解释，无需回报，全然奉献。

每天，园里的孩子们总会沉浸在幼儿园美丽的环境中、快乐的生活中。

眼前的一切，让我欣慰。这里已经成为孩子们梦想实现的乐园，在这个美好的乐园里，充满着人与人之间的爱。

三、小提琴拉起音乐风

儿童接受音乐艺术教育是家长们非常关注的问题。一部分家长考虑：让孩子受一些艺术的熏陶，培养起音乐气质，对将来的谈吐举止都有帮助。另一些家长则希望孩子学一两门乐器，希望将来在这方面有所特长，能把小宝宝培养成小小艺术家就好了。在这些充满爱的愿望里，作为家长如何让孩子的学艺道路更加畅通，对孩子的一生有帮助呢？

说起小提琴，就要从我认识了北影乐团指挥、首席小提琴家吕省心老师说起。与他谈起对幼儿开启美的教育，颇有默契，没想到这个很有名气的艺术家竟然对幼儿艺术教育也颇有热肠。交谈起来，很有几分相见恨晚的感觉，而这一见，没想到后来影响了我们的人生轨迹。

艺术与美，是一种天然的结合。我们的立美，“艺术”自然是不可或缺的元素之一。

于是，我邀请吕老师到我们园教授小提琴。当时，我还在塔院幼儿园当园长。环境立美已经让我们初显成效，吕老师一进园，大赞其美，也更加坚定了帮我们一起办出艺术特色园的决心。

很快，我们成立小提琴班。

一切就绪。

问题接踵而来——当时孩子们没有一点艺术基础，不认识五线谱，没有乐感，大乐团出来的吕老师面对这群懵懂的娃娃，也很着急。

而幼儿园每天只能传出枯燥的“呲呲啦啦”的琴声，更招来很多家长的不解，这么难，孩子能学会吗？

的确，我们把小提琴教育作为课程，无任何借鉴和参照，纯属摸着石头过河。但是我们没有放弃。因为我知道，幼儿时期是人一生中的音乐敏感期，要把握好这个时期，潜移默化地影响和熏陶是非常必要的，也是可行的。于是，我和老师们商量好，设定了活动时间表，跟吕老师确定活动内容，精心筛选适合幼儿的小提琴教材，并通过浅显易懂的游戏方式帮助幼儿理解、运用，提高幼儿学琴的兴趣。譬如在拉《生日快乐》这首曲子中，因中班孩子开始所学曲目都是升 5 的曲子，二指挨三指，而在这首曲子中二指要挨一指，孩子们掌握不好。于是老师告诉幼儿今天一指过生日，二指要去它家给它庆祝生日，一指可高兴了，它们俩手拉手，所以看看你的二指去了没有。孩子们听了感到非常高兴，因为园里每月都为当月过生日的小朋友举办生日会，开展庆祝活动，孩子们有亲身体验，所以他们自己能注意将二指挨到一指旁，而且记得很清楚，回家还讲给了爸爸、妈妈听，拉给爸爸、妈妈听。童趣的语言可以让小提琴学习“活”起来，使幼儿在活动中“动”起来。能够让所有的幼儿都有着美的感受和体验，使他们的整个身心都充满快乐，在美的滋润下，陶冶心灵，健全人格。

在小提琴教学活动中，塔院幼儿园老师们总结了很多有益的经验：

① 练琴，不在于时间的长短，而在于每天的次数和质量，一次一刻钟到二十分钟，但每天练几次，这样的效果，远超过盯着他不停地练一两个

小时。因为孩子的年龄特点决定了孩子集中精神的能力只能够保持在15~20分钟之内，因此孩子的练琴时间不宜过长。

② 多让孩子听各种小提琴的音像磁带，看一些小提琴音乐会或者是DVD来增加孩子的视听感受能力，告诉他，有一天他也能做到，从而提高兴趣。

③ 把孩子自己拉的旋律录下来，让孩子有成就感，并对自己的水平有个认识，做个评判。

④ 对于孩子拉得不对的地方，要通过对比，让幼儿去辨别对与错，或建议幼儿多观察多尝试，“看一看，试一试，这样是不是比那样更好。”

⑤ 让孩子看到希望，让他知道，自己每天都有进步，只是有时候快，有时候慢，这完全取决于他自己用了多少精力。

⑥ 尽量给孩子创造演出、表演的空间，让同等级的孩子组织一次小小音乐会，互相间比一比，这都是很好地促进孩子学习的方法。在幼儿园可以说这是最好的空间资源，孩子在班中进行交流很好地促进了小提琴的演奏水平。

⑦ 还需要老师认真地观察孩子对学琴的兴趣，调整孩子的学习积极性。孩子是需要鼓励的，他们有自己的思维方式，也有自己对美妙音乐的赏析。

一段时间后，由老师带领小朋友演奏的“小星星”、“欢乐颂”等悠扬的琴声，欢快的乐曲从幼儿园传出。家长们都赞叹和欣慰不已。

我和吕老师终于长出了一口气，为孩子们的进步感到高兴，更为当初我们的决定而欣慰。

随着集团的成立，早已跟我们的艺术教育拴在一起的吕老师自然而然跟着我们一路走过来。长期以来，塔院幼儿园坚持在全园普及小提琴，开设小提琴课程，艺术美的教育理念已经深深地浸入幼儿园的立美实践之中。

四、幼儿艺术教育

当幼儿园以小提琴为切入点，带动园所艺术教育特色形成以后，我和老师们又开始思考如何进一步创造美的教育环境、美的教育内容和教育手段，实现美的教育目标。我提出，艺术教育要面向每一个孩子。

在日研修期间，我发现日本的孩子们接受的是音乐教育，而不是音乐技能，他们偏重于对孩子音乐理解力的培养，而我们国内幼儿往往是在接受训练，目标是能够在成人面前完成好的表演。这其实完全是两种不同的教育观念。

国内很多幼儿园也都力图通过艺术教育实现园所特色。但是大多数幼儿园都存在就艺术而艺术的问题，往往忽略了在艺术活动中的健全人格培养。把教育简单化为技能培训，教幼儿唱歌、跳舞、拉提琴。这种技能培训看似很有成效，五六岁的小孩就会吹拉弹唱，很像是艺术的“神童”。但是这些“神童”的 “神通”，很多进入小学、中学后毫无艺术发展的潜力，甚至很多还因为在幼儿期的过度强化，产生了人格扭曲。

我认为，将艺术教育融入环境之中，是艺术教育必须要解决的首要问题。在物质环境的创设中，我强调一定要将艺术元素与环境相结合，从教育目标出发，鼓励幼儿参与艺术环境的创造，通过美术等艺术形式发挥环境的教育功能，让“墙壁说话”，“让设施说话”，借助艺术教育手段但是又不局限于艺术教育本身。

我认为，对孩子们来说，兴趣是最好的老师，开展艺术教育的关键，也在于培养兴趣。例如在小提琴的教育过程中，我发现部分孩子

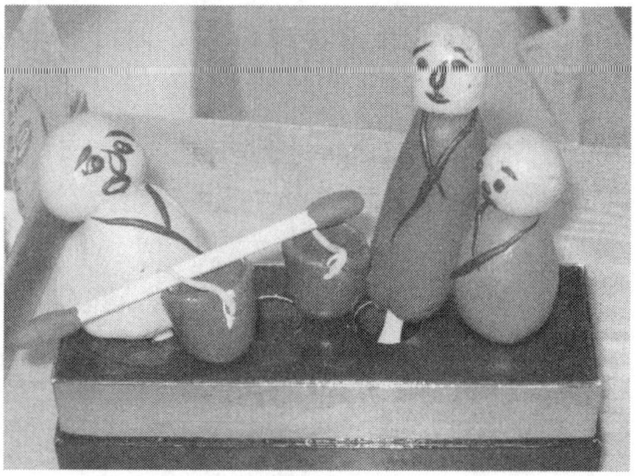

★三个和尚泥塑

学了一个学期小提琴后，兴趣逐渐消失。这是为什么呢？带着问题和老师们开展了研讨。分析以后，得出结论，要尊重孩子的年龄特点，练习时间不能过长，形式不能单一。长时间的练习，形式较单一会使孩子失去兴趣。在练习中还要做到因材施教。老师们想了很多办法。例如：利用练习形式的变化来增强幼儿的新鲜感；由集体练习转为个人、分组练习，将这几种练习交替进行。让幼儿相互观摩，相互学习，在这其中还请会拉的小朋友当“小老师”，当这些小朋友稍有进步时，老师要提出重点表扬，让幼儿以热烈的掌声肯定他们的进步，以增强其自信心。同时幼儿园与家长密切配合，让孩子每周回家能有固定的时间练琴，让孩子多在人前表演。通过以上一系列的做法，小朋友用不长的时间就已经能完整拉出好几首乐曲，对小提琴的兴趣就更加浓厚了。

游戏对幼儿来说，在任何时候都是最好的老师，在音乐素质的培养中也不例外。例如，老师们在组织音乐活动《小动物家的门铃》中，就通过有趣的节奏游戏使幼儿在玩的过程中增强节奏感，感知音符的节奏特点，尝试用自己喜欢的方式表现节奏型。在整个活动过程中情绪愉快积极性高。教师用生动的语言、漂亮的立体房子将幼儿引入节奏游戏的情境中：在一条大街上住着许多小动物，他们相亲相爱快乐地生活在一起。教师用肢体语言（按门铃的动作和声音）引导幼儿表现老牛、小猫、小狗的节奏，鼓励幼儿模拟小动物的叫声，以及用拍手、跺脚等动作表示小动物家门铃的节奏。幼儿在教师的帮助下，以“小动物搬家”音乐进行节奏的重新创编。最后幼儿自由选择自制乐器进行演奏，搬家庆祝会游戏贯穿始终。幼儿充分感受到音乐活动的快乐，在模仿惟妙惟肖的动物叫声中，感受不同的节奏型，以游戏贯穿整个活动，在玩的过程中增强节奏感。

在对幼儿音乐素质的培养过程中，我

★童话剧拔萝卜

们也曾走过弯路。例如在选择教育内容方面，有的教师单纯依靠某种教材安排选定教育内容；有的教师从主观愿望出发选择内容。一次音乐观摩活动，内容是根据旋律创编歌词，由于旋律较复杂，虽然教师弹唱时自我陶醉，可只有几个孩子勉强完成教师的要求，大部分孩子只是呆坐。教师经过反思找到了问题的原因，即教学内容较难与幼儿的实际水平距离大，幼儿又从未接触过这样的旋律。幼儿园教育活动的内容既要适合幼儿现有水平，又有一定的挑战性；既贴近幼儿生活，又有助于拓展经验。因此，教师在艺术教育活动内容的选择上，首先要了解幼儿的发展水平及要求，选择编制台阶式、递进式的，由浅入深、由易到难、由具体到抽象的音乐活动，选择具有发展性和有价值的内容，引导儿童去思考，去发现，去创造。

生活是艺术的源泉。在现实生活中我们常常发现幼儿有许多偶发的、不确定的充满孩子气的艺术活动内容，即所谓的“童龄妙音”、“童龄妙舞”等，这些都是来自幼儿的本能需求和实际需要。教师和幼儿一起共同努力探索，挖掘与思考，通过师生、生生的互动最终生成共生性的教育内容。例如京歌既有京剧的韵味，又有歌曲的风格，深受幼儿喜爱，他们常常自发地演唱。张蕾老师就紧紧抓住这一契机为京剧曲调填上浅显易懂的歌词，让幼儿学唱，进而引导幼儿在充分熟悉旋律的基础上填词，充分调动幼儿音乐学习的潜能和主观能动性。

孩子们喜欢随着音乐拍手点头，用能发出声音的物品敲击节奏，王冬老师就及时开展音乐节奏活动“最亲亲”，并要求幼儿用身边废旧物品做乐器演奏。活动中，幼儿自己去寻找，老师与家长一起准备废旧材料，如油桶、薯片筒、小药盒、饮料瓶、小盆、水杯、筷子、牙刷、木块、塑料袋、录音机、磁带等物品，用这些东西敲敲打打，尝试什么和什么组合起来能发出好听的声音。幼儿听着音乐，边唱边用自己找的“小乐器”为乐曲伴奏，全班幼儿合奏，幼儿情绪高涨，个个孩子的脸上写满了兴奋，以自己是一个“小乐手”自豪，纷纷要求用自己乐器再演奏几首乐曲。最后，教师满足了幼儿的愿望，并又提出了新的要求：“到户外找一找，回家的时候和爸爸妈妈一起找一找，用新的乐器为自己喜欢的曲子伴奏，也可以为好听的歌伴奏。”

现在的音乐活动已经不再是单纯的教唱、教跳了，而是有了更加丰富的表现形式。幼儿在音乐活动中充分应用脑、手、眼、耳、口等多种感官，全身心地参与艺术活动，成为学习的主人，主动去想去做，不断加深对艺术的理解，并在活动中不断积累审美经验。例如，京剧班教师为了解决京剧学习中情节不易理解、唱词生涩的问题想了很多方法：给幼儿讲京剧故事内容，让幼儿观赏老师的表演，用故事里的话通俗易懂地解说，之后引导幼儿自己绘编京剧故事连环画。孩子们通过合作，绘制了《盗御马》、《张飞喝断当阳桥》、《曹操官渡之战》等连环画，并编制成图书。孩子在绘画、收听、观赏、编书的过程中，获得了愉快的体验，不但学习京剧的积极性更高了，而且对中国传统的典故和历史及京剧里的人物有了初步了解，积累了审美经验，在此基础上学习京剧，大大地提高了幼儿的兴趣，提高了审美能力。

孩子们爱听故事，赵英华老师就经常借助故事的魅力激发幼儿学习的兴趣，使他们在轻松愉快的气氛中学习知识，感悟道理。如：“小熊请客”是幼儿非常喜欢的童话故事，并渴望进行表演，教师紧紧把握这一时机，引导幼儿了解剧情、人物的动作、表情、语言等。依据孩子们的兴趣需要，在美工区的活动中引出了“制作小熊请客人物头饰”、“为小动物做礼物”，泥工“为小动物做食物”等活动。老师为幼儿提供了丰富的废旧材料和半成品。孩子们积极地参与活动，探索如何能制作出漂亮的礼物。在活动中孩子们选择了不同形状的废旧的纸盒，又找来了各色的包装纸反复尝试用包装纸如何将纸盒包起来，盒子包完后孩子们又用剪刀剪出了五颜六色的小花、小桃心贴在盒子上进行装饰。在装饰的过程中孩子们学习了将不同的图案按一定规律进行排序，学会了对称的装饰方法。在活动中幼儿的主动性和创造性得到了充分的发挥。他们运用自身所有的知识和经验以及受到的启发来解决问题。

在教育过程中，在面向全体幼儿的同时，还要关注和尊重每个幼儿、发展每一个孩子的个性。在艺术活动中也是如此。幼儿的情感体验、联想、

★幼儿茶艺

表现、表达是不同的、多元的、可变的，有相当大的自由度。如听到同一音乐，不同的幼儿有不同的感受，他们会按自己不同的想象，随音乐进行创造性的表现。这种差异与幼儿的经验、主观感受、体验有关。作为教师要接纳幼儿的差异性、独特性和创造性，使幼儿在音乐中体验到成绩和乐趣，科学的答案只有一个，而“美”的答案却有许多。其实每个幼儿都是“表演家”，我们要允许幼儿按自己喜欢的方式表达，尊重他们，孩子们就会无拘无束地发挥自己的想象，表达他们的所见、所感。由此产生成就感，从而更好地认识自身的价值，改善自我的形象。

在我们的每一所幼儿园，我都试图建设一条五彩绚丽的艺术长廊，这条艺术长廊能给幼儿美的感受，能让幼儿接受艺术的启蒙，影响幼儿人格气质向健康和谐的方向发展。

五、爱是美的内涵

良好的师生关系是以“爱”为基础的。我要求老师们，要从关心、爱护、尊重、理解幼儿入手，在与幼儿朝夕相处的过程中，使幼儿在充满爱的环境中不仅感受爱，更重要的是让他们以积极的情感去学会爱。

爱孩子容易，爱每一个孩子难。特别是爱单亲、父母在国外、身体发育有问题、外地来京务工人员的孩子更难。如何爱这些孩子，考验着每一位老师。

现在，北京市来自外地的学前幼儿不断增加，我要求教师应当学会把爱分给每一个孩子。虽然实际工作中做到不那么容易，但很多老师做得很好。例如在我们的一个园里，一个孩子刚入园时，经常把餐巾、毛巾、玩具从阳台扔到楼下，将玩具、书都扔到鱼缸里，将卫生纸、钉子放到老师水杯中，将鼻涕抹到老师裙子上。班上两位年轻老师通过他父母了解到他的情况后，每天总是不厌其烦地为他洗去脸上手背上的鼻涕印，给他找来适合他玩的玩具，和他一起看小鱼游，并耐心跟他讲：“小鱼没有手，不会玩玩具，它喜欢和水草游戏。”通过观察了解到他情绪反复的周期，有针对性地制定教育方案，使这个幼儿极少缺勤，行为也日趋接近健康的幼儿，这样既解除了家长的后顾之忧，又使他的个性得到发展。

为做到让每个孩子都发自内心地愿意到幼儿园，老师们付出了许多辛劳。他们用更多的关心和亲情的付出，缩短着师生心灵之间的距离。通常，教师都是用语言和身体动作来传递爱和关心的，使幼儿得到爱的满足。在小班，老师用拉拉手、亲亲脸、抱一抱等方式，解除他们的分离焦虑。对一些性格内向、孤僻的幼儿，老师更加不吝啬爱的语言和动作，如，“你非常勇敢，老师像你这么大还没有你勇敢”，“我喜欢你，能精心帮助班上照顾小苗”，“老师拉着你的手，你安心地睡吧”等等。除此以外，教师还用温和的眼神、和蔼的微笑，赞许的点头等方式，给幼儿送去温暖和爱，使每一位幼儿都能感受到教师的爱，从而为营造一种平等、宽松的师生关系打下基础。

良好的师生关系为幼儿园营造了爱的氛围，使幼儿在充满爱的环境中不仅仅感受爱，更重要的是让他们学会爱。

教师对幼儿的爱、尊重和关心最容易感染幼儿，并引起他们的情感共鸣。一次一个小朋友吐了小值日生一脸吐沫，这名幼儿一面擦脸一面说：“你吐人不对，我会生气的”。这是因为教师的爱感染着每一位幼儿，让他们学会了宽容。

一位老师嗓子发炎了，孩子们争相为老师端水、喂药。一位老师怀孕了，孩子们互相提醒同伴不要喊叫，以免吵着小宝宝，每天为小宝宝送上一句祝福的话，为即将出生的小宝宝制作了贺卡。

孩子们在这里还学会了爱别人。王彩老师发现班上小朋友入园时，大部分都是由家长抱着进来的，针对这一问题，她设计了“我学妈妈抱宝宝”活动，老师将枕头系上头巾、贴上五官，让小朋友学习妈妈抱“宝宝”出去玩。开始孩子们兴奋地抱着自己的“宝宝”来到户外，一会儿孩子们就发出“老师，太累了，抱不动了”的呼声。这时王老师适时引导，提出

"孩子们，想想妈妈抱你们是不是也很累"的问题，"我们应怎样去爱爸爸妈妈"，孩子们想出了各种爱父母的办法："我们自己去幼儿园，不让爸爸妈妈抱，要不他们太累了"、"妈妈做饭，我自己玩，不缠着妈妈"、"爸爸下班了，我给他拿拖鞋"。老师在日常活动中注重培养幼儿会收放玩具，不乱扔东西，保护环境，通过这些活动，引导幼儿体验他人的爱，孩子们知道了关心他人、帮助他人。家长看到孩子的进步，纷纷到老师那里取经，交流经验，从而形成良好的家长和教师关系，为家园共育奠定了良好基础，形成了和谐、愉悦、宽松的师生关系及家园关系。

六、让孩子上喜欢的幼儿园

著名教育家卡·威特说："对于孩子来说，最重要的是早期教育，而不是天赋。孩子成为天才还是庸才，不决定于天赋的多少，而在于出生后的自然教育。"的确如此，所谓"慎于始"，幼儿时期的孩子是幼小的生命，也是正在成长中的生命体，是人的一生中可塑性最强、个性形成最重要的时期。幼儿教育教学的过程尤其应该注重生命体与生命体之间的互动，遵循生命体成长的规律。

幼教工作者每时每刻都要关注孩子的存在，使孩子们在幼儿园里享受快乐、留下幸福的童年记忆。长期以来，我和我的同事们所追求的就是办最好的幼儿园，让每一个孩子都有最佳的起点。

★快乐的明天美娃娃

"我是一朵小小花，你是一朵小小花，开放在小小花园里呀，生长在幸福的阳光下……"

这是我当塔院幼儿园园长的时候，和著名词作家李幼容老师合作创作的幼儿园园歌。我觉得，孩子们就是一朵朵绚丽多彩的花朵，等待着丰富的营养去滋润，去培育。而幼儿园就是个大花园，不断为花朵们提供着丰富的养料，促进着花儿茁壮地成长。

多年来，我所追求并矢志打造的美好园所，正如一座花园，爱心似漫天春雨，润物细无声，洒向满园的花草，补给成长的养分，使其开出五颜六色的花朵；如一阵轻风，循循善诱，谆谆教导，小草们在风中快乐地唱歌起舞，童年的时光绚丽而欢快；如蔽荫的大树，和煦的阳光，装点着丰富多彩的童年世界和生活，更如同山间流淌的一丝丝甘露，滋润着每个幼儿的心田。

幼儿离开父母温暖的怀抱，从熟悉的家庭来到陌生的幼儿园，十分需要爱的滋润。教师的亲切目光，和蔼话语的交流，能很快安定幼儿的情绪。

在工作中，我们不仅非常注重物化环境的布置，让每个孩子都感到愉悦和舒服，还非常注重构建宽容和谐的人文精神环境。我还要求老师要做孩子的良师益友。要求老师们平时就以朋友的身份，蹲下身子和小朋友说话，用眼睛看着他们，用和蔼的态度对待他们，用可亲的笑脸理解他们,让孩子喜欢幼儿园像喜欢家一样。我经常会和老师们说，我们工作取得的最大成绩的标志，就是孩子都喜欢上幼儿园。

学院路幼儿园是集团的一所寄宿制幼儿园，四个班都是小班，每年 9 月份新生入园，保教人员所付出的艰辛是可想而知的。

有一次，陈建坤小朋友的爸爸接孩子回家，意外地发现了孩子的书包里有一个大丝瓜。问孩子丝瓜是哪里来的，孩子说老师给的。

家长觉得很奇怪，就去问老师。老师说，小建坤刚上幼儿园，总是想爸爸和妈妈，老师带着他到院子里去玩儿的时候，发现只要他看见丝瓜，就能安静下来，到爸爸妈妈快来接的时候，老师就帮他摘了一个丝瓜，和他约定好，明天来幼儿园不哭。在后来的许多日子里，接孩子时，家长总能发现孩子的书包里多了几个“大”山楂、大梨、大苹果、大柿子……书包里的礼物随着时间的推移，随着孩子爱好的变化，不断地发生着变化。

后来有一次小建坤咳嗽，他的爸爸妈妈准备让他在家休息几天，等彻底好了再送他上幼儿园。但是小建坤却不愿意，他说：“爸爸，我要上幼儿园，我都想老师了！”这很出乎家长的意料。因为想当初，孩子总是想方设法找理由不上幼儿园，如今却主动要求上幼儿园。这些事，让家长很感动。

小建坤的爸爸说，他曾经一度羡慕“一个外国人”的幼儿园很久。因为澳大利亚使馆的教育参赞是他的朋友，曾向他讲述过他的烦恼：他两个孩子都在一个专给外国人开的幼儿园里，暑假期间，自己的孩子非要闹着上幼儿园，简直没办法。那时候，小建坤的爸爸还在想，什么时候，我们国内的幼儿园也能办成这样就好了。

实际工作中我们也做到了，甚至在双休日，很多孩子都要求爸爸妈妈：“送我去幼儿园吧，我想老师和小朋友了。”我们要办的就是真正让孩子喜欢的幼儿园啊！作为幼教人，我感到这就是最大的成功。

直到今天，很多当年的小朋友，还一直保持着对幼儿园的爱。当年很淘气的小朋友陈启衡，在小学六年级的时候，就已经成了一个“著名”的小诗人，他给我来信并赋诗一首，表达对幼儿园深切的爱。他说：明天幼稚集团给了我太多的第一次，我在这里住校三年。我的人之初都斑斑驳驳地刻在我幼稚的记忆中，让我珍爱，令我温暖。

《幼儿园》

纯真无牙白若暄，
童稚笑颜放纸鸢。
昼夜呵护似母亲，
重笔难书师生情。
园艺盎然迷人醉，
琴棋书画出紫焉。
唯愿母校更美好，
慈容铭刻我心间。

第四章 集团化管理

一、集团化的起步

经历了南区、塔院幼儿园的建设与发展历程，在日本研修过程中，我就下决心，要把幼教事业做大、做强。如何做，才能在国内把自己在日本学习的经验实际应用呢？从理论上说一些非常好的举措在引进到实际中时，却往往会遇到非常大的阻力，原因在于，国外的教育理念在国内很难被认同。面对紧迫的发展形势，一个更为宏大的计划开始在我心中酝酿——我仔细分析了90年代中期幼儿教育的背景，看到幼儿教育的六个方面问题，并从这几个方面入手，酝酿一场新的幼儿园改革。

‖家长对幼儿教育的高度期望

在改革开放的形势下，家长也深切感受到“竞争”时代对人才的高要求，想方设法把自己的子女从小培养成将来经得起考验的人才，家长对幼儿教育的高度期望，要求入好园的呼声也给幼儿园教育的改革提出新的要求。因此，建立具有高水平高质量的幼儿园成为家长的期望所在。

‖ 国家对幼儿教育经费投入的不足

由于国家教育经费的不足，有限的教育经费与幼儿园自身的发展之间存在着尖锐矛盾，社会主义初级阶段的国情，决定着我国正处于转型期，经济增长方式由粗放型向集约型转变。穷家办大教育的现实，使政府办学负担沉重，更无法将有限的教育经费，更多地投入幼儿教育。投入与需要之间的矛盾日益突出，成为制约幼儿教育发展的主要矛盾。

‖ 计划经济下幼儿园发展的弊端

幼儿园自身发展中形成的“等、靠、要”的旧习，使园所之间丧失竞争、生存能力，制约幼教的发展。过去，人们把幼儿园定位于具有教育和福利的双重属性。长期以来，由于过分强调幼儿园属于社会福利性机构。因此，在计划经济体制这棵大树的长期庇护下，大多数幼儿园都过着“钱来伸手，物来拿走，缺啥张口”的生活，形成“吃皇粮”的局面，而这种“等、靠、要”旧习却使幼儿园在市场经济体制下，形成依赖性，造成其生存能力低下，自我发展缓慢的境况，严重制约了幼教自身的发展。

‖ 园际间差距的显现

园所的“小而全”，造成机制的退化，形成了无风险的管理体制。幼儿园“躲进小楼成一统”的关门办园方式，形式单一，容易形成大锅饭；收入平均，缺乏活力，造成资源浪费；物品相对积压，人员活动困难，教育质量参差不齐；有的幼儿园普遍处于房屋陈旧，设施老化，经费严重缺乏的困境，濒于倒闭；而有的幼儿园保教质量好，家长满意，生源不缺，处于良性发展的态势。南区和塔院两个幼儿园的情况就是这一现象的最好诠释。园际之间的差距不断扩大，也严重阻碍了幼儿园发展。

‖ 园所管理中的问题

园所管理的弊端是不计投入产出，不讲效益，不重视资金、人力消耗，一方面是教育投入不足，另一方面是人力物力浪费。在管理体制上，幼儿园没有一定的自主权，缺乏应有的生机与活力。园所之间不是互通有无，而是老死不相往来；在干部制度上能上不能下，形成实际上的终身制，加之缺乏严格的考绩制，不出“大格”，“铁交椅”稳坐。干部的使用上存在着年长的人不能用，年轻人不放心用，年富力强的人没得用；基本上都是终身制；后备干部培养没有渠道，专业人才稀缺。在劳动人事制度上，只进不出，优秀人才无法进入，而冗余人员无法解除合同，人才难以流动，甚至造成人才积压，人浮于事。在分配制度上，端着铁饭碗，吃着大锅饭，干与不干，干好干坏一个样。在园所人员工作管理上，缺乏严格的责任制和考评制，职责不清，赏罚不明，效益低下。

‖ 教师队伍的问题

幼儿教师的心态变得纷繁复杂，一部分教师的观念发生了变化，教师们改变了原有的思维模式。其人生价值观出现了倾斜，理想信念逐渐淡化，更多注重的是实惠，看重眼前利益，追求物质享受，把物质待遇的优劣作为衡量个人有无价值和价值大小的唯一尺度，盲目攀比，“下海”的热潮更使一部分青年教师跃跃欲试。再加上幼教行业中教师较之社会上一些行业待遇较低，差距悬殊，造成教师的心理失衡，形成了教育改革中的不稳定因素。

以上问题，给幼儿园的发展带来的是生存危机。我心中酝酿着能有一个机会，将幼儿园组织起来，形成合力，以实行资源共享、优势互补的集团化模式办幼儿园。

1994 年 6 月，海淀区被批准为北京市教育改革实验区，这给我提供了机遇。我向上级领导提出了我的想法，时任海淀教工委书记鲍天真，大力支持了我，1995 年 1 月 4 日，让我参加刚刚成立不久的教委扩大会，让我汇报改革设想，而这一设想，正与海淀区委、区政府的改革部署不谋而合！

海淀教改实验区的成立，为幼儿园提供了进行管理体制改革，转变办园机制，探索推动幼儿教育事业发展新路子的良好机遇，为海淀幼儿教育的进一步发展注入了催化剂。在区委、区政府的批准下，作为八种不同办学模式之一，北京明天幼稚集团应运而生。海淀区10所公立幼儿园合并，成立明天幼稚集团，由我出任总院长。

当时，北京明天幼稚集团是我国第一个将“集团”概念引进教育领域的学前教育机构，开创了我国学前教育机构进行集团化办园的先河。

区委、区政府对集团的成立给予了坚决的支持，时任副区长、教委主任李凤玲说：“我们批准成立幼稚集团，并允许实行“园所国有，院长承办，经费自筹，办园自主”的管理模式，我个人认为这首先是一种尝试，任何尝试的成功都要有个过程。我们不能等到事情的结果已经清楚了再去支持，那什么也别做了。改革意味着我们在探索新路。当然，支持幼稚集团的成立，也不是没有根据的，否则就是一种不负责任。其根据有，一是当前的幼儿教育已经越来越需要提高管理层次，比如引导幼儿探索科学，要从小培养孩子一种责任感。这就不光是幼儿园可以单独承担得了的，还要靠家庭，还需要社会力量，共同创造一个好的教育环境。集团的成立将为这种环境的创设提供很多便利条件。二是需要提高早期智力开发的层次。智力开发是多方面的，包括孩子动手动脑、听、说以及参与的能力，而不仅仅是认识多少字，数多少数的问题，这也是一个超越低层次认识的问题。因此，早期开发就需要相应的科学教育思想健康指导，以及配套的物质条件等等。集团的成立为此提供了可能。三是解决投入上的多渠道。实现上述目标必然涉及队伍问题，投入问题。这是必要条件，当然也不是唯一的条件。条件从哪里来？不能等、靠，层层向上伸手要。过去我们政府包得太死。不能什么都靠政府。我个人认为，可以建立一种适应市场经济需要的新模式。这种规模办园形式有利于提高办园效率，提高队伍素质和教育水平。坦率地说，尝试这种模式可能承担风险。成立集团仅仅是个开始，达到预期效果，还有一定的过程和相当的距离，不排除某些环节上的失误。但我认为，既然我们已经看到了构想的合理性与创造性，就应该予以支持。”

1995年3月25日，是我一生中最难忘的日子，北京明天幼稚集团成立大会在海淀区塔院幼儿园的音乐厅举行。全国首家以集团化办园模式为特征的大型学前教育机构——北京明天幼稚集团宣告成立！

★1995年3月25日，作者被聘为北京明天幼稚集团总院长

那天是个格外晴朗的日子，鲜花与掌声齐集，中央、北京市、海淀区等各级领导来了，孙毅老将军也来了，这里寄托着他们对孩子的希望，对幼儿教育未来的期盼，也寄托着对明天幼稚集团发展的殷切之情。

正如李区长所说，集团的成立仅仅是个开始，而15年来所经历的艰辛，难以言表。但集团成立15年来，所取得的成果是世人有目共睹的，它对于减轻国家对非义务教育的负担，加快改革的建设；对于全面提高办园质量，办出特色；对于园舍的合理布局，统筹规划；对于教育资源的优化配置，人才的开发利用，资金的合理运用；对于推广科学研究成果；对于建立奖励机制，加速青年干部的培养有着巨大的能动作用。可以说，集团的成立为海淀区幼儿教育的历史翻开了新的一页。

★老将军孙毅为集团题词

我在幼儿园的集约化管理中运用现代的管理理念、方法和技术，完善的管理机制，造就优秀的凝聚力强的团队，发挥整体优势，实现资源共享，培育内部活力和外部竞争力，建设优美安全的环境，提高入园率，突出教学特色，实现质量的提高，让入园幼儿得到了全面发展。最终让家长放心，让社会满意，让更多幼儿享受了优质教育。

我坚信，集团化办园、集约化管理，不仅可以产生巨大的效益，而且为在一定区域范围内迅速消除基础薄弱园，实现一定区域和范围内的公平教育提供了可能。

随后多年的实践中，我都向明天集团的管理团队强调，要以“整合幼儿园资源，发挥规模优势，促进均衡发展，实现更大效益”的共同目标为联结纽带，将在幼儿教育发展过程中具有重要地位和发展前景的多所幼儿园园所合并，以共同的规章制度和共同的文化为行为规范，使人员、资金、设施、设备、教学与信息等资源优化重组，实现互补共享。15 年来，我们多次进行园所调整，激发了幼儿园活力，在增强幼儿园适应力的基础上，优化了集团竞争力和社会影响力。

据 2009 年底数据统计，集团固定资产已经达到 7890 余万元，园所建筑面积从 2 万多平方米扩展到 59000 多平方米，占地面积达到 66500 多平方米。仅 2009 年，集团大型玩具器械、室内玩具、图书资料等设备购置费用就达到 570 多万元，房屋修缮费用达到 835 万元。

15 年集团式的规模经营体制，把幼儿教育的发展规律和社会的发展融合起来，从长远的角度来促进社会的和谐发展！这是一种跨越式未来型教育模式，这样的经营方式使自有的教育结构发生了变革，多元的教育方式为儿童的个性发展提供了选择的自由。不论是横向的园园联合体，还是纵向的多层组合体，最突出的特点是：规模化办园促进发展，实现了大教育！

正是在这 15 年中，我带领明天人，在数量上不断增加，质量上节节攀升，得到了快速发展。这种引人关注的创新现象，不仅得到社会的广泛认同，而且给基础教育带来了巨大影响。据不完全统计，目前国内基础教育领域的教育集团已有几百个，它们在办学形式、产权归属等方面已形成了投资主体多元化与办园体制多类型并存的局面，它们的基本运行模式也多借鉴了北京明天幼稚集团的探索成果。

正是在这 15 年中，集团化的办园模式终显时代的价值与进步，也彰显了进取的力量，集团化办教育、集约化管理的种子也在全国各地生根发芽。

二、摸着石头过河

北京明天幼稚集团在改革大潮中应运而生；在市场经济环境下被迫而生；在各级领导的关心下顺利而生；在新旧观念的碰撞下健康而生。

天时、地利、人和的有利因素，促使集团成立了，然而，作为一个新生儿，她的成长却并不是一帆风顺。

我们的发展就如摸着石头过河，没有可以借鉴的模式。对集团的成立面临着三方面的压力：

一些领导担心：集团会不会导致集权，而集权会不会导致政府对集团失去监管，失去监管会不会造成国有资产的流失？在一次区教育系统会议上，曾有一位领导当着很多人的面，向我提出他的疑虑。

一些家长担心：集团会不会影响教育质量，会不会导致办园条件下降，管理者会不会为了获取高额利润而提高收费标准？也曾经有的家长受到不明真相的鼓动，把孩子转到了别的幼儿园。

内部教职工担心：由于普遍对集团的前景不明，即对集团的发展定位不明，对上对下的关系不明，职责与管理权限不明。对园所的发展、对自身的发展存有担心。

各种压力、问题和异议一直伴随着集团的成长。从教委扩大会上对成立集团想法的认可，到 1995 年 3 月 25 日集团成立大会期间，是我一生最艰难的时刻，几乎是展开了一场近乎生与死的较量。

我的 BP 机上曾接到这样的恐吓：“金也哭，银也哭，花开花落为谁哭。房也哭，地也哭，死后何曾在首都……”众多的不服，上告，对我的人身攻击，甚至是人格侮辱纷至沓来，我一时承受了从来没有过的心理压力。

这时候，年逾七十的老母亲告诉我：“孩子，别怕，既然干了，就一定要干好，你可不能对不起大家伙儿啊！”懂事的儿子也陪在我身边，给予我力量与莫大的支持。我在心里告诉自己：“任何一场新旧观念的斗争和考验都会面临激烈的阵痛，但你的出发点是为了孩子，是为了发展幼教事业，你就一定会获得成功的！”

凭着这种坚毅，我在困难面前不畏惧、不退缩、不放弃，一方面紧紧依靠上级领导，一方面紧紧依靠群众，通过艰苦的努力，多年的实践，在明天集团内部形成了“院长承办、分权管理、岗位开放、改革兴园”的管理新模式。各项工作规范化、制度化、科学化、效益化，改革出现了勃勃生机。而在那艰难时刻来自亲情的温暖，来自同事的支持，让我艰苦打拼的人生充盈着刻骨铭心的生动。

改革最需要的是队伍建设的稳定与发展，我积极和教职工们进行沟通，多次向他们表明自己的心迹，努力将教职工队伍建设成有团队精神，创新精神，有专业特质，人力资源得到最大优化的群体。

集团成立初，许多员工都蒙了，很多人并不理解这一模式究竟是怎么回事。当时负责财务的赵又菊部长，原来只负责一个园的财务，现在一下子要负责十个园的财务，而且还是半手工半计算机，都是要先在算盘上算好，在纸上写好，然后再输入电脑。赵部长一丝不苟，真的是一点儿、一点儿往算盘上挪，一笔一笔往起集中，十个园账目汇在一起，还要每一笔全都对上。在具体的工作中，她由茫然逐渐清晰，最后全都汇总并核对无误后，赵部长长松了一口气，并且兴奋地告诉我："院长，经过这个过程，我有了自信，也成长了。"后来，她财务工作越来越专业，每年都能使集团获得财务评比方面的先进。

为了让大家感受主人的地位，我还采取开设意见箱、开畅谈会、教代会、园务会、园长办公联席会、保教主任例会、保健医例会、事务员例会等多种形式沟通管理者与群众的关系，将关乎集团建设和发展的事项，如发展规划、办园目标、工作计划、规章制度、重大资金安排、重大活动安排等交给教职工讨论，献计献策，使教职工真正感到自己是集团的主人，应当充分发挥自己的聪明才智。使幼儿园的目标、制度等转化为教职工追求目标的内驱力。

1997年，在我的坚持下，集团制定了优惠政策和奖励措施，使个人利益与幼儿园利益相结合，为教师成长搭台铺路。如我建立了总院长和园长的奖励基金制度，就是由我和各园园长每月提取一定的基金，对在保教工作和教科研工作中成绩突出的教职工进行奖励，让每一名教职工感受尊重。我们每年都召开形式各样的教科研表彰大会，老师们在得到精神荣誉的同时，工作探索的积极性也更高了。

我们的努力终于结出硕果，我们在改革的大道上不再孤单，这一切，包含了我和明天人凝聚的汗水和付出；这一切，凝聚了我们科学的管理和规范；这一切，凝聚了明天人的才智。

高宏武园长说：“集团这种强调合作、共享、和谐发展的管理氛围，推动着我们从原有相对封闭的小圈子里跳出来，转变固有的思维方式，站在一个能超越自我的角度看问题，学会用开放的视野，寻求与整个大环境和谐共生的长久发展之计。从超前的角度看，正符合了近来所倡导的通过学习型组织建设，而建立起共同的愿景。15年来，集团以组织共同的价值观为核心，增强了集团的向心力、持久力和内聚力，保证了教师教育行为的合理性，促进了人的整体素质的提高，推动了集团幼儿园管理向高层次迈进。”

三、人往哪里去

集团成立，人向何处去？资金从哪里来？资源如何利用？教育目标如何实现？弱势园所如何改变等一系列问题都摆在了我面前。

美籍华人、成功学大师陈安之认为：所有的员工都应当分为两类，一类叫资产（交给他的任何事情都可以做得很好，授权给他后，即使不监督，也可以达到想要的结果）；一类叫负债（总是有意见、散布反面信息，总是让人感觉单位有问题，让每个人都缺乏工作的动力）。属于资产的人，要让他增值（产生社会和经济效益），属于负债的人，要让他除恶（经过沟通、训练、警告、改善工作状况或采取必要的措施）。只有让人员资源成为资产，才会产生效率。

我认为，公有制体制下，我们必须把每个员工都当成资产。因为每一个人都是国有资产。明天集团的每一名教职工都是集团事业发展的重要资源。为此，我大刀阔斧地提出合并园所的构想，并推出了一系列改革举措。

1. 集团在各园合并后，首先根据园所办园规模，编制标准和现实状况合理核定各园的人员编制，然后根据定编人数确定教职工的岗位数，岗位职责和任务，通过采取满负荷工作量，精简机构，合并职能，提高师生比，挖掘园所内部潜力，提高人员配置效益的原则，对人员进行选聘。实行聘任制，使每个教职工能真正自觉地找差距，给自己找出努力方向，并在教职工中形成能上能下，能进能出，人尽其才，才尽其用，不断优化的竞争机制。

使过去“进不来，出不去”无法流动的人事制度下长期无法解决的矛盾迎刃而解，集团从提高教育质量入手，引进了一批教学骨干，而对不胜任教学，不求上进的人敢“动真格”，教职工队伍经过选聘、精简更加精干。通过合理组合，各部门、各园所、各班组成员的组合提高到一个新的水平，教师团体走向和谐，群体意识和凝聚力增强，积极性得到进一步调动。

2. 建立教职工工作评价制度，通过建立岗位责任制进行责任制约，使每个工作岗位上的人员的职责明晰化，并将其落实到具体的负责人，使集团中大量的教育教学和管理工作，按照各自内在的性质、特征，具体转化为每个教职工自觉遵循的行为准则和责任规范，使每一个成员承担集团的基本风险，进而转化为对自身行为的制约。

3. 根据教职工工作实绩实行教师聘任干部任免等制度，实行晋升激励；实行聘任制的同时，集团还实行各岗开放，岗位竞争的方式，各岗条件公开，待遇公开，岗位上竞争，收入凭贡献，使员工在同一起跑线上平等竞争，给每个人提供表现的舞台，找到自己的位置。在聘任过程中，集团领导坚持任人唯贤，择优聘任的原则，在考核中看实效，上岗看实干，聘用看实绩，打破干部和工人的身份界限，废除干部职务终身制，重学历而不唯学历，优者上，弱者让，充分发挥各种人才的优势。使集团上下形成竞争上岗，依目标工作，据标准考核，样样工作有人管，人人时时有事干的生动局面。

4. 通过结构工资制，贯彻按劳分配原则，提高待遇，满足物质需要，进行物质激励。采取岗位竞争，任人唯贤，择优聘任的方式。使不适合集团教学等工作的人员流出，多数在岗的教师也进一步有了危机感，在工作中不断对自己提出新的要求，以适应集团发展的要求和对人才的要求。通过实行聘任制，将原有园所总和为 326 名的岗位职工，减少到了 280 名，精简了 46 名。这在很大程度上调动了教师的积极性，打破了包得过多、统得过死的人才不流动状况，为集团和教师双方都提供了更多的选择机会，发挥了人才潜能。

5. 人岗适当合理组合、优化人员配置。在实施人事制度的改革过程中，集团还确立了人岗适当的原则，根据职工个人的能力，特长及存在困难，适当调整岗位，进行人力资源的开发和利用，使各类人才能得合理流动，余缺互补，进一步理顺了人事管理关系。

要进一步优化教职工队伍，还需进行合理组合，优化人员配量，集团根据干部，教职工管理能力、教学水平、年龄、学历、个性特点、兴趣特长等进行合理搭配，很大程度上发挥了个人优势，使干部、教师，中年、青年，能力强、能力弱的教职工之间能互相学习补充协调，取得了干部、教师合理组合的整体优势。

6. 建立集团内部的“人才库”。为各岗人员提供储备，促进岗位竞争和人才流动，激发了员工的危机感和竞争意识。

人事制度的改革，不仅为集团化办园模式的发展和大面积提高质量打下了良好的基础，还促进了教职工整体素质的提高。通过改革人事制度，教师的自主意识提高，改变了以往人事安排上园长“分饭”，教师“等饭吃”的状况，迫使教师自己去“找饭吃”，在“找”的过程中，逐步自我反省，主动克服惰性和弱点，增强了责任感，并主动要求学习提高。在工作中教职工由过去被动干，转变为主动干，由过去的让我干，变为我要干，请假的人少了，出满勤的多了，效益高了，形成了内部的竞争机制。

7. 采取低职高聘、高职低聘的管理手段。为了使教职工更大限度地发挥个人潜能，发挥工作的积极性、主动性、创造性，增强责任感和危机感，集团打破了论资排辈的思想，在教职工中采取低职高聘、高职低聘的人事管理办法，用人总是不论职称、身份，充分注重每位教师的实际工作能力和业绩。在建立考核评估项目的基础上进行考核，并建立相应的奖励措施。对于考核中或在实际工作中能力较强，但职称较低的教师，根据实际的水平进行聘任，而对于高级或一级教师，工作能力较低，实际水平无法达到相应要求的教师则按低于高级或一级的职称进行聘任。这种新的管理方式使更多的人才脱颖而出，并在各自的岗位上充分展示出自己的管理才能和教育、科研的才能。

8. 建立岗位责任制、考核奖惩制度。建立岗位责任制、考核、奖惩制度是人事制度改革的重要保障，岗位责任制可以避免集团组织目标与个人要求相矛盾，尽可能地将用人的要求与个人的要求相统一，充分调动教职工自主创造的精神，实现职工自我控制和自我管理，最大限度地开发个人潜能。为此，集团建立起了完善的岗位责任制，无论是我还是园长、教职工均实行定岗、定责，确定工作任务、目标和质量标准。每位教职工都明确自身具体的岗位责任，既避免过去因人设事，因人设岗的现象，也避免了教师之间因岗位职责不清，在工作中互相扯皮、推诿拖延的情况发生。建立考核制度，有利于集团对教师工作质量的优劣进行检查评定。根据考核结果对个人进行奖惩，优质优酬、多劳多得，奖勤罚懒，并以此作为人员聘任、工作调动、调配的重要依据，对调动职工积极性和提高工作水平具有极大的推动作用。

四、钱从哪里来

“我不是为了发财图虚名，而是为了发展幼教事业，为国家减轻办学经费不足的负担，只要思路对头，又有一定的政策保证，加上员工们的同心同德，集团化办园就会成功。”就是在这样的信念支撑下，明天集团这一雏鹰的翅膀一次又一次在风雨中得到了历练，15 年来集团在消灭园际间差别、形成规模化办园优势等方面获得了突破性的成功与发展。

当初，国家投入与幼儿园发展需要的矛盾，是制约幼教事业发展的主要因素。我国是一个人口大国，也是一个教育大国，在经济上我国还是一个发展中国家，由于人口众多，原有的底子薄，人均国民收入仍属穷国之列，“穷国办大教育”的现实，决定了教育发展的艰辛。幼儿教育属于非义务教育，政府投入经费少，造成发展缓慢，一直是困扰幼教改革的难题。集团的建立，首要的任务就是解决如何走出教育经费不足的困境。

为了筹集资金解决困难，我把教育局的各个科室都跑遍了，有关政府部门也都走到了。引起了各级领导的关注，帮助解决了一些实际困难。海淀区领导认为，“经费自筹是一个导向问题，‘对幼儿教育的经费自筹到什么程度’应有一个清醒的认识”。“自筹”的概念并不是完全靠幼儿园自己来想办法，这15年来，海淀区政府始终没有放弃对幼儿教育的投入。每年，海淀区教委都给予我们基本工资的基本投入。正是在政府这一改革举措的正确引导下，在国家投入资金不变的情况下，我们重新审视对教育经费来源问题的狭隘理解，逐步将经费来源从单一渠道变为多种渠道，迅速改革教育经费的筹措制度，建立了国家财政拨款和多种经费筹措渠道共存的多元化筹资体系。我现在还清楚地记得体制改革前的经费来源方式。

‖适当收取捐资助学款

幼儿教育经费短缺，国家投入不足是主要原因。其他投资渠道不畅通，特别是居民教育投资不足也是重要原因。幼儿教育不仅仅是国家的事，也是社会的事、家庭的事、大家的事。因此，大众捐资助学是当时幼教机构资金筹措的方式之一。集团在捐资助学款的收取中，首先在家长中树立起全民办教育的意识，清除家长对捐资助学的心理承受障碍；其次以市场的需求为杠杆，根据园所的级类、硬件设施、教育质量、师资水平、收托方式、小区家长收入情况等确定捐资助学款额，用家长的教育投资改善办学条件，使集团幼儿园发展走上良性运行的轨道。

‖大力发展第三产业

在当时的大背景下，集团在三产开发上，加大了发展的力度。建立起了商店、服装加工厂、营养餐配送中心、培训学校等产业，不仅解决了未聘教师的分流问题，也为集团的发展积累了资金。

‖进行校产开发

集团所有园所位于海淀区内，有着雄厚的科研、文化力量的依托。集团采取了深层的开发，综合利用内部资源，进行校产开发，逐步向教育、经济、科研一体化，产业结构、知识结构一体化迈进，增强自我生存、自我发展能力。集团先后编辑出版了明天教育系列丛书，《幼儿食谱大全》、《幼儿卫生保健指导》、《明天更美好》歌曲集、《明天幼儿团体操》等教学用书、幼儿读物和音乐、录像带等，开发研制了新型玩、教具等教学、生活用品，为集团的发展提高了资金的积累。

在资金的管理上，我也从几个方面入手，开始有针对性地改革：

1. 加强资金的统一管理

集团成立后，把各园的资金进行统筹规划，统一管理，减少由于分散办园重复投资和资金浪费的现象，使有限的资金发挥最大效益。同时把握资金的投入导向，根据园所的物质条件和发展水平，进行分期、分批有重点地投入，解决了薄弱园、新建园资金不足，难以发展的矛盾，加速了各园硬件建设的发展进程。

2. 实行适度规模办园

由于集团下属园所设备陈旧，师资水平、教学质量较低，再加上无资金来源进行重建、改造和发展，造成生源较少，班额不足等问题，使人力、物力、财力造成极大的浪费。集团成立后，进行了布局调整，实行适度规模办园，将班额不足、幼儿人数不足的班和园进行调整，对教职工和幼儿向其他园分流，减少了开支。

3. 办园效益与各园职工收入挂钩

实行办园效益与各园职工收入挂钩的方式，也在一定程度上保证了资金的增加。效益基本金是集团分配制度改革又一重要举措。具体措施是：集团每月从各园投入的效益包干总额中提取10%的资金，另外从集团的财务资金中提取同样的10%的资金，共同作为园所的效益基本金。这笔资金主要用于学期或年度未在教育教学、行政管理各项工作检查评比，各项竞赛活动中取得优异成绩的园所进行奖励。在对各园进行总体考核评价的基础上，确定园所考核优秀等次，并把效益基本金按等次进行发放，这在很大程度上进一步促进了园所之间的效益竞争。

实行新的分配制度克服了平均主义分配体制下形成的懒、散、差的现象，从根本上克服了“干多干少一个样，干好干坏一个样，干与不干一个样”的弊端。教职工的工资待遇普遍提高，工资收入与其劳动的数量与质量，与其工作的实质和贡献挂钩，合理地拉开了个人收入的差距，调动了教职工工作的积极性，激发了集团内部活力。

集团实行结构工资制，有利于发挥工资的杠杆作用，教师所得的工资比较公平合理地反映了他劳动的全面情况，从工资改革中教师们看到工作绩效与工资总额成正比关系，只要努力工作，提高工作质量，就可以获得较高的工资，这就成为激励教师们努力钻研，努力工作的动因，使教师们获得了一个以自己的劳动去争取改善自己生活的机会。教师们也自觉地从工资的差距中去找寻自己在工作中的差距。

4. 教育资源共享物尽其用

挖掘集团内部的潜力，实行教育资源共享，物质统一调配，余缺调剂使用，发挥资源效益，做到物尽其用，节约了开支，激活了存量资源，减少了浪费和重复投入。

5. 加强财务监督管理

虽然采取多渠道筹措资金，相对于规模较大的集团，要发展幼教事业，资金供需矛盾仍然十分突出。因此，在资金管理上，坚持勤俭节约、精打细算，严格资金的使用和管理，通过加强管理、健全制度、严格监督，保障资金安排合理，使用有效。

6. 改革分配方式

原有分配制度的弊端在于工资的分配上过多依赖行政办法，忽视发挥经济手段的作用。“铁饭碗、铁交椅、铁工资”和平均主义的“大锅饭”，严重压抑了广大教职工的积极性。它没有从教师劳动的特点出发，把教师的工资收入与他们担负的责任和对社会作出的贡献挂钩，而主要是凭借已有的学历、教龄、工龄以及一成不变的职务资历领取工资报酬。这样的分配方式使教职工进取向上、努力工作的积极性日渐消磨。在园所管理中则表现为：园长安排工作难，有人没事干，有事没人干，人闲口杂是非多，造成办园无活力，园所无生气的现象。要改革现状，要使园所在市场经济改革的浪潮中站稳脚跟，就必须改革分配制度，教职工的个人收入分配必须坚持按劳分配，体现效率优选，兼顾公平的原则。教职工的个人劳动报酬要引入竞争机制，打破平均主义，实行多劳多得，合理拉开差距，以建立适应市场经济发展，具有本园特色的分配制度和正常的工资增长机制。

7. 进行园所效益包干

集团对各园的经济政策实行园所效益包干制。根据入托幼儿数量、教职工数量、日常公用经费开支情况，办园水平的高低，确定各园的投资数量。各园园长根据集团投资总额确定园所公用经费开支，教职工的结构工资及教师的部分福利待遇，实行园所效益包干，有利于园所精简人员，调整教职工队伍，有利于园长尽可能地合理使用人力，根据员工工作情况，对工资总额进行合理分配，便于提高教职工工作的积极性。实行园长经济责任制，则培养了年轻园长们勤俭节约、开源节流意识，在资金的管理中能瞻前顾后、统筹安排、发挥效益包干的最优效益，避免了资金的浪费。

正是由于政府适时地、恰当地充当了改革的推动者，集团所属幼儿园方方面面的利益难题得以逐一解决，各种各样的改革阻力在政府的支持下得到化解。

作为集团的负责人，我也积极地思考，从全集团的近期任务、中期发展和远期规划所构成的目标体系，以组织结构来适应办园质量的提高，对机构设置、隶属关系和权限划分等组织制度进行体系架构，确保有效的控制和人、财、物的合理配置与流动，形成有自身特色的集约化管理的效益模式。而这些，也正是解决人、财、物实现最大优化的价值所在。

五、标准化尘埃落定

集团的不断发展壮大，客观上需要一套完整的标准文件，为进一步的发展奠定套用的规范、格式、模式与质量保证。随着全球化、国际化的日趋渗透，集团要走向全国，走出国门，必须要有自己的品牌、规范，必须要有自己独有的特色。

一段时间我曾经茶饭不思，我为集团的发展焦虑，更想为我国幼教的前景探求最佳的发展之路。

这一时期，我翻阅了大量的资料。2002年底，我在国家图书馆查阅资料，看到有这样一条信息：联合国教科文组织早在1972年就明确指出“许多工业体系中的新管理程序，都可以实际应用于教育”。

我深受鼓舞！

继续看下去，教育可以作为服务行业的第14项内容，为各国教育机构在国际交流中建立相互信任关系，对各自的教育质量提供了可以比较的标准。后来的思路逐步清晰明朗。

我首先和领导班子成员进行沟通，他们也同意我的想法。行动，马上行动，事不宜迟。就这样，我们在2003年初就紧张投入到贯标的行动中。

我们请来了标准化的一些专家进行交流，首先了解到，目前国内只有几所幼教机构做了质量管理体系的认证，且内容、形式不一。

权衡再三，我终于下定决心，要排除万难，走一条规范化、科学化、标准化的集团发展之路。我们要创造精彩，走在与世界前沿接轨的路上。

王东生专家也对我的想法很赞同，多次的交流，使我感到：要取得通向国际的舞台，必须将质量管理体系、环境管理体系和职业健康安全管理体系三大管理体系进行整合，建立并实施符合幼教一体化的自有特色幼教管理体系。

而在当时的环境下，国内还没有一家幼教机构进行全面的三大体系认证，如果我们做，又将是一项全新的创举。

对于我来说，选择这一条道路，无疑是一项艰巨的工作。但这是集团发展的必然之路，将确立集团在全国行业的领先优势、标准优势。

接下来的日程开始紧张地铺开。

3月份，我们请来了专业咨询认证公司进行指导，讲解宣传ISI9000、ISO14001、GB/T28001相关标准；培训内审员；制定总体的计划安排；明确集团各部门各岗位的职责和权限。

流程开始一个接着一个，日子也一天一天充实，信心也一天天增长。

在集团的贯标动员会上，我发表了自己的看法："就是要通过这项工作，进一步强化员工的'以社会、家长、幼儿为关注焦点，满足第三方需要为目标'的观念，明确树立质量意识与管理意识，建立自我完善的机制，及时发现问题加以改进！"

在全员都能够了解、深入、体会、支持、达成共识之后，全体教职工参与、接受培训，通过学习和对照标准，按照国际通行的原则和方式来实施集团化管理的运作，树立了集团内部"按规则办事，尤其是按国际规则办事"的形象。

一系列的贯标培训、咨询活动和内部员工的共同讨论，确定了集团"保教合一、立美育人、开拓创新、和谐发展"的质量方针以及"增强环境意识、坚持安全第一、遵守法律法规、实现协调发展"的环境健康安全方针。

2003 年 7 月 18 日，集团在金海湖会议中心召开文件发布大会，三大体系文件在我签字后正式运行。

这一刻，我笑逐颜开！半年的辛苦与日夜劳累，终于完成了国内幼教机构第一家完整的质量、环境、健康安全体系文件。

接下来的日程又有序地进行。

认证中心于 2003 年 11 月 24 日、12 月 4 日分两次对集团 5 个部门和两所幼儿园进行现场审核，历时 5 天。在最后的认证总结中，对集团的三大管理体系给予了高度评价：集团质量体系符合 ISO9002 国际标准的要求，体系实施有效。

2003 年 12 月，明天幼稚集团通过了 ISO9001 质量管理体系、ISO14001 环境管理体系、GB/T28001 职业健康安全管理体系"三大管理体系"审核认证，成为国内第一家手执三张通行证的大型学前教育机构。

这一年，我的日程全部与标准化联系在一起。

带领大家编制了体系文件，包括确定集团的质量环境健康安全方针、目标及各部门或相关层次的目标，制定实现目标的措施，编制了涵盖集团保教服务、行政管理、后勤服务等过程在内的 55 个程序文件，编制部门和

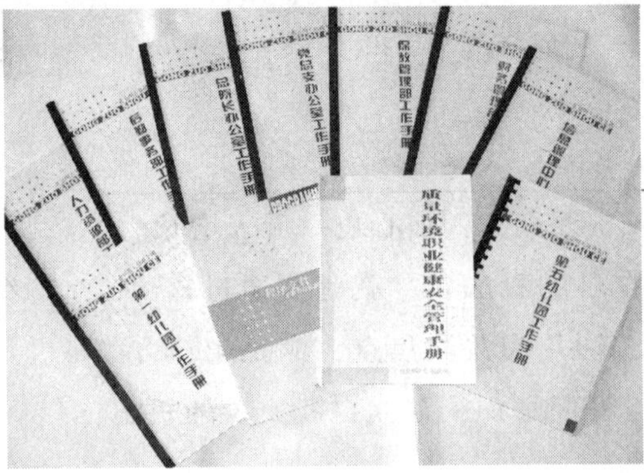

★2004年，修订后的集团三大体系文件

园所的工作手册，设计完善有关记录表、单的格式等。修改和更新，形成了三个层次的文件。

在实施和改进过程中，我与班子成员通过不断检查与指导，集团的园风、质量、服务建设，开始焕然一新。

现在回顾起来，我最大的体会是，我们不能回避集团在规范过程中存在的问题。尤其是在第一次内审中，我就在检查与持续改进上做足了工作。

4月份，我带队到下属第一幼儿园检查时，发现了诸多问题。

项目	检查和内容	实施情况	问题与整改措施
方针与目标	提问： 1.是否了解本园的质量、环境、健康安全方针? 2. 你园的方针是怎样制定的? 3. 又是如何落实和公示的?	1. 园长能回答出幼儿园的各项方针。 2. 答：“方针制定是通过教职工一起讨论总结出来的” 3. 印发材料给每个部门，在网上公示 (园长负责)	1. 缺少讨论过程和会议签到记录; 2. 网上公示时间及效果缺少记录; (及时补齐)
	提问： 请说出三大管理体系的具体目标?	1. 园长能讲出来三大体系目标。 (同集团一样)	
	目标到现在完成的情况?	1. 质量目标：学期末，对幼儿进行发展水平测查，幼儿健康、体能达到北京市一级一类标准;(保健医) 2. 学期末，家长调查问卷满意率在95%以上;(资料室) 3. 办园质量达到北京市一级一类质量标准;(集团保教部) 4. 设备损坏，集团物业能做到及时修复(维修记录)，各项设备基本能正常使用，完好率可达到95%以上;(事务员负责) 5. 节能降耗，污染排放和固废处理达到国家标准要求、无违法现象;(需购置相关法规书籍) 6. 无重大安全设备责任事故;9月教职工均进行了体检，教职工身心健康。(保健医负责)	1. 学期末缺少北京市一级一类质量认定复审证明; 集团保教部解决; 2. 主园抽油烟机需要环保改造; 3. 教职工浴室，需要装修; 再次向集团后勤部申请; 4. 缺少数据证明;缺少法规书籍; 集团物业部提供数据;申请集团购置相关法规书籍。

续表

项目	检查和内容	实施情况	问题与整改措施
方针与目标	提问： 上学期的教学质量是怎么保证的？ 检查： 到保教主任处检查资料	1. 幼儿园制定了各年龄段发展水平目标→各班在学期初对班上幼儿进行发展水平初测→各班制定本班学期计划→分解学期计划（月、周计划）→教师有日计划和观察记录→各班在学期末对班上幼儿进行发展水平测查，依次达到学期目标； 2. 在整个教学过程中，保教主任负责监测教学质量，审阅、批改学期计划、教学计划和观察记录；同时，依据制定的教学质量评价标准进行有重点的考核。（保教主任负责）	
	提问： 上学期的教学质量是怎么保证的？ 检查： 到保教主任处检查资料	1. 幼儿园制定了各年龄段发展水平目标→各班在学期初对班上幼儿进行发展水平初测→各班制定本班学期计划→分解学期计划（月、周计划）→教师有日计划和观察记录→各班在学期末对班上幼儿进行发展水平测查，依次达到学期目标； 2. 在整个教学过程中，保教主任负责监测教学质量，审阅、批改学期计划、教学计划和观察记录；同时，依据制定的教学质量评价标准进行有重点的考核。（保教主任负责）	
职责	提问： 1. 在幼儿园你都负责哪些工作（你的职责是什么）？ 2. 你们园有多少个岗位？	1. 园长、教师和保健医都能大致说下来； 2. 幼儿园一共有9个岗位。（不包括卫生员） 要求：出示9个岗位的职责 （园长负责）	根据幼儿园的实际，向集团申请设置卫生员一岗； 园长书面向集团申请
文件管理	提问： 1. 你园对文件是如何管理的？ 2. 各类文件目前各有多少件？ 检查：出示两类文件及收发清单	文件平时由园长负责保管，学年末，由资料员负责收档、保存；文件分为内部文件和外部文件，对两类文件分类装订保存；对相关部门要依据的文件进行复印后下发。 内部文件：集团各部门下发的文件（包括程序文件、管理文件）和本园制定的工作手册、各项计划等； 外部文件：区级以上文件或集团以外的单位下发的相关文件。 （园长负责）	文件登记不完全； 缺号码； 下发文件缺少签字，及时补齐

续表

项目	检查和内容	实施情况	问题与整改措施
记录管理	提问： 1. 你园工作是否有记录？ 2. 你园是否有上级统一表格？ 检查： 1. 记录清单 要求：有编号、记录时间、记录人员、签到 2. 抽查记录：保教主任检查工作记录	1. 有记录，本着谁负责，谁记录； 出示：会议记录、学习记录、指导记录、检查记录、沟通记录、保健记录等等(有清单共67项) 2. 幼儿园有上级统一表格，多数为保健部门，这些表格均编在幼儿园记录里； 3. 保教主任检查工作记录有无编号。 (各部门各负其责)	1. 表格记录没有区分集团下发表格、园里表格和集团以外表格； 2. 没有编号； 3. 没有签到。 及时补齐
培训	提问： 1. 各岗人员上岗是否都经过相关的培训？ 2. 在职工上岗后是否对他们还进行培训？ 3. 从发布至今做了多少次内、外培训？ 检查： 1. 各岗人员相关的上岗证书； 2.幼儿园培训计划、培训记录； 培训记录要求：谁授课、教材(内容)、课时、签到表、效果评估。	所有工作人员都做到了持证上岗； 为不断提高幼儿园的工作质量，每年都要对教职工进行思想和业务方面的培训； 主要内容：外培以集团计划为主，内培主要以我园和我园教师队伍的实际情况而制定； 主要形式：内、外培相结合； 出示内外培记录与清单 出示各岗人员上岗证书(资料员) 出示培训计划、培训内容(包括政治、业务、教研、学习三个体系的记录、外培记录等) (园长总负责，各部门各负其责)	教职工上岗证需要资料员重新整理； 培训计划内容的由来(培训需求调查表)； 记录缺少签字和编码。 及时补齐
沟通	提问： 1. 你园如何保持对内、对外、对上、对下沟通的？ 2. 是否将你园的方针、目标进行了公示？ 检查： 1. 沟通记录 (清单与记录内容) 2. 下发方针、目标的签字单	对内沟通： 针对职工：采取开会、个别交谈、检查指导工作、宣传栏、局域网共享等形式进行； 针对家长：采取开家长会、个别沟通(面谈或电话)、宣传栏、家长开放日、家长调查问卷等形式进行； 对外沟通：主要园长总负责，与周边单位进行共建活动；面谈； 对上沟通：主要采取各部门与相应的上级主管部门进行沟通，其方式为信息化传递计划、总结；书面上递申请、电话询问等形式；	1. 缺少电话记录； 2. 板报专栏内容需要系统整理； 3. 会议记录少签到； 4. 沟通记录进行了分类，但记录内容不全。 及时补齐

续表

项目	检查和内容	实施情况	问题与整改措施
沟通		4. 对下沟通:同针对职工的形式,幼儿园方针目标是通过印发材料公示的。(缺少记录) 材料:沟通记录 (各部门各负其责)	
监测与测量	提问: 1. 你园是如何保证各岗人员高质高效工作的?	首先有严格的管理制度; 有各岗位工作职责; 有各岗位考核标准; 在每月和学年末都要对各岗人员进行考核。 (出示相关的材料)(园长负责)	
	2. 如何对保教工作进行监测和测量?	制定了保教工作评价标准,共9项;每学期有重点地进行两至三项的保教工作评价。 (出示本月幼儿常规的评价) (保教主任负责)	
	3. 对环境和职业健康安全的监测是什么?	环境:首先进行环境因素辨识,在评价的基础上,对重大环境影响因素制定相应的管理办法(或制度),同时,列出检验的项目:如用水、用电、节气、环境绿化、化学物品的购置等管理办法,有相应的检查落实记录。 (每月有环境绩效:分析节约能源情况) (园长总负责,各部门各负其责)	需要重新整理 准备环境因素辨识表
		职业健康安全:保证身体健康,每年进行一次全员大体检,并有统计分析;做到食品卫生安全,保证购货渠道符合要求、操作程序符合卫生要求;进行危险源辨识和风险评价;对评价出不可允许的风险,进行管理,制定管理办法、进行检查落实;对幼儿进行安全自护教育;有应急措施和预案,有演习记录等。 (每月有职业健康安全绩效:分析出勤率高、病的少;设备损坏少、没出现设备责任事故等) (保健医、事务员负责)	需要重新整理 危险源辨识、风险评价表

续表

项目	检查和内容	实施情况	问题与整改措施
事故和事件	提问: 你园是否出现了不合格项目? 检查:《不符合处置单》(仅出现一或两次,且不会造成重大影响的)	提供的材料有差距。 (各部门各负其责)	需要重新整理
预防措施	检查: 对要造成不合格项目的控制措施有哪些? 《不合格纠正和预防措施表》	没有出现这样的问题。 (园长负责)	
基础设施建设	提问: 园所现有房屋的使用情况? 出示:房舍平面图 大型玩具摆放图	1. 运行良好:经常保持维修;安全防护好。 2. 出示: 房舍平面图和大型玩具摆放图 (事务员负责)	1. 缺维修记录、平面图
物品防护	提问: 你园是如何对本园物品进行保管的?	1. 有物品管理台账;2. 有库房管理制度、有出入库记录表;3. 各项物品均有标志记录;4. 事务员定期对全园物品进行核对检查。 (事务员负责)	
对顾客财产的保管	提问: 你园是如何对幼儿的财产进行保管的?	1. 制定了相应的幼儿物品保管办法; 2. 设定了失物招领处——传达室 (事务员负责)	管理办法没有,重新制定
标志的使用	提问: 幼儿园都用了哪些标志? 检查:出示标志清单(分类)	1. 我园标志分安全标志、警示标志、服务标志。 2. 出示标志清单和相应的表示内容和位置。 (保教主任负责)	需要重新整理
职业病	提问: 你园是如何保证员工健康的?	1. 遵守劳动法; 2. 职工有病尽量给予倒班,让其尽快治病。	

之所以罗列这些详细的表格，一是可以看出，第一次内审进行得较细致。从内审的结果看，质量管理体系的内容存在的问题较少，而环境、健

康方面存在的问题较多。

反复几次的内审检查，问题最大最多的方面还是出现在环境管理体系和职业健康安全管理体系上。

在分析交流会上，我与其他成员细致地探究原因，认为全园职工理解得不深；三大体系运行过程中存在的普遍问题是“记所做”不全面、不及时。同时，记录表格均缺少编号和签字。为此，我向第一幼儿园提出以下建议：

(1) 编号由集团统一刻章，保证号码的一致性。

(2) 与集团内容一致的表格，集团及时下发，便于幼儿园及时誊写。

(3) 所需法规文件，集团统一为幼儿园购置，以免纰漏。

当时的第一幼儿园园长任宝丽根据他们遇到的实际情况，向集团提出申请：

(1) 食堂抽油烟机改造；

(2) 教职工浴室锅炉房需要粉刷；

(3) 部分电器、幼儿床铺出现问题；

(4) 分类垃圾箱一套；

(5) 电路老化需更改；

(6) 办公室少，无接待室 (会议室)，建议加盖一排平房或在原有平房加两层楼。

经过有具体目标的改进，所有的工作隐患都及时得到了排除，我的心才真正能够安定下来。

正是我们这样的执著，我们不断吸收质量、环境、健康安全三大管理体系的精髓，为幼教行业朝着标准化、国际化方向迈出了可喜、成功的第一步。

如今，我们在标准化的道路上做到了在文件结构上的清晰、完整，良好的操作性，而且还注重持续改进，日臻成熟。集团的发展又一次实现了跨越与腾飞！

六、企业的水，浇国有的花

集团改革的精髓在于政府制定政策，保证了国有资产的保值和增值。而我们集团的模式，恰恰是用企业的水，浇国有的花。通过经营模式的引入，形成一种浓厚的氛围。

企业的经营模式是策划并管理企业的活动，近几年开始被用于教育。但是，当前在幼儿园经营上出现的多是片面追求经济效益的问题，就忽略了教育的社会价值平衡。

教育需要经营这一观念的提出，是现代社会进步的标志。早在 15 年前，我的日本研修经历就涉及幼儿园的经营理念，回国后曾经撰写过“日本幼儿园的管理与经营”调查报告。这也为以后明天集团的集约化管理起到了很好的借鉴。

集团成立一开始，我就提倡无论是管理者还是教师都应树立明确的“经营”意识，学会经营的方法，争取做一个精明的教育经营者。明天集团是一个集幼儿教育、0~3 岁婴幼儿早期教育、学前教育咨询、师资培训、联盟办园为一体的公立性质的国有事业单位。我在教师和儿童的经营方面有以下思考：

我认为所谓教师的经营包括自我经营和对儿童的经营。当前社会上，特别是家长对优质教育的要求越来越高，对教育的指责也很多。教师面临着更大的压力、挫折和委屈。教师的经营关系到能否让儿童享受优质教育的问题。

善于经营自己的教师应该努力变危机和压力为机遇和动力，如掌握计算机等先进的教育技术将会使之如虎

★2004 年 10 月，集团恢复教师舞蹈团，图为舞蹈团在排练

★幼儿园教师腰鼓队

添翼，大大提高教育教学的效率。

集团千方百计地为教师的经营提供成长的机会，形成了自己特有的人才培养模式、管理服务模式、集团文化模式。例如，集团成立了女教师合唱团、教师舞蹈团、教师管乐团、教师打击乐团、教师京剧团、京昆少儿艺术分团等。2008 年奥运会在北京举行，我们抓住历史机遇，实施了奥林匹克行动计划。组织老师们开展了以“感受世界多样文化，传承中华民族精神，培养面向国际的中华儿童”为主题，开展“小手牵奥运，童心连五环”的立美教育综合实践活动；以感受世界多元文化为主题，开展“每园一国”活动，使幼儿体验世界多元文化；将绿色奥运、人文奥运、科技奥运的理念与内涵和立美教育结合，研究适合集团发展需要的立美教育教学目标；设计幼儿奥林匹克国际教育特色课程；举办了演出中外名作的迎奥运“明天——2008”主题活动。

老师们的积极参与与投入，在展示自身高素质的同时，也拉近了与孩子、家长的距离。

对教师的经营还包括对儿童的经营，我们所面对的教育对象虽然年纪幼小，却也有一个与我们相互学习、教学相长的问题。儿童的率真、纯洁、对外界事物有广泛的兴趣、喜欢动手做事、可塑性和适应性强、思维没有束缚都是其成长和发展的基础，也是我们对儿童经营的基础。

在经营儿童发展方面，我要求教师要通过常规和有效的管理进行养成教育，使幼儿养成良好的生活和学习习惯，建立和谐的师生关系；对每一个孩子及其家庭背景做充分的了解，建立成长档案；对幼儿成长和发展情况做追踪记录，

★2009 年 4 月 30 日，集团舞蹈团教师在五四表彰会上表演鼓乐“青春飞扬”

教师和家长深入交流，形成教育的合力和有材施教的依据；在教育过程中运用激励的方法，如表扬、鼓励、奖励、让幼儿表现和展示能力等，使幼儿的潜能得以开发，自立、自信、自爱、自强的精神得到张扬，并在集体中学会合作、谦让、理解与互助，在有意和无意的教育之中使之得到促进与发展；本着尊重、理解和因材施教的原则，对每个孩子的特点、需求和问题进行客观和科学的诊断与分析，制定分类或分层次教学的计划；运用师生互动、生生互动、小组活动、幼儿园与家庭合作等方式，通过适宜幼儿个体发展的有效途径，如营造多样的学习环境，帮助幼儿学会学习、体验、表达、关怀、理解、自主、合作。

一位老师的教育笔记，记录了其对幼儿经营的过程。

在工作中我本着公平、理解、尊重、欣赏的原则针对每一位幼儿进行个性化的教育。记得那是一个下过大雨后的下午，我带着孩子们来到户外，想教他们一个新游戏，可是刚说到一半，一个孩子喊：“老师快看，墙上的蜗牛爬出来了。”他这么一喊，再没有一个孩子听我讲，全都跑到墙根下望着慢慢在墙上爬的蜗牛，兴奋地交谈着。我没有立刻把孩子叫回来继续教那个新游戏，而是和他们一起看起蜗牛来。

“老师，它在墙上爬为什么掉不下来呀?”“老师，它的眼睛长在哪儿了，是头上那两个长角吗?”看着孩子们那充满好奇的眼睛，我笑着说：“咱们把小蜗牛请下来看一看不就清楚了吗。”于是我轻轻地从墙上拿下几只小蜗牛放在地上，这时，又有孩子从花坛里、墙根下找到了许多小蜗牛，放在手心里仔细地观察着。时间很快就过去了，该回班吃饭了，可是谁也不想把小蜗牛放下，看着孩子们那恋恋不舍的样子，我说：“你们是不是想把小蜗牛请到咱们班去做客呀?我看这样吧，咱们请它们一起回班，然后我们回家都去找一找小蜗牛的资料，看看它爱吃什么，这样好招待它呀。”孩子们高兴极了。

事后，孩子们自觉地去寻找有关蜗牛的资料，在喂养过程中无形中获得了许多生活经验。由此可以感受到，孩子看世界有自己的眼光，想问题有自己的角度，做事情有自己的独特方法，这不仅需要教师用心去感受，更需要我们走进他们的内心世界，只有这样，才能使我们的教育和孩子的成长形成默契。让他们想一想为什么会这样，试一试别的方法怎么样，于是孩子们在原有水平上产生新想法，经过思考后再动手进行尝试，由精心的照顾、细心的观察、耐心的等待，直到得出结论，在这个过程中，孩子们获得的信息真实具体，印象深刻，有效地促进了幼儿的发展。

用于明天集团运行的集约化管理，就是借鉴企业的经营理念而提出的对资源进行整合，使其发挥最大效益的运作方式。以“整合幼儿园资源，发挥规模优势，促进均衡发展，实现更大效益”的共同目标和办园方向为联结纽带，将在幼儿教育发展过程中具有重要地位和发展前景的多所幼儿园园所合并，以共同的规章制度和共同的文化为行为规范，使人员、资金、设施、设备、教学与信息等资源优化重组，互补共享，发挥了经营的效益。

七、优质幼儿园并不昂贵

改革开放以来，我国教育事业有了突飞猛进的发展，随着人民群众物质文化生活水平的提高和先进的教育理念被不断地引进，社会对优质教育的需求越来越高。越来越多的家长选择送子女进好学校、进好幼儿园。不惜花重金为子女择校。

2009年4月，我参加集团第一幼儿园的招生咨询活动。一位年轻的妈妈问我：“老师，我问一下，你们幼儿园每月保育费是多少？”

“每月保育费750元。”我微笑着回答。

“什么？”这位妈妈不相信自己的听觉了！“我在别的幼儿园听说，他们的保育费是2000多元，你们怎么收费这么少啊？”

我的回答让年轻的妈妈很意外。我们的收费，一直是严格遵守北京市、海淀区的各项标准的要求，也是发挥公立幼儿园资源优化的最好体现。长期以来，我们不仅仅在收费上实行价廉，更为重要的是，我们在质量上一直保持最优。

随着现代化水平的提高，在经济利益的驱动下，本来就稀缺的优质教育资源向高档次的学校流动，教育机构之间的差别越来越大，引起了社会对公平教育的更大反响。

公平教育呼唤优质教育。我们都知道优质教育需要更多的是内涵式发展，高档次豪华型幼儿园不一定是优质教育。虽然有的幼儿园月收费已经达到了 4800 元。但由于多方面的问题，却并没有得到家长的认可。

集团化办园，以其独特的优势为我们办不贵的优质幼儿园提供了可能。

我认为，集团化办园具有体制优势。与普通单一幼儿园相比，幼教集团在体制上的优势集中体现在可以产生规模效应上。如今明天幼稚集团下属幼儿园已有 19 所，有 4500 余名幼儿；每年可直接利用资金上千万元，固定资产累计达 7000 余万元；保教人员近 600 余人。这一规模是其他单一幼儿园望尘莫及的，规模大可带来以下效应：

降低成本。任何组织在开展活动和与外界互动中都要付出成本。教育成本包括：教育中的人员组织成本，即管理师生、行政人员等的费用；教育资源配置成本，即合理配置资源以形成合理流动的费用；教育信息成本，即获取与教育有关信息的费用；社会协调成本，即协调学校与家庭、社区、社会、其他教育机构的费用；教育制度维护成本，即维护教育制度正常运转所需的强制费用。规模经营可以统一调配和管理资源，避免教育资源的浪费；通过优化要素配置，节约人力物力，改善运行效率；通过大规模市场推广，克服市场壁垒；有利于信息收集和政策把握，降低外部成本等。最终实现规模经济，促进教育投资效益最大化。

聚合效应。指集团内部各种资源协同发挥作用，产生 1+1>2 的新的整合力量。单一幼儿园规模小，自成体系，封闭办园，只能在低水平上重复办园。一旦组建集团，就可以统一品牌，统一管理模式，统一宣传招生，形成强大的社会影响力；集团还具有整体能力开展市场推广、资讯整合、集中配货、人力培训、国际交流等，为所属幼儿园提供教育保障条件。

整体推进。单一幼儿园各有优势和劣势，难以应对竞争风险。实行集团化管理体制则可以使某些幼儿园在师资、设备、教学方面的优势抵消补偿另一些幼儿园的劣势，从而大大减少经营风险，达到整体提高的目的；还可以通过集约管理变封闭式教学为开放式教学，经常开展教研交流、活动观摩、检查评估、业务竞赛等，实现所属幼儿园在各方面的均衡发展。

我认为，集团化办园具有资源优势。资金资源、人力资源、信息资源对任何组织都是必不可少的。集团化经营不仅可以获取单一幼儿园所无法获得的资源，而且可以实现资源的优化配置。

资金资源。明天幼稚集团通过整合资源，建立起独特的筹资管理体系。一是在保证质量前提下，扩大生源；二是适度规模办园，减少无效投入；三是减员增效，挖掘人力资源价值；四是以企业化经营形式对后勤实行管理，进行成本核算；五是走学研产相结合的道路，把部分教育科研成果转化为教育产品，改变了“等、靠、要”的旧习，很大程度上缓解了投入与发展的矛盾。

人力资源。集团以其良好的社会声誉和办园能力吸引越来越多的优秀人才加盟；通过建立人才库，师资统一调配，使每所幼儿园的教师队伍按照高品位、高水平、高能力且学历结构与年龄结构合理的方向发展；完善用人机制，激发人才活力，最大限度地发挥人力资源的整体优势，促进保教队伍质量的提高。

信息资源。明天幼稚集团在信息化建设中先建立了集团主页，又采用先进的技术达到集团信息在网上实时发布，以实现与家长和社会的及时交流；共同的信息收集和信息共享，能全面、准确、及时地收集到决策所需信息，并形成内部信息网络，促进园所之间的沟通与协调。

优化配置。围绕集团总体规划，统一教育资源和人才利用，统一物资调度和设备玩具管理，统一资金周转及合理支配，使集团的人才流量、物资流量和资金流量出现前所未有的优化状态，达到整体统筹、动态管理、相互调配、盘活库存的效果。

我认为集团化办园具有质量优势。检验幼教集团是否成功的根本标准是它的办园质量。明天幼稚集团已于2003年11月通过了质量、环境和健康安全三大体系的认证，成为国内第一家通过三大管理体系认证的学前教育机构。它具有哪些质量保障因素呢？

领导专心抓质量。由于缓解了资金压力，各项管理走上了正轨，从而大大减轻了园长们的办园压力，使他们有更多的时间和精力去思考办园方式，抓教学科研管理，关注幼儿的发展和保教质量的提高。

靠管理出质量。建立了质量管理体系，依靠严格的管理制度监控整个管理过程，从而确保幼儿园各项工作能紧紧围绕教育质量、环境健康、安全目标展开；完善的体系认证文件从软件上规范集团管理，保证责任的可追溯性，这是确保质量的控制管理手段。

以科研促质量。把教育科研看做发展之本，立园之本。集团形成了全方位、多层次、双结合的科研格局，科研硕果累累，大大促进了保教质量的提高。

我认为集团化办园还具有竞争优势。在竞争中取胜是诸优势的集中体现。经过十年的发展成长，明天幼稚集团无疑具有单一幼儿园无法企及的竞争能力。无论在办园条件上，队伍素质上，品牌效应上都取得了绝对优势。

八、园园有特色

随着集团化办园的开展，很多家长和社会人士有了新的疑问："集团化办园"的模式下，统一管理，统一调配，连内涵都是"立美教育"。那么，每所幼儿园会不会"千园一面"，失去自身特色，而在这样的园所里成长，我们孩子的"专长"会不会也成了"一把尺子"比量出的"千儿一面"？

这是很多人经常问到的问题。实际上，我很理解家长们的感受，的确，园所有特色，幼儿有专长，这是大家共同的心愿，唯恐集约管理下会失去特色。

其实也难怪，我们统一、均衡的调配模式下，各园的水平、实力最终都基本持平，教职员工包括园长也都是由集团统一调派的，所以实现了“均衡”化发展。然而，了解的人都知道，我们的每个园都有着各自的特色。“集约，是管理手段，在此基础上，每个园都会根据自身实际确定发展特色和风格，让每个孩子也在不同风格的园所中成长。”

在集团所有幼儿园成为北京市一级一类幼儿园后，我提出了“办有特色幼儿园”。根据各个园所的实际情况、困惑及问题，我逐个深入实际，调查研究，与老师们一起深入探讨，汇总分析，充分发挥集体的智慧，把办园特色与国家、北京市教育要求结合起来，与立美教育理念和实践结合起来，与社会需求及各园所处历史结合起来，使各所幼儿园在特色办学过程中绽放出五颜六色的奇葩。

譬如上地幼儿园，曾对园所特色的立足点存在模糊认识，思路梳理起来很困难。我亲自深入幼儿园调查研究，与上地园的园长、老师分析探讨其所处历史条件，特别是地处中关村科技园区上地核心区这一实际，告诉他们“园所特色建设要遵循园所发展的历史和园所所处的社会环境”，经过反复研讨、碰撞、考察，最终确立了实事求是富有特色的“生活化的数学教育”办园特色理念和实践体系。

又比如，后来接收的铁路幼儿园，本计划以美术教育作为特色发展主题，但是我通过调研下属各园的特色发展计划和园所情况，认为铁路园发展美术特色的基础条件不明显，前期积累和发展潜力有限，而当前发展美术特色的园所很多，部分美术特色幼儿园已经具有一定发展成效，因此铁路幼儿园不具备发展美术特色的比较优势，很难体现出特色亮点。

于是，我带领园长认真研究了十幼铁路园的区域特点和历史发展，组织教师挖掘其发展脉络和文化优势，认为十幼铁路幼儿园目前具有三大特点：一是它原为北京市铁路幼儿园，地处西客站，幼儿家长多为铁路系统教职工，教师也多来源于铁路系统，幼儿接触铁路信息的机会较多，具有铁路的区域背景，可以借助铁路发展大环境构建幼儿学习生活的小环境；

二是幼儿园已经建成科技宫等科技教育方面的特色教育设施，例如科技宫包含电脑宫、地理宫、天文宫、劳动宫、水世界、化学宫、生物宫、物理宫、机器人等，开展过各种类型的科技教育活动，部分教师具备开展科技教育的经验，在科技教育方面已经具有一定基础；三是铁路是国家下一步投资的重点，铁路事业的发展尤其动车组的开通充分表明科技发展的卓越成效，铁路本身也是科技发展的产物，铁路和科技两个主题之间能够很好地融合。

基于上述三点原因，我和十幼园长及教师充分交流意见，建议十幼铁路园立足自身实际情况，紧扣“铁路”主题，发展“科技”特色，并提出特色发展过程中要注重三个要点：一是要建设特色的教师队伍，通过教育培训等平台提高教师的专业素质尤其是科技教育方面的专业技能，让教师首先能够理解“铁路”，理解“科技教育”，发挥教师引导者、支持者和合作者的角色功能。二是要建设特色的课程体系，以立美教育思想为指导，坚持教育寓于生活的原则，借助铁路快速发展带来的开阔视野，充分利用好科技宫等教育设施，通过形式多样的科技教育活动，实现促进幼儿全面发展的目标。三是要建设健康和谐的教育环境，整合教师、幼儿和家长资源，从细节入手建设教育特色鲜明的园所环境，发挥墙壁、楼道等教育功能，通过色彩、图案等让墙壁说话，实现“无处不教育，时时皆教育”的目标。在幼儿园全体教师的共同努力下，铁路科技特色已经初步显现，并且发挥其强大的教育功能，园所面貌焕然一新，幼儿、幼儿园都因之得到了提高，家长对幼儿园科技教育给予了充分肯定和认可。

五幼东升幼儿园因为地处语言大学附近，一直被幼儿园定位为一所“国际化特色幼儿园”，当时地下室五间教室在命名时，园长问计于我，我建议他们结合自身特色，分别命名为五大洲，每个洲突出一个代表国的文化背景、风土人情和标志建筑物。创设这种真实的实习场可以开拓现代幼儿的国际视野，培养幼儿的适应性。果然，来自不同国家的幼儿、家长看后倍感亲切，也深刻体验了明天幼稚集团的文化内涵。

集团一幼是北京市示范幼儿园，它紧挨集团总部，也使我能够更多地去关注。集团成立之初，塔院幼儿园仅有9个教学班，而现在已有19个教学班了。当它以艺术立美特色通过北京市示范园验收时，我更多地是感到欣慰。

我选定一幼成为集团第一所申报北京市市级示范园的幼儿园，是因为塔院幼儿园一直是集团的龙头园所。园长和教师都具备良好的条件。我从教师教育观念的转变、园所特色的建设、环境创设等方面提出改进意见。从园长到教师合理安排分工和职责，每个人尽职尽责做好各项工作；整体规划、设计幼儿园公共环境，突出艺术性，体现艺术教育特色；创设与教育相适宜的班级教育环境，帮助各班寻找亮点，突出每个班级优势；注重保教合一，一日生活从细字上下工夫；规范文字材料，汇报体现理论与实践的结合，突出集团立美教育特色。

2007年3月29日，一幼接受了“北京市示范幼儿园”验收。市教委学前处张晓红处长、海淀教委副主任张凤华、各区县教研员、骨干教师参加了验收活动。一幼丰富、适宜的教育环境，教师良好的精神风貌，正确的教育观念，适宜的教育行为，以及园长明确的管理思路，都给验收组成员留下了很好的印象。大家对一幼在立美办园特色的引领下，以艺术立美为特色深入教改，给予充分认可。

经过长期的实践，集团的每一所园都形成了自己的特色。

一幼，以“艺术立美，和谐育人”为办园主旨，寓艺术实践活动于审美享受之中，注重培养幼儿的审美意志与审美能力。通过京剧、小提琴、鼓乐、陶艺、扎染等丰富多彩的艺术教育形式，实现“艺术教学游戏化，艺术游戏教育化，欣赏活动表现化，表现活动欣赏化”，促进了幼儿健康、快乐、和谐、全面的发展。

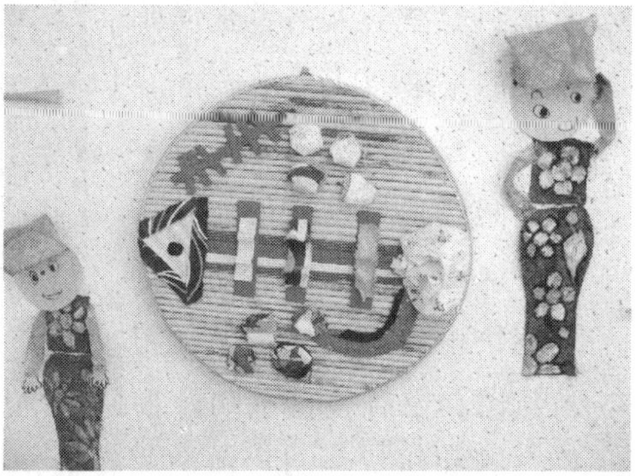
★蜡染艺术

二幼，传承和创新园所的表演艺术特色，突出“大表演观”理念，将表演艺术教育渗透到幼儿一日生活中。生活即艺术，艺术即生活。幼儿园就是孩子生活中的舞台，孩子们在这个舞台上，发挥着潜能与想象，演绎着传奇和精彩。

三幼志强园，以礼仪教育为办园特色，秉承“知礼养德，立美育人”办园宗旨，努力为幼儿创设尊重平等的人文环境，以“知礼、学礼、懂礼、用礼，培养具有中华文明礼仪素养的现代儿童”为办园目标。

★小小鼓乐队的表演是那么的铿锵有力

三幼学院路园，以生态体验式家园共育为特色，以达到“协同体验、德美共融、生态立美、和谐育人”的目的。使幼儿参与美、感受美、表现美、学会感恩，做一个有爱心的人，促进幼儿身心健康和谐发展。

四幼知春里园，努力创建“以科学的概念，培育以体育德、以体益智、以体健美”的体育特色幼儿园；不懈追求让孩子拥有健壮的体魄、科学的头脑、健全的人格，走向阳光的未来。

★瑜伽表演—生命的春天

五幼万泉河园，以早期阅读为特色，得天独厚的地域优势，促进幼儿健康快乐发展。浓浓的学习氛围和书香气息熏陶着教师、家长、幼儿，使读书成了他们的乐趣。

五幼东升园，以国际化双语为特色，促进幼儿的全面发展，让所有的幼儿“学会共同生活”，为幼儿成功的一生奠定良好素质基础，坚持“多元文化共存的教育理念伴幼儿快乐成长”。

★我们的轮滑课

★游戏小组活动—滚铁环

六幼金沟河园，以鼓艺活动为特色，深入开展鼓艺文化探究，通过欣赏鼓乐、了解鼓史、学习鼓舞、练习鼓操，使幼儿在学习民族文化、传习民俗技艺的过程中，接受优秀民族文化的熏陶，追求“以德立美”、“文化立美”。

六幼小灵通园，以民间美术教育为特色，秉承“以美健体、以美启智、以美养德、以美陶情”的方针，旨在通过开展各种形式的民间美术教育活动，培养幼儿的审美情趣和创造能力，促进幼儿个性和谐发展。

七幼定西园，以“中华美德教育”为办园特色，以弘扬和培育中华传统美德教育为核心，以民俗文化为载体，开展丰富的民间特色教育活动，通过“弘扬优秀民族文化，培养幼儿良好美德”的园本特色课程教育，促进幼儿全面快乐的发展。

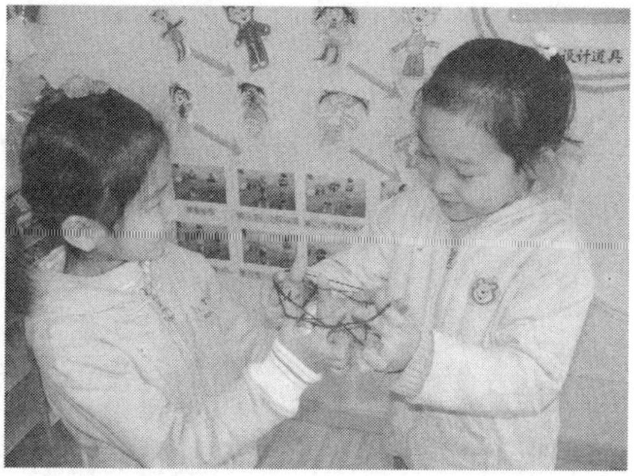

★益智游戏—翻绳

七幼百合花园，以打击乐作为艺术立美的切入点，发展幼儿对音乐的敏感性,培养幼儿基本的合作意识、合作能力、创造意识、创造能力、规则意识和责任感；使孩子们在和谐、愉快的音乐活动中体验快乐，在共同合作的过程中德行相长。

七幼沙沟园，根据园所特有的自然环境，以自然生态教育为特色，开展丰富多彩的生态教育活动，在活动中注重培养幼儿热爱大自然、保护自然环境的态度和情感，促进幼儿健康、快乐地全面发展。

八幼上地园，以科学教育为办园特色，通过科学教育活动，培养孩子具有实事求是的科学态度，使他们从小明白科学并不神秘，科学就在身边，达到科学教育启真、导善、育美的价值，为其今后一生发展培养健全人格。形成了“科学立美、启智养德”的办园思想，以及“实施科学普及教育，塑造幼儿健全人格”的办园目标。

★向亲子班的家长介绍如何在生活中进行数学教育

八幼佳园园，以生活化的数学教育为特色，使幼儿感受数学的有趣、有用，同时探讨数学教育与德育的有效融合，践行着“感受数形奥妙，启迪智慧心灵，优化立美课程，促进人格发展”的办园理念。

八幼锦顺园，以幼儿趣味性数学教育为办园特色，促进幼儿健康、快乐、富有个性的发展。

九幼永泰园，以诗歌童谣学习为特色，创办诗意幼儿园，将诗歌童谣巧妙地融入到幼儿一日生活的各个环节，孩子们生活在诗意的环境里，在生活中习得诗歌童谣，真正做到“诗意穿透生活，诗意洒满角落，诗意流淌智慧”。

九幼安宁里园，以“游戏化数学教育”为特色，挖掘幼儿学习数学的巨大潜力，使幼儿在轻松、愉快、自然的气氛中学习，激发幼儿学习数学的积极性、主动性，形成温馨而富有童趣，紧凑而不失和谐，具有数学教育特色的幼儿乐园。

十幼铁路园，以动态科技教育活动为办园特色，多年来，乘着教育改革的东风，载着集团先进的立美教育理念，依仗幼儿园丰富的科学教育资源，开展动态科技活动，以促进幼儿身心和谐全面发展。

十幼羊明园，以“诗情画意，智趣童年”为办园特色，努力为幼儿营造充满诗意的唯美校园环境。倾心孩子的今天，着眼孩子的未来，全面实施素质教育，有效促进幼儿体、智、德、美诸方面全面和谐发展。

★2009年9月1日，十幼羊明园开园

应该说，集团的每一所幼儿园都在“让每一个孩子都发展，让每一个家长都满意，让每一个教师都成长，让每一个园所都发展”的基础上，齐头并进，群雁齐飞，绽放出缤纷的色彩。这是“明天”的景观，也是孩子们未来展翅高飞的起点。

九、编织“美”的网络

美，是美育的灵魂。立美是美育的本质标志，体、智、德、劳诸育最终都要归结到美上来，而其中美的教育却是最直接的立美。这主要体现在最充分最全面地开掘并显现出诸育的美，以构成诸育自身的美的教育。其次是在诸育中普遍建立起爱美、追求美的动力系统。不仅如此，一经拥有这种动力，还必将引到生活、工作乃至所投身的整个社会事业中去，就会像立美追求的一样，把美带给一切，去改变一切丑恶，去创造生活美，事业美和整个社会美。

我认为，建立集团文化就要从教师队伍的建设和专业发展上下工夫，从控制服从转向民主、平等，从保守、封闭转向开放合作；在机制保障上从传统管理模式转向现代管理模式，从制度管理模式转向以人为本的模式；在资源和资金的投入上，从单纯注重外在硬件建设，追求校园建设的审美价值，转向注重校园环境的育人价值，努力做到让每一个角落都会说话；在岗位文化建设上，实行委托办园责任、委托岗位责任，注重深层的观念文化建设，如教师的价值观念、教师的思维方式等；在园风建设方面，以理想、目标作为教师群体发展的驱动力，通过多种活动，以共同的价值观作为教师群体的凝聚力。各类演讲比赛、各地观光旅游、组建教师合唱团、组织教师军训及各类文体活动、各种文艺演出的开展，将集团特有的文化习俗、目标和理念，概括成了富有特色具有强大感召力的集团精神，起到了感染人、陶冶人、教育人和凝聚人的作用。集团有统一的园徽、统一的服装、统一的活动，统一的园歌。《幼儿园工作组歌》，使集团成员时刻传达着集团的文化，体验着作为集团人的自豪。在制度文化建设上，规范教职员工行为，树立团队意识、合作精神。打造集团文化模式，创造宽松、和谐、向上的工作氛围。形成“体系完整、机构健全、管理规范、制度公开、目标明确、师资雄厚、保教科学、环境优美、设施先进、布局合理”的完整模式。

★1999 年 11 月，集团组织教师参加军训

★1996 年 12 月，集团举办“如果我是家长”演讲会

与幼儿教育立美的同时，集团在管理工作中推行了岗位立美、课程立美、园所立美和集团立美的全方位、多元化的教育立美体系，以保证立美教育的实施。

事实上，“立美教育”的教育体系与教育立美的管理体系的建立，是集团成功发展的两大法宝，是一体两翼、相辅相成的有机整体。没有“立美教育”的教育体系，集团将因缺少自身的文化特色与教育特色而失去生命力，没有“立美教育”管理体系的支持与运转，“立美教育”也难以顺利实施与深入发展。因此，坚持开展“立美教育”，深入研究“立美教育”，将是集团今后始终不变的方针与宗旨。

教育不应当是围墙管理下的独立培训，而应当是开放式的和谐统一。我们不得本着尊重、平等、合作的原则，争取家长的理解、支持和主动参与，在家长中积极宣传立美教育，协助家长创造一个温馨、幸福的家，让幼儿在和谐、温暖的家庭环境里健康成长。集团特别注重让所有家长都能参与园所管理，专门成立父母事业委员会，为每一个家长提供了参与的机会。在《集团信息报》和《为了明天》期刊上所有家长都能发表自己的教育感想，交流教育的经验，都能享受集团的信息资源。集团还开展丰富多彩的活动，做到家庭教育与幼儿园教育协调一致。同时，还开展“没有围墙的教育”——与社区合作，共同立美，充分挖掘社区资源，服务于幼儿园，并利用园本资源服务社区，在社区活动中贯彻立美教育，从而营造起幼儿成长的美的大环境。

集团的整体形象是集团内部员工和外部公众对集团的认识、感受和评价，是集团无形资产的重要组成部分。教师作为立美教育实践中弘扬美、传承美、示范美的主导性因素，其自身素养对集团的发展和幼儿的成长有着重要的影响作用。因此，明天幼稚集团在园所管理的基础上注重抓好“岗位立美”，注重教育过程中教师的外在形象、人格完善，教育活动设计、运用的教育方法和手段以及把握教育过程的各种能力，让教师懂得育人始于立美。在教育活动中建立美的形式，通过美的形式来进行情感教育。明天幼稚集团秉承发现美、追求美、实践美的立美精神，在总体布局、院所环境和设施、名称、园歌、团徽以及集团员工的服装、仪表、言谈等方

★体验式阳光体育运动会

面按照美的原则进行精心设计、构建和规范。这样不仅对内凝聚职工，而且对外也给公众特别是家长、幼儿留下了美好的印象。在关注外在形象的同时，还关注内在美的养成，用先进的思想教育人，用健全的制度规范人，用良好的机制监督人，塑造出了集团教职员工在市场竞争中的完美形象，进而形成了集团的品牌效应，树立起更高层次、更完美的集团形象。这一举措本身已超越了单纯地传授知识的理论教育，从而成就了明天幼稚集团的幼教品牌优势和在全国的领先地位。

十、聚合效应实现 1+1＞2

“聚合效应”是我从管理学中借鉴的定律。所谓聚合，就是整合内部资源，产生 1+1>2 的新的力量。而我们的集团化办园恰恰就是这一效应的成功实践。

1995 年前，当时的海淀区共有十余所市立幼儿园，园所规模小，各自封闭办园，条块分割严重，直接导致了因资源浪费、重复办园、无序竞争和资源配置不合理带来的生源日益匮乏，经济效益日益下滑的窘迫局面。这种麻雀虽小但五脏俱全的封闭管理现状，使当时各园规模效益低下，办学条件简陋但无法得以改善，教师队伍不稳，幼儿家长忧心忡忡，乃至于有的幼儿园已到了举步维艰的地步。

通过集团化办园的起航，有了适度的规模办园构架，办学条件改善了，办学效益也跟着提高了。1995 年，我们将班额不足或幼儿人数不足的双榆树南区、万寿寺、五孔桥等三所幼儿园的教职工和幼儿分流后进行机构重组，既大大减少了不必要的支出，又进行了园所的合理布局。

街道园迅速摘掉了弱小园的帽子，快速走上了发展良好、生命力旺盛的幼儿园。

这就是“聚合效应”的直接体现。随后的几年，上地园、万泉河园、百合花园、铁路园……一次次演绎全新的最优化、最美的组合。

我们通过“电梯式”发展模式，采取“集体整合”、“整园加入”、

“承办新园”、“承办弱园”、“联盟办园”等多种方式，提升整体办园效益和办园水平，让弱园、新园搭乘集团这部“电梯”，走出一条成本最低、风险最小、成效最大的集团化发展道路。

我想，15 年来，我们在学前教育领域取得如此骄人的成绩，源于“集团化”办园的理念，源于立美的不懈追求，源于一个优秀的班子组合，这是一个团结、协作、精心进取的团队，一只高效、廉能的团队。

从 2005 年，我又提出了“拓展品牌，分享理念，让更多的孩子享受优质教育，在更大范围内促进幼教事业发展”的想法，很快得到了集团院务委员会的积极支持。

到 2007 年底，集团举行了 100 所联盟园庆典，我们输出品牌、办学理念、管理方式、干部和优秀教师、现代教育信息技术等，彰显了品牌效应。我们为联盟园建立了二级网页，通过集团网站、视频会议系统和知识体系库等提供远程咨询和培训服务，建立联盟园之间沟通和交流的 BBS 论坛，有效地推动了优质教育资源的跨区域共享，大力提升了联盟园的保教质量。

联盟园全方位接受明天集团的办学理念分享先进经验。在具体帮助联盟园的问题上，我们不定期派专家到各市联盟园给园内的老师和家长开讲座，或是在京举办免费的岗位培训。每年在北京组织交流活动，邀请各地联盟园园长来参加，大家互相交流经验，互相促进。我们还建立了专门的服务网站，可以在线给各联盟园问题的解决出谋划策。总之，目的就是让各联盟园分享明天集团的经验。

在当前市场经济的大环境下，推广自己的经验与模式，往往都需要这样或者那样的“加盟”、“联盟”费用。但是在这个问题上，我坚持不收取任何费用。曾有很多人问起集团实行免费加盟的目的，我坦诚相告：我们进行联盟办园是为了传授先进经验，让同行少走弯路，使整个行业水平得到迅速提高。

刚开始，很多人都不相信这是真的，在这个年代，还会有无偿送教育的事情？所到之处总会碰钉子。但我并不放弃。一次不行，两次；口头说不清，就展示图片……我不断帮助这些幼儿园改善教育教学环境和教学质量。

也曾有人问我这样做的目的，问我累不累，何必这样自讨苦吃？我回答：我和我的同事在一起享受明天的美好，我们要让天下的孩子都能去享受美好的明天。

随着集团的不断发展和壮大，我把目光关注到农村幼儿教育的发展与办园水平上，都是我国幼儿教育整体的重要组成部分，需要我们伸出爱的双手，把美的阳光照到他们的视野。集团作为北京市一级一类幼儿园、海淀区示范园和人民满意幼儿园，理应充分发挥优质教育资源的辐射、示范和带动作用，促进城乡学前教育协调，园际之间的均衡发展，构建和谐教育环境，让更多的孩子享受优质教育。

★2004年4月8日，集团开展与温泉镇幼儿园手拉手活动

2006年4月12日，在我的积极推动下，集团所属第一园区、第二园区、第三园区分别与温泉镇、西北旺镇、苏家坨镇三个乡镇的19所幼儿园建立了手拉手联盟关系。以后，由集团各园区针对每个对口园所开展赠送玩具、教具、图书、送教上门、观摩研讨等系列交流活动。

这样的支教交流活动一直到现在还在进行中。

至此，集团联盟拓展与分享的理念形成东中西互动、城乡互动、优势互补、资源共享、相互促进、共同发展，一起实现着“启蒙明天、播种未来，涂人生最佳底色”的教育新格局。

我们超越了集团自身发展的要求，带领全国的幼教同行整体走向新台阶，新层次，新阶段，新标准。

我坚信，集团与联盟幼儿园的手一定会越拉越紧，心一定会越贴越近，事业一定会更加兴旺发达！

十一、潸然泪下

事实是检验真理的最好证据。

古希腊哲学家苏格拉底说：教育具有一种力量去解放和引领灵魂中最美好的部分去沉思万物之中最好的东西。

而美，就是这样一种力量。

多年立美教育的实践，推动着我们不断向前发展。成功实现了“让每一个孩子都发展，让每一个教师都成长，让每一个园所都提升，让每一个家长都满意”的目标。

集团成立之初，我要求每位老师周六下午都要参加合唱团活动，不少教师心有抵触。随着集团活动的开展与增多，合唱团的老师们在增长知识的同时，也增强了锻炼的阅历。现在，尝到甜头的老师们主动要求加入合唱团、管乐团、舞蹈团等8大艺术团，以及立美艺苑手工班、绘画班等特色班，提高自己的艺术修养。

★2005年7月，集团合唱团参加全国首届教师合唱节并获奖

在集团文化建设的开展过程中，我提出的许多高标准要求，后来得到了教师们的大力拥护，佩服我的预见性。

实践证明，立美教育已经给幼儿带来了人格素质和艺术修养的良好开端，多名集团毕业的学生最后考入了中央音乐学院、中国人民公安大学等重点高校，在艺术及其他领域初露才华，实现了“启蒙明天 播种未来 涂人生最佳底色”的教育目标。

我们的教师也取得了令人欣慰的成绩。目前集团拥有市级骨干教师3人，区级学科带头人25人，区级骨干教师16人，形成了市级骨干—区级骨干—园级骨干的立美教育人才梯队，保证了集团立美教育的开展，全面发挥了人才辐射作用。我们还被评为北京高等学校市级校外人才培养基地，以开阔的办学胸怀实践和传播了立美教育思想。我们的集体思考，更是成功攻克了许多立美教育的实践难题。近几年来，集团已有两百余篇教科研成果在公开刊物发表，增强了教师参加科研活动的信心和自我学习的动力。2009年，集团组织教师编写和出版体现集团特色、总结立美教育实践成果的《明天娃的电脑世界》等系列教材，引导教师在教材编写过程中开展研究性学习，增强教师实践立美教育的专业能力。

集团各园园所特色正在走向成熟，各园保教和管理水平均有很大提高，各园影响力正在逐步扩大，区域竞争能力不断增强，所属幼儿园全部达到了北京市一级一类幼儿园的标准，有一所幼儿园被评为北京市示范幼儿园，幼儿入托需求远远高于园所招生数，教学质量获得了家长和社会的充分认可。

在15年的发展中，集团化经营，不仅提高了办园效益，更从管理上消除了各幼儿园的差距，为扶植薄弱园提供了借鉴。从2006—2008年，在新浪网等媒体的社会调查中，集团已经连续三年被评为“北京市最佳教育机构、最满意教育机构和信誉度最高教育机构”。

2007年，集团新年联欢晚会在香河天下第一城举行，集团全体老师共同举杯，欢呼着2008的来临。集团第四幼儿园的几位老师手牵手来到我的餐桌前，大家一同畅饮。在欢呼声中，一位老师激动地喊着：“集团万岁！”

这一刻，我不禁潸然泪下。

我的付出，我的努力，都只为在明天的历史上写下最美的一页。

十二、三代人的“明天情”

2010年春节来临前夕，初春的天气还带着丝丝寒意，但室内却是春意盎然、欢声笑语。我们明天集团离退休的老园长、老教师们欢聚一堂，共叙幼儿园发展佳话，互表新年祝福。

追忆过去奋斗的岁月，很多人感慨不已，说着说着，情不自禁潸然泪下，大家对“明天”，有着太深太深的感情。

更欣喜的是，这种浓浓的“明天情”仍在延续——

隔辈人对孙儿总是有着格外浓厚的感情，所以，大家话题也自然而然便讲起自己的小孩。

胡静萍兴奋地讲起自己在塔院上幼儿园的小外孙女。她说：孩子对集团也有着浓厚的感情。特别喜欢上幼儿园，从入园至今从没请过假，总是认真地说：“老师还等着我呢，我要去幼儿园！”每逢假日，也总是念念不忘地想着幼儿园的老师和小朋友。

另一个老教师的孙儿更是可爱，逢人总是很自豪地炫耀自己是明天的小朋友。有一次，一个邻居听说她在集团上幼儿园后，就问她：“明天集团可不好进，你怎么去的啊？”

小孩子无比自豪地说：“因为我奶奶是明天人啊！”

那家长听说后，找到这个老园长，请求她介绍自己的孩子到集团上幼儿园。

事后，老园长告诉孩子以后要低调，不要再说奶奶是明天人了。小孩认真地说：“不行，不可以说谎的……”

像这类事情还有很多很多，有的甚至三代都是明天人，老一辈是集团成立期的元老，子女后来又到明天上班，为集团发展贡献着力量，而孙子一辈则继续在明天上幼儿园。还有很多曾经在集团上过幼儿园的孩子，长大毕业后，又继续来集团工作。今年毕业的刘冰老师，前来应聘时，激动地对我说：“院长，您不给我开工资都行，但我一定要来集团工作，我对这里有着太浓太深的感情，有我太多太多美好的回忆……”

15 年里，太多的人和事让我难忘，太多的爱和情让我难舍难离，我们共同奋斗中建立起来的真情，早已亲如一家，骨血相连……所以，每当同志生病、还是老同志家里出现情况，我都马上组织相关人员前去探望，离休老同志，我也每年都派人到家里去慰问，让我们的“明天情”恒久地传递……

就是明天人的这种“明天情”，让我们在过去的发展中一路披荆斩棘，创造着辉煌，更对未来充满了信心。正如集团六幼园长王辉所说：“集团先进的办园模式显示出适应新时期现代化建设的强大的生命力，作为明天人，我们感到骄傲和自豪。展望明天，我们对集团的未来充满信心与希望，我们的集团将会不断壮大，教师的素质会日益提高，立美之花将在各个幼儿园中争奇斗艳，百花齐放。明天人将会把集团建设发展成为现代化、国际化、网络化、高水平的教育机构。它将成为全国幼教界的一面旗帜，成为孩子们学习和生活的乐园！同时我们也感到自己肩上的担子很重很重，面对21世纪对教育不断提出的新要求，面对社会的不断发展与进步，我们将肩负起培育祖国新希望、新未来的重任，我们将与集团荣辱与共，努力着！前进着！奋斗着！”

第五章

每个岗位都有天使

一、美，是一种涵养

2005 年 12 月 30 日，在轻柔、明快、古典、现代的音乐伴奏声中，一群时尚、美丽的“模特” 穿着自己设计、搭配的各种风格的服装，走在 T 型台上，脚步或平稳或欢快，尽情展现新时代的幼儿教师的风姿。

细看起来，这群模特的服装与一般的 T 台秀不同，园长装、保教主任装、事务员装、保健医装、教师装、保育员装、炊事员装的展示，将职业服装文化与集团文化有机地结合。其实，这并不是专业的模特秀，而是由我们明天幼稚集团老师自己组成的服装展示赛——“礼仪讲座暨首届服装服饰表演赛”。

★2005 年 12 月 30 日，集团举办礼仪讲座暨首届服装服饰表演，图为晚装比赛

为了这次比赛能更专业，更精彩，开赛前，我还专门邀请了原北京市服装研究厅厅长、市总工会素质工程讲师团教授、高级服装设计师陈富美老师为集团老师做了“和谐社会和谐服饰”的讲座，把服装服饰文化的内涵以精彩和浅显的形式介绍给大家，使大家把服装服饰的理解与集团文化及“立美教育”和谐有序地统一起来。

T台上，我们老师身着幼儿园岗位服装、休闲装、晚装、创意服装，从不同角度展示集团“岗位立美”风貌，体现了集团教职员工的职业状态、体育精神、休闲气质、典雅风范，他们优雅的姿态，配合朝气蓬勃的精神风貌，将掌声和笑声不断交织在一起。尤其是在创意服装赛上，老师们充分发挥想象，很多日常生活中的废旧用品都成了老师们设计的道具。短短的三分钟时间，垃圾袋经过老师们的巧手成了晚礼服；墩布条转眼变成了公主装；雪碧瓶变成的一朵朵绿色花瓣，把北国女孩装扮成了南方风情的小姑娘……

爱美，是孩子的天性；引导幼儿创造美，是教师的使命。我始终觉得，美是一种涵养，而我们为人师表的教育工作者，更要注重自身的美。所以，举办这次服装服饰大赛，目的是使教师自身素质得到提高，能够按照符合儿童心理的审美要求进行穿衣打扮，充分展现教师风采；同时创意赛也敦促老师在教育幼儿时能够引导幼儿发散思维，培养幼儿的自由表达和创造的能力，美化自己的生活，从而在日常生活中贯穿美的教育，与幼儿一起在生活中发现美、欣赏美、实践美和创造美，使集团“立美教育”理念得到升华和深入。

★2005年12月30日，教师在服装服饰大赛上展示明天风采

其实，形象之美，还只是一个侧面。真正让美成为教职员工的素养，

★礼仪形体训练——坐姿的练习

才是“立美”的终极追求和根本目标。而岗位立美，是造就高素质教师群体的根本保证。没有高素质的教师，就不会有高素质的教育。教职工在专业素质、语言规范、行为准则以及服装服饰的具体要求、职业行为要求和评价标准等方面，应当成为幼儿的榜样与表率。熟练、高超与精彩的教育教学技术技巧，独具魅力的生动高效表达，富有美感效应的情态、动作、形象，及端庄、大方、高雅、和谐的服饰，能够把幼儿带入教育教学审美情境之中。

为此，我按照以人为本的教育理念，在工作、学习、生活等方面，努力为职工办实事、办好事，为教职工们创造了许多机会和条件，使每位教职工都有展示才能、全面发展的机会。我鼓励所有教师都参加了集团艺术团，并把此项工作列入集团教师继续教育园本课程培训计划之中，教师们在合唱团、管乐团、打击乐团、舞蹈团、京剧团等学习中接受艺术教育，感受艺术的魅力和成功的喜悦。

我们不惜财力，在教职工中开展了多种活动，以提高其素质，增强集体凝聚力，使教职工队伍成为一支具有积极工作态度、无私奉献精神的队伍。正是有了这样一支教职工队伍，我们的幼儿园才真正成为儿童的乐园。

我一直认为，教师的美育化在于优化教师素质，教师要成为一个真善美和谐统一的人——真正美的人；教师要成为幼儿师表之美；教师要成为对幼儿能倾注最美的情感——爱的人。教师要成为具有全面的育人的素质理念的人，能着眼于每一个幼儿的每一个方面素质及其个性、想象力和创造力；教师要成为具有很高审美素质和美感经验丰富的人，能够发现与开掘教育教学内容与形式中的美，并能够按照“美的规律”为教育立美；教师应当成为能够创造教育艺术教学艺术的人，成为一个教育艺术家和教学艺术家。幼儿园的所有教职员工都应当成为美育教师。

“岗位立美——重塑教育工作者的崇高形象”。这一观念在我心中挥之不去。

爱是教师的天职，特别是幼儿教师，更要胸怀一颗爱心，用心灵去耕耘心灵，让每一位孩子都得到应有的爱。在我们集团，每位教师都将幼儿看作自己的孩子，用慈母般的心胸去接纳他们，包容他们，关爱他们。孩子的辫子散了，随手梳好；衣服刷了，穿针引线缝好；尿裤子了，赶紧换洗；感冒发烧了，及时送去医院细心照顾……教师们就是在这些平凡而琐碎的小事中诠释着师爱，孩子们也在这些小事中对老师产生了深深的依赖与信服。

二、带领一群狮子前进

一次读书，无意中看到这样的一个寓言故事：一枚鹰蛋被放到一个母鸡的巢里。结果这枚蛋被母鸡孵化成了一只小鹰。这只小鹰自以为也是一只小鸡，每天做着与母鸡一样的事情，在垃圾堆里找食物吃，与其他母鸡嬉戏，像母鸡一样咯咯地叫。它从来没有飞过几尺高，因为母鸡们只能飞这么高。它完全认为自己就与母鸡一样。一天，它看见一只鹰在万里碧空中展翅翱翔，就问母鸡：“那种美丽能干的鸟是什么？”母鸡回答说：“那是一只鹰，它是一种非常了不起的鸟。你不过是一只鸡，不能像它那样飞，

★2007 年 6 月，集团全体党员参加拓展训练

认命吧。”于是，这只鹰接受了这种观点，也不尝试着去飞，没有想过与母鸡们做不一样的事。由于没有鹰去影响它，它只有与母鸡为伍，缺乏远见，结果丧失了鹰的特长，像鸡一样度过了自己的一生，也像鸡一样最后死去。

合上书后，我陷入沉思，所处环境对人的发展何等重要，一个积极向上的“气场”能带动一批人，而一个庸碌无为的环境，则能够消磨很多人的才华。我们的集团，人员众多，是不是也要有一个良性的发展磁场呢！

拿破仑曾经说过，“一只狮子带领一群羊可以打败一群由一只羊带领的狮子。”其实，一个积极向上的氛围何以带动一批贤才。特别是在竞争激烈的环境下，过去是一只狮子带着一群羊，但是现在，不但自己要成为狮子，还要让团队成员也成为一只只狮子，才能够更好地迎接未来的挑战！

于是，我决定，为了提升教师专业化水平，打造高素质的干部和教师队伍，更好地为幼儿和家长服务，我们以开放的心态来开办幼儿园。于是，我组织教师参加了国家和市区组织的各级各类培训，为教师提供开阔视野、增强能力和提升水平的机会。

原本是一件极有意义的好事，然而渐渐地我却发现，部分教师对待各类教育培训的态度存在问题，没有认识到学习培训对自身发展的重要性，没有把学习培训和教育实践结合，就“培训”而“培训”，培训没有取得应有的实效性，既浪费了集团的培训经费，又丧失了个人发展的机会。除此以外，还存在一个严重的问题，教师从培训中虽然学到了知识和技能，但是仅仅停留在“知道”的层面上，缺乏一个消化吸收的过程，不能通过有意识的训练和实践，将学到的知识、技能转变为教学实践行为。

针对这个问题，我做了深入思考，认为出现这种状况的原因有二：一是教师意识问题，部分教师对学习培训的看法存在偏差，职业理想弱化，安于现状，思想相对保守，不善学习和改进，缺乏推动自身发展的内在动力；二是缺乏相应的培训管理和引导机制，没有一双强有力的手来推动教师向学习培训要实效，没有形成适宜的外部压力。

“告诉他们，要做狮子！”我赫然明白，要让他们成为“狮子”，仅仅给

★2005 年 7 月 9-11 日，集团参加国际教育博览会

大家提供机会参加“狮子”的培训，是不够的。必须要激发他们自主自觉学习提升的意识！

经过一番深入思考，我提出和实施了“五三一”教育培训工程，一方面试图从思想观念上转变教师对于学习培训以及职业发展的观念和认识，强调学习培训对个人和集团发展的重要性，促使全体教师都能理解参加培训不是“流于形式”，而是“追求实效”；既是工作安排，更是自身发展的宝贵机会。另一方面，我提出了培训管理的新办法和新手段，将学习培训上升到制度层面，将其纳入标准化管理的范畴，要求参加培训的每位干部和教师必须对培训内容进行反思和总结，及时记录培训和学习心得，包括“五个观点”、“三件事”和“一个拿来就用”，具体指通过本次培训获得或者接触了哪五个主要的新观点、新观念和新做法，其中哪三个观点和做法能帮助自己提高教学和管理成效，哪个观点和做法能够马上在实际工作中运用，获得实际成效。

通过“五三一”工程的实施，从内外两个角度促使全体教师更加重视教育培训，老师们参加教育培训的热情高涨，能够带着问题去参加培训，认真做好关键内容的笔记，学会在培训中反思实践，将培训的收获带回到实际工作中来，利用培训的机会来解决管理和教学中的实际问题，既开拓了管理和教学视野，也提升了实际工作成效，有助于教师的专业化发展。

15 年来，从“明日学苑”里，从“立美艺苑”中，从各个岗位上，从每一项课题中，从各种交流中……我们的老师逐渐成长，真正成长起了一批“狮子”。

三、放手 放眼 放飞

在教职员工的发展中，我注重放手让他们去发展，放眼让他们看世界，放飞他们在成长中翱翔……

刚看到幼师新毕业的小郝老师的时候她刚满 18 岁，尽管她在校时成绩不错，但带班能力如何我还并不是很清楚。起初为了保险起见，我安排她到中班花蕾班由年长一点的老师带一带。两个月过去了，在全园的工作考核中，她的满意率挺高，绝大多数人选她为班长，我考虑了许久，当老师和当班长可不一样，掌管的事情可就不仅仅是孩子的教育教学活动了，家长工作，人员安排，工作分配等等，她能行吗？她是全园最小的小老师，不过比大班孩子高一点儿的姐姐模样，她能胜任30多孩子的班级管理吗？尽管几个问号在我脑海里闪现，但我还是毅然地决定放手让她去干。

没几天她找到我说："园长，我还是做老师吧，别人比我大，我不好意思分配工作，也不好意思管理，我做不做班长都会好好干的，还是别让我当了。"看着她稚气而又为难的神情，我笑了，坚定地鼓励她说，"行，你能行的！工作分配不在年龄大小，在于是否合理，班级管理在于是否有团队合作精神。相信你能干好！干吧！"她听了虽然对自己又有点儿信心，但看得出她眼睛闪烁着疑惑和畏难的情绪。于是我又说："放手大胆干，有什么问题和同事商量着来，实在解决不了我来帮助你。"她笑着点了点头，走了。

在以后的一段时间里，我经常到她们班进行指导。1992年11月，我看到她在管理日志中写到"本周，幼儿出现了尿裤子的现象，经过观察，分析如下：1.与天气变化有关系，天冷小便多；2.个别幼儿仍有些胆怯的心理，看到别的小朋友没有去自己也就不敢去；3.有个别小朋友由于考虑穿脱裤子比较麻烦而不愿去。组织班组分析后统一了思想：1.教师要经常提醒，每个活动开始前先提醒幼儿；2.活动中观察幼儿的情况；3.对有困难的幼儿主动及时帮助……于是，我在她的本上写下："你们能根据本周孩子出现的具体问题进行分析，并能订出改进措施，这很好！看得出你们是有心人，孩子放到你们班家长放心！"此后，她们班时时处处注意观察分析，一学期下来各方面取得了非常突出的成绩。先后5次获得卫生流动红旗，卫生保健先进无事故班，教学效果检查全园第一，家长满意度最高，年末被园里评为优秀班集体。在区幼教教研员到园观摩指导的实践课上，我又鼓励她代表幼儿园上课并到区里进行经验交流，结果也是可喜的。接着，我得知区里有个游戏实验小组，于是我又让她去参加，而且我经常到班里与她一起布置游戏区。材料的投放、指导语的运用、个别幼儿的引导等，经过悉心的启发，她们班活动区游戏特点凸显出来，并且还有区里的一些幼儿园来观摩学习。她与班级的工作都受到了上级领导的肯定和好评，也为我们这个新建园争了光。这期间她也被幼儿评为“最喜爱的好老师”，连续被评为“先进工作者”、“市区学科骨干带头人”、“区十佳青年”、“北京市优秀青年教师”。我也为自己大胆起用新人、信任新人、给任务、压担子的做法而欣慰。我想，为每一个人创造机会，开阔视野，获取丰富的信息，搭建学习平台，在关键的时刻给予支持和适宜的引导，最大限度发挥其主动性和自觉性，最大限度地让她们发挥自己的能力与才华，这将有助于教师专业化的成长，有助于教师自身素质的提高。同时会产生意想不到的效果和成绩。

后来我又尝试着放手交给她管理幼儿园唯一的小提琴艺术班……

她也非常珍惜每一次学习的机会，努力锻炼着自己。她在我身边二十多年从未离开过我的左右，看着她从初出茅庐成长为现在的“全国优秀教育科研教师”，我由衷地为她的进步和成长感到高兴和欣慰。在我的心底里多少次说着那句“不要辜负大家对你的期望，坚持那份耿直与坚韧！不要躲避那些无需顾及的目光，坚守那份执著与镇定！”

我的老师在成长，我的孩子们也在慢慢长大。让老师享受职场的幸福，让孩子享受童年的快乐，我也在享受着，内心无比的充盈，这是我追求的事业，是我奋斗的目标！

四、每一个老师都是我的孩子

多年来，老师们对我很是信赖，当工作中遇到了挫折、同事的不理解、家长的责难等，甚至连与家里闹矛盾的事都会跟我讲，我会作为一个长者耐心地开导她们。

对我而言，她们就像我的孩子一样。

集团创立之初，正值中国流行下海潮，有些教师不顾集团挽留要求调走。后来集团越办越好，不少人要求回来，我大度地接受了他们，即使对当初带头的人也不为难。不计前嫌，并且感谢那些监督我的人，是他们让我一直小心翼翼，少犯错误。

后来，由于我们集团老师们表现出色，经常有单位以优厚的待遇来“挖人”，对此，我都尊重老师们的选择，从不会横加阻拦，我态度很明朗地告诉负责人事调动的老师，“谁走，我们都要尊重；回来，我们都要欢迎。”事实上，大部分人在离开后又很快回来，很多老师都担心“好马不吃回头草，回头肯定好不了”，但我从不会计较，对于回来的老师，我都继续委以重任。对此，有人夸我胸襟宽广，有人说我“记性”不好，也有人犀利地指出：“这是总院长比较自信——相信我们集团是最好的，无论谁到哪儿都会回来的！”

坦白说，其实我也说不上为什么，也许这几个原因兼而有之吧，我只是觉得，年轻人允许有反复，我应该再给他们一次机会。

她们，就是我的孩子，无论任何时候，无论做什么，我都不会关闭迎接她们的大门。

记得杨毅有一段时间精神萎靡，我对此一直牵挂于心。1998 年 7 月的一个夜晚，窗外下着细雨。虽然是夏季，天气还是有些凉意。

晚上九点半多，我们开完了总部人员会议，饭还没有来得及吃，就听说老师们说起杨毅老师卧病在家的消息。看看窗外的雷雨交加的天，我想到生病中的小杨，此时一定因为天气而情绪更加低落和焦虑。

想着她在这样的雨夜里心情必是焦虑烦躁，但又怕吃完饭太晚，影响她家人的正常休息，所以急匆匆和两个集团干部前往探病。当我和两位干部一起敲开了她的家门，出现在她面前时，杨老师两行泪水夺眶而出。我们的到来果然平缓了杨老师的焦虑情绪，让她重新燃起工作热情……

回到家时，已将近十一点多了，头发和衣服都被雨水打湿，贴在身上冰凉冰凉的。但想到杨老师一扫萎靡焦虑的炽热眼神，我心里仍暖融融的，安顿好了我病中的“孩子”，我放心地在疲倦而满足中沉沉睡去……

众人皆知有这样一条定律“成功=机会+勤奋”，它强调了机会与勤奋对于一个人成长起到的重要作用。

在教职员工的成长中，我时时告诉她们：“机遇钟爱有准备的人，我会给你们提供很多发展的机会。但这些机会我是面向所有老师公平地抛出去的，就像绣球，每个人都有平等的机会，就看你们谁能接得住！”

当时挑选新园长时，我大胆起用了年轻的魏秋艳老师，这是一个虽然从未接触过管理的教师，却有着很大工作热情的年轻人。于是，我给她机会让她走上园长岗位历练。

这是一个发展的机会，但同时更是一项严峻的考验。当时的她，没有经验不说，理论知识也很匮乏，面对强大的压力，魏老师几乎不知道从何下手，不知道怎么正确看待自己的位置，不知道如何去获得大家的认可。于是，各种疑惑，各种不解冲击而来。她在工作上不由得畏首畏尾，情绪也很不稳定，开始失眠频发口腔溃疡，接着就是体重急剧下降。在新官上任的三把火与接踵而至的各种压力之间徘徊迷茫……

“小魏，既然你把握住了机遇，就要放开手去干，要大胆地面对挑战。”发现了她的困惑与疑问后，我积极鼓励她。给她创造了更多的锻炼机会，让她接受更多挑战。

各种挑战无一不是成长中必不可少的机会。多年来，魏老师没有退缩，而是适时地把握住了这些发展机遇，不断收获与成长，在这些挑战之中的升华，她曾感动地说：“这些锤炼对于我来说是一种莫大的财富，珍惜，铭记，感恩！”

而在我们集团，这类的发展机会还有很多，每个老师都有着自己发展、成长的故事，每个老师也都激昂起发展的热情，踊跃地接住了每一个“机遇的绣球”！

五、把榫放在卯内

中国古代木建筑都是榫卯结构，榫和卯两者必须完全相合匹配。我觉得，用人也是如此，作为管理者，在用人的时候，却要在综合实力中明确了解每个人的长处，做到知人善任，让每个人在最擅长的岗位上工作。也就是，一定要把榫放在卯内。

譬如张春辉园长，当初在三幼志强园做了几年保教主任，由于工作出色，在2000年带着验收一级一类的任务，我调她到明天八幼上地园、九幼永泰园和安宁里园做园长，同时管理三所幼儿园，难免有手忙脚乱之嫌，甚至在筋疲力尽中萌生退意。

她的能力是早就证明了的，现在的退缩并不说明她管理不善。我反思着，也开始自责没有把她放到最适合的地方。

恰在此时，三幼志强园即将接受北京市验收，但各方面工作还有欠缺。于是，我眼前一亮。因为张老师1992年就调到志强园，已工作了八年之久，对志强园的一草一木都有着深厚的感情。

于是，我找她谈话，商量调她回三幼继续接任园长。张园长眼中立刻闪现出兴奋与感激之色："知我者，总院长也！"

果然，她与老师家长孩子们通力配合，使得三幼在北京市验收一级一类中取得了非常好的成绩，顺利通过北京市一级一类验收。

由此，我更加明白，把榫放在卯内，才能发挥最好的价值。

2005年，一个名叫郑永爱的北京师范大学硕士毕业生前来面试，看过她的简历，了解她对学前教育的挚诚和综合能力后，我当机立断，对人事主管老师说："快去办理，她的手续晚了！"

根据学历层次和专业背景，我安排她在集团总部业务部门做专管，主要负责教科研的工作，在这个岗位上，能够了解集团的教科研状况，同时也能够将专业优势发挥出来，很好地指导各园的教科研工作。当然，也考虑到直接从学生过渡到管理岗位可能出现的抽象理论和教育教学实际的对接，后来，我又专门安排她到基层锻炼，先去园里做一线教师。

很多人觉得，让研究生做一线老师真是屈才了，然而我觉得，这种历练至关重要，钉要放到铆上，有时候是需要一些必要的磨合才能更好地对接。果然，半年的历练，郑老师了解到了幼儿园的教育教学状况到底是什么样子的，老师到底是怎么去教孩子的，老师是什么样的工作状态，老师的心里想的都是什么，老师是怎么样观察孩子的，老师是如何进行环境布置的等等一系列的问题。半年的工作中，她仔细观察幼儿，写了很多的观察日记，从而快速成长。

随着集团科研事业的发展，由我主持的国家级的课题被全国教育科学规划办公室批准，我再次调她到课题中心工作，果然，整个课题研究中，她表现出色，修改后的开题报告受到领导和专家的认可。

2009年9月，集团又新开两所幼儿园，我觉得，郑老师的理性应该发挥更大的价值。于是，我安排她去担任执行园长一职。果然凭借丰富的经验和理性思维，她在新开园理顺各项工作，规范各项流程，健全制度细则，并初现办园特色，使得锦顺幼儿园的每一个幼儿都得到了发展，教师都得到了成长，家长都非常满意。

正所谓“骏马能历险，犁田不如牛；坚车能载重，渡河不如舟。”我觉得，用人贵在用其长、避其短，方能获取最大效应。用人唯贤，破石拔玉；不拘一格，大胆使用人才；只有磨而不磷，涅而不缁，才能培养出德才兼备的好教师。

集约管理，虽然是集团中心统一管理，但很多具体工作的执行上，并不可能每件事情都亲力亲为。这就必须要有一大批能够独当一面的人才将分工负责的事情做好。

于是，管理中，我学会了放权——我坐镇，你指挥！

为迎接2008年奥运会集团决定举办“迎奥运”团体操表演，活动由来自全国各地联盟幼儿园的208名幼儿和集团幼儿园的2008名幼儿、千名家长共同协作完成此任务。面对意义如此重大、规模如此宏大的活动选择领头人至关重要。我首先对所有人员进行逐一分析，首先要具备强烈的责任心；第二要有纵观全局的能力；第三要有团结协作克服困难的勇气和自信心；第四要有创造性开展工作的能力和艺术潜能；第五要有勤俭办事、灵活机动处理问题的能力。

鉴于综合分析，我选定了具有 12 年园长工作经历、4 次大型活动组织经验的付老师担任此次活动的总策划兼总导演。

我召开行政会，做出了明确授权——由付老师全权负责此活动的一切运作，其他部门根据要求分工负责，责任到人！并且告诉付老师，“你放手做吧，我只坐镇，你全权指挥！”

由于在责任一身的基础上授予了充分的权力，付老师工作起来得心应手，很快打开局面。她在各园园长的支持下选定了各节目的负责人、编导，并在后勤的支持下落实了服装的款式和颜色，在财务的统筹下完成活动的整体预算，在事业发展中心的沟通之下完成了全国各地区园与园同一个节目，不同地点练习的配合和整体动作把握、队形变换、衔接等问题。关于训练中期遇到的演出场地和幼儿训练场地差距较大的问题，我则积极配合，及时和周边幼儿园、体育馆，训练场协调沟通，辅助她解决了场地不够大的问题，为幼儿与演出减少差距奠定了基础。

由于演出场地排练有限，只允许有两个半天彩排，加之从全国各地来的幼儿只有当天演出的上午彩排，其中还要和其他园组合完成演出任务，付老师难免出现一些急躁情绪，我则全力支持，亲自坐镇彩排，给她吃了颗定心丸。果然，付老师表现出了超强镇定，总揽全局，细致观察，在充分了解上午彩排的基础上，召开各节目负责人通气会，明确任务，分析各节目优劣和需要改进的方面，调整结构，合理分配场地，修正入场，保证了节目的衔接紧凑。中午休息时间，我又让工作人员给付老师送来香喷喷的饭菜，并鼓励她一定能成功。

演出如期开始，付老师不断地鼓励老师和孩子们，充分把握演出节奏，对每一个可能出现的问题做到心中有数，提前预警。在全体幼儿、教师、家长、各类人员的通力合作下付老师出色完成了任务，受到大家的肯定和各界赞誉。

六、创编《工作组歌》

集团成立之后，我对各幼儿园教职工状况进行了一段时间的深入了解，走进每个园所，走近各个岗位，倾听她们的心声，了解她们的工作现状，以期有的放矢地进行管理。这之中我发现了很多现象：某些幼儿园大班、有的甚至中班就开始教授幼儿汉语拼音，还留有作业，幼儿园的桌椅也都摆成了小学一样的模式，据老师介绍，大班课程设置有数学、语言，其中语言课让孩子认读大量的汉字，数学学习一百甚至上千的加减法，而这种违背幼儿身心发展规律的做法很受家长的欢迎，认为幼儿园小幼衔接好；还有的幼儿园教职工在园内大声喧哗，即使是幼儿教育活动时间也不避讳；有一天中午，幼儿午睡时我到一所幼儿园，到睡眠室一看，当班教师也在午睡，就连我进到睡眠室都没被发现。

通过调查我还发现，幼儿园过多地重视教师工作，很多保育员、保健医、炊事员均有抱怨，认为自己不被重视，在幼儿园里可有可无，但幼儿园又离不开她们的工作，所以觉得上班没精神，工作没热情，仅仅是为了完成任务。

集团成立，大部分幼儿园的园长都是从一线提拔的教师，均为新园长，她们来自一线，还没有管理经验，也遇到了不同的问题，很多园长都向我反映管理上困难重重。有一位园长说出了这样的事实："自己上任园长后，发现幼儿园管理松散，按要求教师应 7 点 30 分到岗准备好迎接幼儿入园，可很多教师踩着 7 点 30 分的时间进班，这时已经有幼儿来园了，教师既要照顾幼儿，又要做迎接入园的一切准备工作，很是忙碌，幼儿安全受到了威胁，为此，我决定进行彻底改革，要求教师 7 点 20 分之前必须到岗，教师迟到一次就要扣 5 分，我每天总是早早到园监督，可多年来养成的习惯一下子改不过来，教师频繁迟到，虽经过我大会小会上的批评，效果还不是很好。一个月下来，不少教师都有过迟到挨批的经历。后来，老师们早上虽然不迟到了，但对我总是有抵触情绪，工作热情全没了。”还有一位新园长遇到了下面的问题：她所在的幼儿园有一位老师，自尊心强、好面子，但在日常工作中却不能很好地遵守劳动纪律，经常串班聊天、上班织毛衣、说闲话等，说服教育对这位教师来说根本没用，以情感动她也仅仅是一时的效果，过后又无动于衷，管重了就大闹一场。有一次，由于她违反劳动纪律，在月底奖金发放时，园长根据奖罚制度扣发50元奖金作为处罚。这位老师感到心理很不平衡，认为工作都干了，园长小题大做，况且班上家长也没有什么反映，幼儿也没有出现任何意外，要求园长退还扣发的奖金。园长认为，既然制定了规章制度，就该认真贯彻执行，否则会挫伤其他教职工的积极性。这位老师很愤怒，找到我大肆发泄对园长的不满。

以上这些问题，引起了我的思考，如何加强各岗位的管理，使之形成统一的规范，而又不让教职工感到管理的被动，回想我对幼儿园各岗位的工作常规的了解，我突然有了一个想法，我决定对幼儿园各岗位的工作特点进行梳理，并结合提高职业道德规范的要求，力求用精练、概括的语言创编《幼儿园工作组歌》。

在2003年的非典时期，全市所有的单位、学校都放了假，人们似乎难得有了一些闲暇的时间，可以使紧张的工作状态有了一些放松、调整。

而我，是个闲不住的人，幼儿园可以放假，但我不能停止工作。坐在安静的办公室里，想着奋战在一线的医务工作者们的精神，多么值得学习啊！

“爱岗敬业”这是一种多么平凡而高尚的精神啊，而我们不也需要这种精神么。于是，我突然灵感一闪，有了创作的冲动。一连几天，我伏案凝神，认真写作，将我们集团保育员、保教主任、保健医、炊事员、园长、教师、事务员等岗位的职责分别写成了歌词，形成了幼儿园工作岗位组歌。

当沉浸在创作的乐趣中时，值班的高宏武老师敲门走了进来，我一下子忘记了疲惫，兴奋地拉她过来看：“你来得正好，快来看看，这首教师歌能否表现出幼儿园教师的形象？”

“晨风沐浴阳光照，迎接幼儿入园到，拉过小手亲亲脸，家长沟通乐陶陶；素质教育再交流，玩中认知竞逍遥，一日生活真精彩，全面发展是目标……”

★1998年6月18日，集团组织师德教育小品表演

“真是太准确了！”高老师几乎是脱口而出。

于是，我又让她紧接着看了保育员歌、保教主任歌、保健医歌、炊事员歌、园长歌等，并告诉她，我准备请专业作曲家谱曲。

“太好了，那就可以唱出我们自己的歌了！”她也一脸惊讶和兴奋，让我也充满了幸福的成就感。

接着，我又一气呵成完成了其余岗位的歌词，写出了每个岗位特有的形象，表达了大家的心声，让大家体会到亲切感、归属感，获得情感认同，更将各岗位的责任融化在字里行间，强化了树立良好形象的自我管理意识，展现出幼儿园各岗位的精神风貌，把习以为常的各个岗位的工作都赋予了文化的内涵，让生活和工作充满了情趣。

这些在总结多年工作经验的基础上写成的《幼儿园工作组歌》，用精练的语言展现出幼儿园各岗位的精神风貌和职业道德规范，向集团成员时刻传达着集团的文化，让每个人体验着作为集

★2004年7月，集团举行幼儿园工作组歌表演赛，图为集团保健医表演保健医歌

团人的自豪。通过歌词创作的艺术形式表现出来，所有教职工都有了自己的歌，每个人都在唱歌中进一步内化了自身的岗位职责，也规范了自己的行为，同时创造了宽松、和谐、向上的工作氛围，树立了团队意识、合作精神，深为大家喜欢。

随着《幼儿园工作组歌》的诞生，幼教职业歌曲出现并随之传唱起来，歌曲集中提炼了各岗位的工作职责，常规和工作标准，朗朗上口的歌词辅以优美、动听的旋律，集中展现了幼儿园各工作岗位的精神风貌。也正是有了简洁明了的《幼儿园工作组歌》，集团教职工们的工作逐步规范起来，涌现了许多优秀的市区级骨干教师、学科带头人、师德标兵、明天之星等。

七、做个好园长

幼儿园园长在众多的社会角色中是平凡而又普通的，但是对于园所发展来说，却有着举足轻重的作用，她把握着幼儿园的发展方向，如何贯彻《规程》、《纲要》的精神，如何办出幼儿园自己的特色，对在园幼儿实施什么样的基础教育，所有这些汇集到一起凝成一条线，那就是如何去培养幼儿园的每一名幼儿。因此，幼儿园园长又是一个了不起的角色。于是，一曲“园长歌”由我心底迸发，满载着社会的重任、孩子的未来，在我眼前滚滚流淌。

送晚霞，迎朝阳，一园之长。
社会的重任，民族的辉煌，
孩子的未来，家长的期望，
句句牵挂记心头，桩桩寄托扛肩上。
园丁建设新要求，
团结一心扬帆征程去远航。

严寒中，酷暑下，柳絮飞扬。

门外迎孩子，名字全叫响，
教育打基础，家长通思想。
依法办园按方针，教育目标更明朗。
叶绿花红苗儿壮，
春华秋实几度桃李满庭香。

新时代，人为本，创新加强。
转变儿童观，人人树理想，
挑灯写计划，制度作保障。
管事理人重安全，保教合一求质量。
家园共育促发展，
德才兼备以身作则好榜样。

★1996年3月20日，市领导张矛与作者亲切交谈

向明天，看未来，职业高尚。
小树初长成，叶繁根枝壮，
幼儿启蒙时，长大成栋梁。
关心友爱看世界，教育立美显情操。
我愿做个好园长，一腔热血献身
事业不彷徨。

随着这首歌在各园园长中的传唱，我发现，园长们渐渐地变了。有的园长说，原来感到只要孩子不出事，家长没意见，就是做好工作的标准。从没有想到自己对民族和社会有什么不可替代的责任。一曲《园长歌》唱得自己心潮澎湃难以平静。“社会的责任，民族的希望，孩子的未来，家长的期望，句句牵挂记心头，桩桩寄托扛肩上。”

任何一份事业在最初的时候，往往是最难的。任何一份事业，又都避免不了各种各样的困难与冲突。对此，我率领园长们在管理中推崇“水的智慧”，对于很多事情，以柔克刚，温婉包容，往往能取得更好效果。

譬如，安宁里园属于集团内的一个比较小的分园，当时园内的教师队伍懒惰，等、靠现象比较严重，比较随意，当时的谢春英园长对园内的教师也不是十分了解，于是，她制定一系列严格的管理制度。然而，在实施的时候，对于制定的制度，园内教师很不理解，认为谢园长太苛刻，要求太严格。

很长一段时间她都很苦恼，我得知后，告诉她作为幼儿园的管理者首先要有好的心态去处理事情，责任大于一切！ 在工作中时常要站在对方的立场来考虑问题，要宽严结合，多注重方式方法，以朋友的姿态来面对园内的教师。

随后，谢园长反思了自己的工作，在园内组织教师通过政治学习，发现身边的好人好事，用身边的好人好事带动全园的工作，树立正气。用业务学习、教研学习传授新的理念，让教师把心思放在钻研业务上，处处发扬民主，让教师们做幼儿园的主人，积极地想办法改变幼儿园，调动教师积极性，发挥每个教师的特长。同时还从制度建立入手，抓教师队伍的建设，在全体教师的努力下，随着时间的推移，入园的孩子越来越多，家长们排队要为孩子入园！

尝到了“水样管理”的甜头，谢园长笑了，园里的师生也都洋溢在和谐之中。

在具体工作中，我注重园长的成长和提升，利用一切科学的方法，培养出了一批年轻的干部，使她们走上了园长岗位，在不同的园所承担着重任。我还记得刘翠红园长的成长历程。

1995 年 12 月的一天，我把年轻的刘翠红老师叫到办公室，让她接任金沟河幼儿园园长，并告诉她要注意“三个从”——从一点一滴做起，从细字做起，从实实在在中做起。还把我最喜欢的教育管理书籍赠送给她，后来，她也养成了爱读书的好习惯，并在岗位上不断成长、成熟。

6 年后，六幼金沟河园作为《纲要》试点园向全区开放。开放前，我带领其他姐妹园园长去园里视导。我挨班仔细地检查指导环境、活动区设置、幼儿生活环境等，与幼儿交流，了解幼儿发展情况。之后，我又组织

★2007年3月29日，明天一幼接受“北京市示范园”验收

各园园长，为这次开放提出各自的指导建议。利用大家的力量，集团的群体优势，帮助这个年轻园提高保教质量。离开时，我拍着她的肩膀再次鼓励她，要永远不满足于现状，不断进步，永远向前！

10年后，集团一幼将要被验收为北京市示范园。我觉得，经过多年的管理及不同岗位的经历后，刘园长应该到了可以冲在幼教最前列的时候了。于是，我再次把她叫到办公室，把一幼要上示范园的艰巨任务交给她来承担。刘老师激情勃发，并出色地完成了任务。

12年后，在集团轮岗的大潮中，我又一次对刘园长提出了更高的要求，委任她为一幼园长，担任北京市示范园的园长。面对压力，刘翠红更加成熟，欣然接过了集团龙头园、集团唯一一所北京市示范园的担子，而且与一幼老师们不断努力，不断探索艺术特色，工作显得更得心应手了，心态更好了，沟通、协调、管理等各方面的能力也提高了，幼儿园质量也在蓬勃发展，向着国际化的目标发展！

我是园长，听着这样的歌，我陶醉；
我是园长，唱着这样的歌，我欣慰；
我是园长，歌声伴着我将社会的期望印在心头；
我是园长，歌声牵着我将教育的责任扛在肩上；
我是园长，我愿做个好园长，德才兼备，扬帆征程去远航；
我是园长，我会做个好园长，以身作则，一腔热血献身事业不彷徨。

如今，我们的园长们，正一步一个脚印地向明天走去，在幼教的发展前沿担当重任！

八、以老带新

在一般人眼里，幼儿教师，基本就是带领小孩玩耍的孩子王。而从事幼教工作已经35年的我，却对此有着深刻的体会。在我对幼儿教师的研究与思考中，我创作了《教师歌》——

晨风沐浴阳光照，迎接幼儿入园到，
拉过小手亲亲脸，家长沟通乐陶陶；
素质教育再交流，玩中认知竞逍遥，
一日生活真精彩，全面发展是目标。

喜鹊喳喳鸟儿叫，游戏玩耍做体操，
自由活动保安全，营养进餐身体好；
体验生存爱科学，集体交往信心高，
养成教育从小做，自我保护多引导。

彩蝶飞舞白云飘，兴趣广泛心灵巧，
语言发展关键期，表述倾听不可少；
尊老爱幼好传统，言传身教品德高，
琴棋书画通韵律，培养欣赏长情操。

花香朵朵苗儿壮，快乐工作孩子王，
寓教于乐常创新，教育时机把握好；
计划笔记作总结，观摩交流要经常，
神圣职责多自豪，教师歌声天天唱。

这首歌一开始，就赢得了老师们的喜爱，歌词里的职责要求和使命，让教师们充满了自豪感。如今，每一位教师都能以教师岗位歌曲为工作要求与指导，严格规范工作。

随着80后教师陆续出现，如何针对这一年龄段教师进行职业教育，培养职业精神成了问题。在唱着《教师歌》的时候，把《教师歌》里的要求落实在实际工作中，成了关键。

80后几乎都是独生子女，个性比较鲜明，看待事物的眼光也有所不同，我有时都在想这些年轻的教师们，尤其是还没有孩子的教师们应该不太懂得照顾孩子。基于此，只要有条件，我就会让新毕业的教师们实习一段保育员工作，逐渐过渡到教师岗位。有一天，一封家长信让我对80后有了新的认识，也让我觉得让她们实习保育员工作的必要。

尊敬的总院长，您好！

我是中一班XX小朋友的父亲，这两天孩子在幼儿园发生的一件事，让我心里很是感动，我为孩子能到您的幼儿园感到高兴，为我的孩子能拥有这么好的老师感到欣慰。

这几天，我的孩子身体不舒服，由于工作忙，只能送孩子去幼儿园，但只要有时间我还是提前把他接回来。周二中午，我又去接孩子了，一进教室就闻到了一股酸酸的难闻的味道，同时看到小王老师正洗着一件衣服，衣服上还满是呕吐的食物，看了真令人恶心，我想着赶紧把孩子带走。

看到我到来，小王老师立刻走了过来，告诉我，孩子刚吐了，已经换好了衣服，并叮嘱我带孩子去医院看看，还让我等一会儿就把孩子的衣服带走，这就洗完。我这才知道，小王老师是在给我的孩子洗衣服，我赶紧拦着小王老师，表示拿回家去洗，可小王老师却不同意，直到洗干净装在一个干净的口袋里给了我。说实话，虽然作为孩子的爸爸，以往遇到这样的情况，我都没有清理过，一般都是家里的保姆清理，我为小王老师能做这样的事情感到吃惊。还记得孩子刚到这个班时，看到刚刚毕业的小王老师，我的心里充满了顾虑，总怕年轻老师不会照顾孩子，没有耐心，而今天的事实教育了我，你们幼儿园的老师是最好的，真诚感谢小王老师，感谢园长对老师们的培养。

为孩子洗脏衣服是一件小事，但里面却蕴含着很多值得思考的内容：教师的师德教育、幼儿园的保教结合原则的落实，新教师的培养等。

在新教师培养上我都尽可能做到：给新教师明确的目标指向；追求高效益的“老带新”；时常进行系统化的督促与帮助。

1. 给新教师明确的目标指向

激情、茫然、新鲜感等“多感交织”是每一个刚踏上工作岗位的新教师的主要心理背景，80后的新教师更是如此。

目标是引领人前进的方向,它能赋予人巨大的动力。新教师要能持之以恒地积极进取，获得理想的成长，他心中必须有明确的目标。我注重在新教师参加工作后，为新教师确定明确的目标，这个时候的目标确定，有时是新教师在园长或指导者提示下自己的定位，有时也是指导者直接提出的目标，新教师在明确的目标指向下，利于发挥其时间充裕、精力旺盛、思维活跃、接受能力强的优势，持续地快速成长。

新教师成长的目标在于成为专家型的教师，为此，我们应该帮助新教师认识专家型教师的基本特征，强化“成为一名专家型教师”的意识，使他们既有理想又有进取的方向。

2. 追求高效益的“老带新”

“老带新”是幼儿园培养新教师的一种常规方式。国内外关于如何促进教师成长与发展，使之成为专家型教师的基本途径的研究，所达成的共识之一就是发挥优秀教师的指导作用。

不过在“老带新”的实施过程中，我们格外注意以下的问题：在管理方面，要慎重选定带新者，明确“老带新”的责、权、利；在老教师指导方面，要分阶段，有侧重，勤看课，重评析，常施以教育决策训练，常施以教育反思训练。

3. 时常进行系统化的督促与帮助

除了“老带新”之外，幼儿园还为新教师的成长创设更多的条件，有时甚至可以施加些压力使之能得到系统化的督促与帮助。例如经常性地对新教师进行“说课——听课——评议”系统化的督促与帮助，例如经常性地对新教师进行“微型教学——分析指导——设计提高”系统化的督促与帮助。

我们把对新教师的培养分为几个阶段：

1. 以“看”为主

新教师们一个个充满青春活力，犹如未经雕琢的璞玉，其自身价值有待开发。而在开发之前，需要仔细的观察，以便了解新教师本人的性格特征、教育教学理论和实践的现状、技能技巧掌握的程度等，只有在深入了解她们以后，才能为其量身订制更有利于发挥每个人优势的发展计划。

2. 以“带”为主

在新教师和老教师们彼此有了初步的了解之后，就过渡到了“以带为主”的第二个阶段。新教师初出茅庐，还在将理论转化为实践的道路上摸索，迫切需要实践经验丰富的老教师在前面带着走，才可以找到成长的捷径。

3. 以“扶”为主

新教师的健康成长是全园教师的共同责任，当她们“蹒跚学步”的时候，老教师还必须及时伸出援手，扶持一段，使新教师走得更稳健。

4. 以“放”为主

要保留和发扬新教师身上的敢想敢做，勇于创新的精神，就必须在扶持了一段时间后，尽可能地放手让她们去实践自己的教学理想，而我们要做的，就是为新教师创造空间，搭建舞台，鼓励她们尽情展示自我风采。

九、保教合一双丰收

保教主任是全园保教工作的具体组织者、管理者及推动者，要协助园长领导全园保育、教育工作，其责任极为重要。为此，我通过多年对这一职位的了解，创作了《保教主任歌》

经风雨，迎朝阳，天长日久；
勤思考，多实践，处处带头；

万木葱葱春满园，幼儿园长好助手。

批计划，阅笔记，一丝不苟；
提建议，抓目标，创建一流；
业精于勤，身先卒，事事做到周。

保与教，玩为主，健康基础；
抓科研，促教学，悉心交流；
常规观摩巧安排，指导心有数。

创思维，重启发，循循善诱；
做游戏，守规则，安全为首；
适宜行为多创新，快乐又自由。

儿童观，求发展，正确思路；
特殊儿，更关照，博爱融人；
保教合一双丰收，工作有成就。

春蕾绽，花朵朵，事业追求；
讲团结，谐氛围，风雨同舟；
教务工作喜与乐，壮志洒春秋！

这首歌一推出，便深深抓住了保教主任的心。她们纷纷反映：每当听到《保教主任歌》时，一股暖流就会从心底油然升起；每每唱起这首《保教主任歌》，更会涌起无穷的自豪之情；歌词是保教主任的工作写照，同时也是时代对保教主任提出的要求。

集团各幼儿园多数保教主任都经历了长期的成长过程。创作这首歌，使我回忆起他们的成长历程。

记得我担任塔院幼儿园园长的时候，为了满足家长的要求，我决定考虑在幼儿园尝试开设一个整托班。

但是找谁带整托班呢？我思忖着，老师们都刚毕业，非常年轻，又没有带整托的经验，整托非同一般，孩子从周一送来，要在幼儿园呆上一个星期，周六下午才接走，谁带合适呢？整托的工作时间和强度比日托大得多，谁愿意呢？这样家长是否放心呢？此时我想到细心认真的郝老师，我和她谈，她欣然接受了。

刚开始的时候，我还真有些担心呢，这30多个孩子离开父母住在一个集体的陌生的环境，能适应吗？于是我留下来和老师、保健医一同值班，这样园里有什么事情都可以及时处理。

我经常看到小郝老师将小朋友有序分成好几组，分层次进行各种幼儿喜爱的活动，有时去计算机教室玩，有时去音乐厅玩音乐游戏，有时分组表演小提琴，有时到小动物园参观，有时到门卫王大爷那里帮助捡飘落的小树叶，有时在操场上画地板画。呵呵，在回教室的路上，不时的也会有几个小淘气跑到走廊里，扒开我房间的门缝探进小脑袋来，这时小郝老师总会轻柔地说："园长妈妈没有休息，还在忙工作，我们小朋友友好地问候一声后，然后有礼貌地轻轻地关上门。懂事的孩子不去打扰园长妈妈的。"简单一句提示，小家伙们就会争先恐后地喊上一句"园长妈妈好，园长妈妈辛苦了"，然后便乖乖地跟着队伍回去了。此时的我沉浸在孩子们甜甜的稚嫩的问候声中，好美，一天的疲劳顿时也就烟消云散了。

张义霞老师也是一位保教主任。她对《保教主任歌》也深有体会。她说：

每当唱起这首《保教主任歌》，就会让我联想到一种职责——抓目标、创建一流，提高幼儿园保教质量，促进幼儿全面和谐发展。正是这种责任感，给我的工作带来了无穷的力量。

每当唱起这首《保教主任歌》，就会给我指明方向——勤思考、多实践、处处带头，当好园长的好助手，提高教师的师德风尚。这种方向性指导使我在工作中能全身心地放在教师的成长上。

每当唱起这首《保教主任歌》，会让我心中产生震荡——怎样抓科研、促教学，在批计划、阅笔记具体的工作中，促进教师与幼儿共同成长。这种震荡激发了我学习探究的强烈欲望。

每当唱起这首《保教主任歌》，就会给我带来一种力量——追求事业，创一流的保教质量，这种力量不断激励着我求实向上。

每当唱起这首《保教主任歌》，优美的旋律就会在我心中荡漾，追求美好的事物是人类的渴望，立美教育给我们指明了追求的方向，我们为明天歌唱，祝愿我们的明天更加辉煌。

十、财务人员变成事务员

幼儿园保教并重的工作性质决定了幼儿园后勤方面的任务非常繁重，幼儿园的事务员从事财会、采购、安全、库管、资产等多方面工作。但是不管是学校还是社会都不可能给我们提供具备这种综合素质的专业人员，因此，我们集团的事务员往往来自财务工作人员。但是，仅仅具备财务专业资格和能力不能胜任幼儿园的后勤管理工作，而幼儿园的编制又决定了不可能安排更多的人来从事这些工作。因此，从单纯的财务人员到幼儿园的事务员，都面临着“脱胎换骨”的学习成长。

为此，我把事务员工作的点点滴滴凝结成为《事务员歌》。通过通俗易懂的语言和生动的艺术形式，让大家明晰自己的责任，从而逐渐成长。

事务工作繁，中心是安全，
防火与防盗，措施须全面；
玩具和器械，药品防未然，
电器不乱动，注意开和关；
清除危险物，绿化常修剪，
排查不松懈，教育多宣传。

管理心要细，物品全知底，
拒收假冒品，新鲜不过期；
库存知多少，摆放要整齐，
何时发与放，上报待审批；
盘点无疏漏，清库做登记，
账物全相符，资产好核对。

工作园为家，资金有计划，
收支两条线，节约省钱花；
合理去采购，货比两三家，
日清又月结，记录准不差；
诚心为孩子，家长笑哈哈。
参谋又协调，集体好管家。

原本从事会计工作的蔡丽应聘到集团幼儿园担任事务员，虽然在应聘时我已经介绍了事务员的主要工作，但是她根本没有想到这项工作的琐碎与复杂。从采购办公用品到检查灭火器，从编制工资表到组织设备设施的检修，从食堂管理到物资保管，各种专业性质差别很大的工作糅合在一起。她当时就蒙了，以前的工作就是账目的计算，哪里知道灭火器、应急灯这些安全设备怎么使用，哪里知道空调、热水器怎么维修，在各项工作面前无所适从。我了解到这一情况，安排工作经验丰富的事务员开展帮带工作，列出详细的工作清单，在实际工作中逐步培训。通过一个月的帮带培养，她已经能够从容面对事务员的各项工作了，成为一个“多面手”，能顺利地完成幼儿园的各项后勤工作。

如今，我们的事务员们逐渐领悟了岗位的精髓和责任，用心经营着这份所爱的事业。

集团百合花幼儿园一个幼儿对黄豆过敏，不能吃大豆色拉油。但是幼儿园按照集团规定都是使用大豆色拉油，难道因为一个孩子的特殊需求来调整集团的伙食管理方案？家长将这一情况反映到幼儿园后，幼儿园事务员立即向集团负责食品配送的刘秀兰老师报告幼儿的这种特殊“需求”。刘老师在与我商量之后，立即组织供应商向那个幼儿园专供花生油。虽然这给工作带来了很多的麻烦，提高了食品采购的成本，但是我和我的同事们都认为只要是为了幼儿的成长，我们的每一份付出都很值得。幼儿的家长非常感激，说没有想到幼儿园能为一个幼儿做出这样的安排，并给集团送来了锦旗表示诚挚的感谢。这件事情，充分体现了从幼儿园事务员到集团后勤工作人员的工作态度和工作效率，体现了把幼儿需求放在首位的办学方针。

幼儿园日常教学活动需要很多教学材料，例如各种颜色、各种材质、各种规格的纸张、墨水和笔等。这些零散材料一般由幼儿园自行采购。各园事务员为了节约办学资金，不辞辛劳，都去文具批发市场采购这些琐碎的小物品。通过“货比三家”的做法力求用最低的价格买到最好的纸张和笔等，为教学活动的开展做好服务工作。幼儿园花花绿绿的墙饰摆设既凝聚了教师和幼儿的智慧，也蕴含了事务员的心血。

十一、快乐炊事员

为幼儿提供营养卫生的伙食是幼儿园工作的重要组成部分。在日本研修期间，我参观了日本幼儿园的配餐中心。日本的配餐管理给我留下了深刻印象，一是集中配餐，一个配餐中心为好几个幼儿园服务；二是管理高效，配餐中心只有 7 名工作人员，却承担着非常重的配餐任务。在管理高效的背后，我发现了几个特点：首先是工作流程的科学性，分工明确，流水线作业，每一个工序都有专门的人负责，员工工作非常认真，工作效率很高，在规定的时间内都能完成工作任务；其次是善于利用各种现代工具，例如洗碗机等，节约了大量的人力和时间。当然，这跟日本社会化水平较高有关，他们的社会组织严密，人员分工明确、工作流程高效已经成为全世界学习的对象。

日本的研修经历让我看到中外幼儿园在后勤保障方面的差距，促使我回国后非常重视幼儿伙食工作，尤其是炊事员的培养，我非常希望能够在我们幼儿园培养这样一支高效负责的炊事员队伍，能够为幼儿提供更营养更卫生的餐饮服务。

针对集团炊事员队伍的整体情况，我从两个方面入手来开展炊事员的培养。一是建章立制，吸取中外幼儿园的成功经验，结合集团幼儿园的工作实际制定严格的炊事工作制度，组织园长、保健医和炊事员一块摸索更为科学合理的工作流程；二是加强炊事员的培养，把好炊事员选聘、培养和管理的各个环节。例如我们多招录有炊事工作专长的转业军人从事炊事员工作，既完成国家安排转业军人的任务，更是充分运用转业军人在炊事方面的专业素质以及军人的责任心和纪律性。我们积极为炊事员提供定期的培训，组织他们参加市区各级的炊事比赛，甚至在集团内部组织炊事技能大赛，评选炊事员岗位之星，既促进了炊事员提高专业技能，保证饭菜的美味营养，更是让炊事员感受了集团文化的和谐，激发他们热爱集团的主人翁意识，为不断提高工作质量提供动力源泉。在炊事员管理上，我们充分利用激励机制来提高炊事员的士气，真正实现了按劳分配，按照炊事员的工作量给予相应的报酬，绩效水平较高的炊事员工资甚至高于部分教师的工资。在日常管理中，我们建立伙委会，引入家长对炊事工作的监督和管理，形成了炊事工作的外部压力，推动炊事员在自己岗位上不断成长。

我们组织炊事员传唱《炊事员歌》，并组织岗位之歌大赛，运用艺术的手段将炊事员培养和管理的内容融入集团文化中，使炊事员接受熏陶与教育，不断提高炊事员的专业水平和敬业精神。

拂晓起，上班来，
锅碗勺，全摆开，
做了面点煮鸡蛋，
我为幼儿送早餐。

干稀配，花样翻，
色香味，食欲添，

卫生安全有标准，
蒸煮消毒按章办。

择洗菜，不马虎，
切干净，防中毒，
病从口入是祸根，
杜绝肠道传染源。

两点心，日三餐，
水果新，蔬菜鲜，
营养搭配要带量，
饮食均衡保平安。

★2004年10月11日，集团教职工表演组歌《炊事员歌》

健康儿，不肥胖，
体弱儿，要加量，
合理配餐送进班，
师生雀跃好喜欢。

清碗筷，洗碟盘，
忙不停，下班晚，
平凡生命闪光点，
我是快乐炊事员。

2004年4月6日，集团总部多功能厅内，岗位之星的评选活动拉开了帷幕，首次进行了“炊事员之星”的评选。

在集团各园充分酝酿、认真评选的基础上，各园区推荐的炊事员之星候选人带来了精心设计、选料、加工而制作出的食品。他们分别是第一园区：王庆芬老师；第二园区：郭春平老师；第三园区：陆佩芬老师；第四

★2004 年 8 月 20 日，集团举行炊事员技能技巧比赛

园区潘美红老师；第五园区：田瑞兰老师。各位候选人对所制作的菜品、糕点的营养、用料特点等进行了介绍。由各园园长、保健医、家长代表组成的评委会人员一致认为他们的技术是高标准的，食品制作具有幼儿园特色，适合幼儿口味，也是充满美感和营养均衡的。

在实际的岗位练兵之后，集团利用视频会议中心，请各位参赛选手在网上就炊事员工作的理论、思想、意识、经验等方面进行了介绍，就如何做好炊事员工作、如何与保健医合作提高幼儿伙食质量等实际问题将自己多年来的工作经验介绍给大家，实现了园区与园区之间、幼儿园与幼儿园之间的交流与沟通。

他们的发言，使大家对炊事员的工作又有了更深一层的认识和了解，也使我们看到了幼儿园一线后勤工作人员身上的智慧与闪光点，他们是那样的朴实无华，那样的勤勤恳恳。也正是因为有了他们，才有了集团幼儿园坚实的后勤保障。

十二、不平凡的保健医

健康是人类生命质量得以提高的基础；幼儿园必须把保护幼儿的生命和促进幼儿的健康放在首位。这就对幼儿园的卫生保健工作提出了更高的要求，应该说保健医在保育工作中起着至关重要的作用。如果保健医能恪守自己的岗位职责，充当起幼儿园的保育总监的角色，不仅丰富保健医的内涵，更重要的是将有效提高幼儿一日生活的质量。

集团有四所寄宿制幼儿园，夜间的护理尤为重要，因为很多幼儿容易在夜间生病，例如发高烧而导致高热惊厥，这就需要夜班老师时刻关注，也需要保健医生随时查班。我们发现有的家长为了幼儿入托，故意隐瞒幼儿高热惊厥史，殊不知，这样容易造成教师对幼儿身体的不了解，甚至有可能造成对幼儿身体的伤害或生命的危害。曾经有一个幼儿在凌晨两点突发高热惊厥，当班老师立刻通知了保健医，保健医按照常规方法对幼儿进行及时的救治，使幼儿尽快恢复了正常。当幼儿不再惊厥后，保健医立即带孩子去医院急诊治疗，并通知家长，可家长却因出差无法到医院。于是保健医就一直陪着孩子在医院输液，输完液后回到幼儿园又一直用物理降温法为幼儿降温。就这样，经过保健医一宿的照顾，孩子终于恢复了健康。

在甲型流感的防控工作中，集团保健医充分体现了认真负责的态度和实事求是的专业精神。作为幼儿园的保健医，他们每天做好幼儿的晨午晚检，不漏掉任何一个幼儿和任何一个细节，按时检查幼儿和教师的健康记录，24 小时追踪感冒发烧幼儿，协助医院做好甲流排查工作。各园保健医根据园所实际情况，开展健康咨询和传染病防治讲座，为家长普及卫生保健和防病常识，做好甲流防控的宣传，确保从家庭到幼儿园形成坚实的防控长城。在排查中，某园幼儿发烧被家长接往医院治疗，但是在园里保健医的追踪过程中，却发现家长电话突然打不通了。在这种情况下，保健医依据家长信息找到幼儿家中，确认不是甲流后才离去。此时，已是晚上十点。正是她们这种忘我工作的精神确保集团在甲流防控工作中取得了胜利。

万泉河幼儿园的保健医白大夫，用一颗爱心来关注儿童。有一名幼儿患习惯性脱臼，但是家长入园的时候隐瞒了幼儿的病史。结果入园后，幼儿经常发生习惯性脱臼，尤其是在户外活动中。白大夫医学功底非常扎实，临床经验非常丰富。遇到这位小孩脱臼的情况，立即帮小孩治疗，帮助孩子摆脱脱臼的痛苦，获得了家长的感谢。

北京的冬天很冷，但是按照集团的规定，白大夫每天都从早上七点多到八点多钟站在幼儿园大门口的寒风中，为入园的孩子进行晨检。她每天都坚持这样做，非常仔细地检查每一个孩子的健康状况。有一个孩子入园前就已经发烧，但是家长没有察觉。白大夫在入园的晨检中发现了这一情况，立即让家长送孩子去医院，并且告诉家长给孩子看完病后如果没时间照顾可以送回幼儿园，让她代为照看。

每个保健医都有无私奉献的故事，这些都给了我深刻的触动。她们，用自身平凡的行动，赋予了这个岗位以非凡的光彩，她们身上，无不折射着我创作的《保健医歌》的职责要求和精神——

卫生保健要求高，
孩子健康肩上挑；
摸看问、查资料，
冷暖衣食想周到。
一进班里看出勤，
所有孩子不漏掉；
摸摸头、拉拉手，
稍有不适嘱服药。
二到食堂看消毒，
保证时间不马虎；
勤打扫，卫生好；
食品带量手艺高。
三去户外看活动，
运动适量要督促；
玩游戏，做体操，
安全第一记得牢。
四到班里看进餐，
幼儿进餐巡一遭；
鲜菜绿，主食香，
营养全在食物中。
五到寝室看睡眠，
时间充足身体好；
冷增棉，热减衣，
常规督促莫疲劳。
保健工作防为主，
免疫接种早治疗。
随观察，勤记录，
健康档案要记住。

孩子就是全世界，
体质增强是目标，
身体好，多快乐，
家长放心喜眉梢。

十三、抢手的保育员

某一天，保育员白老师来到我办公室，说自己要退休了，所以来看看我。我和她一起回忆着我们共同走过的工作历程和与孩子们一起的欢乐时光。当我问起她退休后的生活，她告诉我：早就有幼儿园联系她了，想聘她接着去幼儿园做保育员，估计是不能在家享清闲了。她还告诉我，很多集团退休的保育员，在一些民办幼儿园很是吃香，这都归功于集团对保育员队伍的重视与培养。望着她离去的背影，我何尝不知道集团的保育员退休后基本都能有幼儿园聘任，我想这还真在于我们这么多年对保育员队伍的建设，使得她们的专业化水平得到了提升，使得集团退休的保育员成为其他幼儿园争聘的目标，成为她们所在园保育员的骨干。

我们都知道，保育员工作是幼儿教育工作的重要组成部分，是幼儿园保育工作的具体实施者。作为幼儿教师的助手，她辅助教师负责幼儿的保健、养育，并协助教师对幼儿进行教育。尤其是《幼儿园教育指导纲要》颁布以后，对保育员的教育能力提出了新的要求。正如《保育员歌》里唱的，作为保育员要做好卫生、保健、配班以及教育工作。

在幼儿园实际工作中我们不难发现，保育员对自己所承担的保育工作一般都能较好完成，但是如何配合教师对幼儿进行教育却是一个难题。

★2004 年 8 月 26 日，集团举行保育员技能技巧比赛，图为保育员老师正在认真答卷

如何提升保育员在教育观念和技能上的能力，是《纲要》颁布后我思考的问题，我一直认为学习、培训是促进队伍成长的有效手段，为此，我倡导建立完善的保育员园本培训体系。

在幼儿园的发展中，教师队伍的素质决定了幼儿园的兴衰成败，其中也包括保育员的素质。而园本培训是提升教师素质的有效手段。因此，我们立足于保育员的实际水平和幼儿园发展的需求，通过多种途径坚持不懈地开展具有特色的园本培训，以提升保育员的人力资本，最终达到打造高素质保育员队伍的目的。

保育员园本培训一般可从以下几点入手：

一是明确保育员工作目标。即贯彻《幼儿园教育指导纲要》(试行) 精神，实行保育与教育相结合的原则，创造安全、清洁、和谐的教育环境，使幼儿身体正常发育和机能协调发展，增强体质，培养良好的生活习惯、卫生习惯、文明礼貌习惯及参加体育娱乐活动的兴趣等。我注重结合集团保教工作实际，指导幼儿园制定明确的切合实际的保育工作目标，使保育工作得以落到实处。

二是加强保育员对自身工作的认识。园本培训应注重保育员对自身工作的理解与认识，做到：明确幼儿园的任务和要求，理解保教并重的含义，使保育员认识到幼儿期保育工作的作用和意义；明确幼儿期是身体各部分发育的重要时期，也是个性发展的重要时期，更是智力发展的关键时期，幼儿需要保育员全心的爱护和悉心的照顾；明确保育员和教师同等重要，一举一动，一言一行将影响幼儿的一生；明确保育工作不是一般意义上的打扫，而应包括对幼儿身心各方面的保护与促进；明确保育员必须掌握一定的专业知识，而且具有满腔热情的工作态度。基于以上的目标，我要求在培训内容上一定要有计划性，有专人负责，每次培训后要有培训感悟，避免培训流于形式。

三是提高保育员业务水平的具体措施。提高保育员素质，使其具有爱心、细心、热心还远远不够，在此基础上还需要有一定的业务水平，才能真正做到科学育人。为加快提高保育员文化和专业水平，我努力营造“学”

的氛围，提供“练”的平台。通过自学、集体学、专题讲座、保育员知识大赛、技能技巧大赛等活动方式，使保育员树立正确的育儿观，搞好保教配合，为提高保教质量打好坚实的基础。

四是月工作具体安排。将学期培训计划合理地安排在每个月中，使保育员循序渐进地学习和提高，不至于感觉学习的压力太大而造成心理负担，进而产生紧张与厌倦的情绪。

在日积月累的学习提高中，集团保育员在热爱幼儿、热爱幼教岗位、忠实履行职责、增强责任意识的基础上，实现了由关注物向关注幼儿的转变、由被动配合向主动协作的转变、由消极干预制止向积极支持引导的转变、由理论与实践疏离向理论与实践紧密结合的转变。

另外，我还为保育员开展工作创设条件，提供机会，鼓励保育员形成各自鲜明的保育特色，充分展示特长，实现自我价值，使管理过程成为学习、提高与成长的过程。

未来幼儿教育的发展，对保育工作的科学化、教育化要求会不断增加。懂科学、懂教育、高水准的保育员队伍是实现现代保育工作的保证。且让我们在歌声中，观看我们保育员的责任之路——

保育工作上班早，
开窗通风大清扫；
消毒打水换毛巾，
端来早餐乐陶陶；
抹桌擦椅再消毒，
室内湿润不干燥；
配班活动积极做，
材料准备不可少；
提醒幼儿常饮水，
凉添衣服热穿薄；
户外活动随身后，

安全第一记得牢；
教会孩子爱劳动，
做好值日要勤劳；
井然有序摆餐具，
科学进食要记牢；
饭后室内搞整洁，
照顾孩子睡午觉；
叠衣放鞋有规矩，
睡眠室里静悄悄；
备齐餐点凉开水，
起床常规要培养；
引导孩子勤洗手，
养成习惯身体好；
下午工作环环扣，
扫床晾被消毒忙；
窗明几净地板亮，
涮清水杯洗衣裳；
希望寄托下一代，
工作虽累心情爽；
一日生活很重要，
保育岗位献情操。

我们的工作组歌在集团教职员工中引起了极大的反响，如今，“岗位立美”已经成为一道风景线，在这里，每一个岗位都是天使，所有人都在为了孩子的快乐成长竭诚奉献！

第六章

陶醉于孩子的世界

一、人间最美是真情

一天，集团第六幼儿园老师从家里带来的两只三线鼠，很快吸引了全班小朋友的注意力。

大家围着三线鼠提出了许多有趣的问题：

“三线鼠吃什么呀？”

“三线鼠会咬人吗？”

“哪只是爸爸哪只是妈妈呀？”

“三线鼠为什么要磨牙呀？”

……

面对小朋友们的提问，老师没有急于回答，而是告诉孩子们：这些问题老师也不太明白，不过我们可以每天来和三线鼠做朋友，仔细观察，看看不知道的问题谁先弄明白。

一天，两天，三天……

孩子们在照顾三线鼠的过程中，对小生命的热爱逐渐增长。

“它妈妈为什么要把小宝宝叼来叼去呀？”

“快看，三线鼠妈妈趴在小宝宝身上了，它会压疼小宝宝吗？”

又过了一段日子，鼠妈妈和宝宝都死了！

“老师快看鼠宝宝怎么不动呀？”

“嘘！小声点它们在睡觉呢。”

“今天我带的瓜子和花生是带香味的，它们都吃了。”

“它们吃多了吧？”

“哎呀！不好啦！老师，怎么了？哎呀什么呀？”

老师拿起三线鼠看了看，沉痛地告诉大家：“它们死掉了！再也不会醒过来了。”

小朋友们忍不住哭了起来，“不行！鼠宝宝你别死！别死！呜……”

后来，经过咨询家长及网络得知，三线鼠的死因可能是吃了带蒜味的花生、洋葱和苹果的籽所致，这些食物会引起心脏麻痹、胃肠障碍、呼吸困难。当老师把这个结果告诉了孩子们，孩子们很伤心，从中他们也真切地体会到了生命的脆弱。老师进一步引导大家，养好小动物需要我们细心的照料和科学的方法，孩子们很沉默，但却听得很认真。以后在饲养小乌龟、小金鱼的过程中，孩子们果然变得谨慎多了，他们不再随便投放食物，悲剧没有再发生。

这是在我们集团幼儿园里发生的一个小故事，也是我们立美教育的一个剪影。要激发幼儿爱自然爱动物的情感。在我们具体的教学活动中，孩子的善良和真诚被激发出来，并懂得了对生命的珍惜和热爱。

“人间最美是真情”。所以，我们在培养幼儿的过程中，注重培养孩子爱生命、爱父母、爱环境的生态意识。譬如通过《我爱我们的家》主题活动，教师扮成妈妈，幼儿当宝宝，教师引导幼儿以班为家，以园为家，将“家”的范围逐步扩大，并将活动逐步延伸，贯穿到幼儿的一日活动中。孩子们在这种宽松的精神环境中以小主人自居，自觉地维护班里、园内的环境。玩具放乱了，孩子们会自觉整理；地上有了碎纸，孩子们会捡起来扔进垃圾筐；户外活动时，孩子们看到有的小朋友在揪树叶会马上跑过去制止……

我还记得这样一件事。有一年六月中旬的一个清晨，六点左右，我早早来到三幼学院路园，尽量放轻脚步，免得吵醒正在熟睡中的孩子——三幼是我们的一所寄宿园。

看到的一幕让我很是震撼——

一楼的睡眠室里，有的孩子坐在床上正跟夜班姚老师轻声聊天，姚老师则拿着扇子轻轻地帮孩子扇着。

我抬头看看壁挂式电风扇还在不停地转动，可吹出来的风确实带不来多少凉意，我心里充满了感动、心疼和自责。

那一年气温有些反常，进入6月中旬后天气更是特别闷热，即使打开窗户再拉开一些窗帘，也起不到降温的作用，孩子们常常被热醒。我们的老师就帮孩子扇扇子，或者轻声和睡不着的孩子聊天，安抚她们的焦躁情绪。

园长跟我提起寄宿幼儿因天气太热影响睡眠的情况，并小心翼翼地提出一项建议："能否为寄宿园的幼儿寝室添置空调，哪怕是先给二层较热的班级添置也行呀。"她这么小心翼翼，我心里明白，她是担心集团财力有限。

我立即要求集团财务、后勤部门做一下市场调研，了解空调机的费用，重新审批预算，按照开销的轻重缓急想办法解决了幼儿园睡眠室安装空调的问题。

终于，立式空调机"进驻"了孩子们的寝室。

晚上，凉凉的微风从空调中吹出，仿佛教师挥动的扇子，帮助孩子在舒适的环境中很快地进入了梦乡。

二、走进童心世界

教育家陶行知先生做过一首诗："人人都说小孩小，小孩人小心不小，倘若小看小孩子，便比小孩还要小。"生活在孩子的世界中，深深感觉到孩子的可爱，他们每人都有自己的童真世界，有属于自己的一片蓝天，要让他们在爱的阳光雨露下健康快乐地成长，教师要善于走进孩子的生活，走进他们的心田，理解他们的情感，学会他们的思维，尊重他们的个性，并耐心地引导和教育来开启他们的心灵之窗。

在孩子纯真的童心世界中，生活是美好和神秘的。试想，当你用双手握着孩子稚嫩的小手，当你用微笑迎接孩子挂着泪珠的脸庞，当你用目光凝视孩子那清澈的眼睛，难道不曾感觉到一个地方比世界更清新圣洁，比天堂更无忧无虑、缤纷多彩吗？他们用纯真的童心、天真可爱的思想编织一个又一个的梦想，让你也永处在年轻的快乐王国。

如何更好地引导孩子观察和探索这个未知的世界，是我们教师和家长的责任。因此，我经常对老师们说：要用细心和耐心去解读孩子们神奇的思想，用真心和热心去感悟他们丰富的情感。带着一份爱心、一份责任心，悄悄走进他们的童心世界，倾听他们的心声。要用心去做，成为孩子们的朋友，走进孩子们中间，用眼睛去观察，用心去体验，用不断发生的件件小事去分析、感知孩子的心理。因为孩子们需要的，不仅是良师，更是益友。

我时常教导我们的教师，一定要有一颗爱孩子的心，善于发现孩子的闪光点，用真心与他们交朋友，努力走进他们的内心世界。只要尊重、理解、信任孩子，用爱心去呵护他们，孩子们一定会向你敞开心扉，与你成为好朋友。平时，我总喜欢跟老师交流孩子的事情，或者，通过老师的教育笔记，了解孩子的动态。而在她们的日记里，我感动于她们对孩子的知心，感动于她们对孩子贴心的爱……

★师生共同表演节目

幼儿中，偶尔会有个别孩子有逆反心理，你让他做什么，他就绝对不做什么；相反，你不让他做什么，他就偏偏要去做什么；好像故意和你唱反调。譬如侯林林就曾跟我诉苦，她们班上有的小朋友很喜欢在教室里乱跑，很容易撞到人或者把自己撞伤。老师的眼睛从他身上哪怕只离开一会儿，他就马上会弄出许多事情来。对于这种“调皮鬼”，侯老师真是感到可笑可气又无可奈何。

那么，对于这类孩子，到底应该怎样看待呢?

想起我曾经看过一本有关儿童教育的书，说这种“逆反心理”恰恰是孩子成长的标志，是他们表达自我的方式。于是，我与侯老师及时交流沟通，告诉她不能对这类孩子失去耐心，而应该采取另外一种方式去引导这群“调皮鬼”，找他们谈心，做他们的一条平行线，当他们的姐姐。果然，我欣喜地发现，老师和这群孩子成了“好朋友”，孩子愿意跟她们谈很多稀奇古怪的事情。

对那个经常在教室里乱跑的小朋友，侯老师也没有再直接阻拦和说教，而是跟他说：“我们来比赛跑步，好吗?”

那小朋友点点头，几个回合下来，大家都累了。可侯老师坚持继续跑，还故意设置了障碍物，碰到椅子，假装很疼。

那孩子忙跑过来看，侯老师说：“我的脚很疼啊!”孩子惭愧地低下了头，小声说：“我们不跑了!”

侯老师坚持说：“不行，你不是很喜欢跑步吗?”那孩子摇摇头，侯老师就及时地抓住机会跟他讲乱跑的危险性等。从此，这孩子再也不在教室乱跑了。

是的，孩子虽然小，但随着不断长大，都开始有了自我的意识，这时候，我们就要走进他们的世界，讲理、疏导都要选择时机。孩子的情绪时好时坏，高兴时，你给他讲的道理，不愿意听也听得进去；不高兴时，就是哄着给他说好听的话，他还是生气。这时给他讲道理，只能更增加他的抵触情绪。有时不妨对孩子进行冷处理，晾一晾，让他发泄完情绪，再给他讲道理。因此，给孩子讲理要选准时机。道理要浅显易懂。几岁孩子的理解力十分有限，注意力集中的时间也比较短，让他安安稳稳坐那儿听你滔滔不绝，引经据典，是不可能的，他会狡猾地转移话题。所以，给孩子讲道理要尽量选用浅显扼要的词汇，引用孩子能理解并喜欢听的故事。不要让孩子认为是唠叨而产生抵触的情绪，最好在较短时间内就讲清楚。给孩子留点儿“小面子”。适当的妥协会使孩子更容易听得进你的道理。

每年的六一儿童节都是孩子们最忙的时候，因为要准备许多节目表演给爸爸、妈妈看。有一段时间，我们集团来了个韩国小朋友，年龄比同班的孩子要大，是个帅气的小男孩，但是因为语言不通，和老师、小朋友之间都有很大的隔阂。除了韩语，他能够理解简单的英语，只能用简单的英语对话。

当时，班里的六一节目有一个“英语歌表演”，每次排练的时候刘晓静老师都会鼓励他站到队伍当中，可每次他都非常不好意思地跑开了。开始刘老师以为他不想参加排练，便没有强求。但有一次，却发现他站在一个角落里默默地看着小朋友们排练，也在学他们做动作。刘老师突然明白：其实他也想融入这个集体当中来，只不过有些不好意思而已。于是，接下来每次排练的时候刘老师都会主动地把他拉入队列中，让他跟着学，而且还把他安排在一个好朋友旁边，慢慢地他能够和孩子们一块儿表演了。在六一当天表演的时候，他出乎意料地特别主动地站到了队伍当中，而且表演得非常认真，他的行动似乎在告诉大家：“我和你们大家是一样的！”当时，孩子的爸爸妈妈非常高兴，夸我们园里的老师能够用心去感受孩子，虽然没有语言上的沟通，但心灵上的沟通使他们跨越种族的差异，越过语言的障碍，真正成为朋友。

我一直在思考，当高呼“尊重儿童，走进童心世界”的时候，我们应该用一种什么样的思想来看待孩子？用一种什么样的方式来跟孩子沟通？用一种什么样的行为来跟孩子交往？用一种什么样的态度来跟孩子一起成长？

我希望，我们和孩子之间永远保持朋友关系，能走进孩子的童心世界，那真是一种幸福，一种骄傲，还有一种成功的自豪感。因为在那个世界里，你会读懂孩子的想法，会了解孩子式的快乐，会深切体会到孩子们的爱与不爱，会从孩子的眼神中读懂他们内心的渴望与需要，要相信孩子，信任孩子，通过信任这座金色桥梁，来到童心世界的大门前，轻轻捧起“尊重”这块叩门砖，拿着“赏识”这把金钥匙来开通新世界的大门，让孩子觉得我们不但是老师而且也是他们的大朋友，与孩子之间建立平等关系。

爱孩子，所以我们要把自己看做孩子中的一员，和他们平等相处，永远怀着一颗童心去走进孩子的世界。

三、与孩子平等对话

世界上有一样东西给予得越多，你将得到越多。那就是爱！

高尔基说：“谁最爱孩子，孩子就爱他，只有爱孩子的人，才可以教育孩子。”我总觉得，幼儿园应该成为孩子成长、梦想实现的乐园，在这个美好的乐园里，充满着人与人之间的爱。爱是教师的天职，特别是幼儿教师，更要胸怀一颗爱心，用心灵去耕耘心灵，让每一位孩子都得到应有的爱。

我经常告诉我的老师们，要将幼儿看做自己的孩子，用慈母般的心胸去接纳他们，包容他们，关爱他们。在我的带动下，园所里充满爱的温情。孩子的辫子散了，随手梳好；衣服剐了，穿针引线缝好；尿裤子了，赶紧换洗；感冒发烧了，及时送去医院细心照顾……教师们就是在这些平凡而琐碎的小事中诠释着爱，孩子们也在这些小事中对老师产生了深深的依赖与信任。

要有良好的师生关系，首先就要尊重幼儿。我处处要求我们的老师，要把尊重幼儿的思想贯穿幼儿的一日生活中，处处体现对孩子的尊重。

我们曾经针对“吃饭时可不可以讲话”这一话题，组织孩子们进行讨论。有的孩子说不行，如果说笑打闹，就会

★认真洗手

影响吃饭的速度，会吃凉饭或噎着，不利于身体健康；有的说可以小声地和旁边的小朋友说几句，但不能光说不吃。最后，在老师的帮助下，孩子们得出结论：在不影响自己和旁边的小朋友进餐的情况下，可以小声地议论一下饭菜的色、香、味，不必规定一句话都不能说。老师尊重了孩子们的意见，以后进餐时，在轻柔的音乐声中，不时地会有几名幼儿小声地议论几句，是那么地亲切、自然。

七幼沙沟园的大二班开展了种植活动，教师和幼儿一起准备了多种操作材料。活动中，教师尊重幼儿的选择，幼儿可以根据自己的兴趣和能力，参加无土栽培、植物嫁接、温室大棚等各种活动，幼儿有困难时，教师会征询幼儿的同意，问："我能帮你扶着吗？"体现了对幼儿的尊重。

信任是一种特殊形式的尊重，在我们的活动中，老师们能够充分相信孩子。小孩子依赖性强，遇到困难往往寻求成人的帮助，经常会说"老师，我不会"、"老师，你帮帮我。"这时候，我们的老师不会马上就去帮助，而是给他以鼓励的目光，轻轻地说："你能行，老师相信你，咱们一起来做，好吗？"，充分地相信孩子的能力，尊重孩子学习的权利。

幼教的管理也是如此，正所谓"仁者，人之所亲，有慈惠恻隐之心，以遂其生成"。我深知，只有以高尚的人格魅力、以爱和自信点燃教师的智慧和热情，才能吸引和团结优秀的教师投身伟大的学前教育事业中来，开创事业的新局面。

因此，我的心里装着每一位教职员工，尊重一线教职员工，多为他们着想。在我的幼教管理之路上，所带领的老师无不言为人楷，行为世范。

在集团实践中，我要求教职员工们都要具备一个基本理念，儿童就是美，儿童能创造美。因为，不会欣赏，就没有美。为师者，要尊重儿童，懂

★游戏中体验高低的不同

得用美的眼光欣赏环绕身边的儿童。欣赏他们的率真与狡黠；欣赏他们的成功与失败；欣赏他们的喜悦与悲伤；还要欣赏他们的“美丽”与“瑕疵”。金无足赤，人无完人，每个人都有其短处，何况儿童？我们的教师，需要这种能够欣赏“瑕疵”的眼光，这是对儿童的理解，也是对儿童的一种期许。

关注幼儿的个性差异，促进每个幼儿富有个性地发展，这既是幼儿教育的原则，也是教育要求。集团四幼有一名叫果果的女孩，红扑扑的小脸，大大的眼睛，十分可爱。可她却很特殊，就是她很少讲话，更别说和别人交流了。有时候，你主动地向她问好，她只是浅浅地对你一笑，你等多长时间也不会等到她的回应。她很少和小朋友交往，总是站在一边默默地看着老师和小朋友。

针对她这种情况，我们的老师首先从思想上认识到孩子的这种个性差异是正常的，而不把它当成很严重的一件事，但同时要给予重视，不能放任自流。通过多次和家长交流，了解到孩子不爱讲话的原因是小时候和人交流的机会少，错过了语言发展的关键期。于是，幼儿园制定了家园共育的具体措施，在幼儿园，教师鼓励果果多和小朋友交往，并加入到果果的活动中，为孩子提供宽松的语言环境，在游戏时很自然地与她交谈，孩子想说就说，不想说绝不强求，不给孩子心理上造成压力。在家里，家长也多与她交谈，多带她去接触社会，慢慢地果果从游戏中的开口说短句，到现在已经能够和小朋友一起朗诵儿歌了，有时候她还会主动向人问好呢，进步可真不小！

根据幼儿的年龄特点，年龄偏小的幼儿，我们的老师总是能够在情感方面多投入，多搂一搂、抱一抱孩子，用幼儿能理解的语言和孩子交流；年龄偏大的幼儿个性强，独立性发展较好，教师就在人格上尊重他们，把他当成自己的伙伴，遇事多和幼儿协商，多听取幼儿的意见。老师们都注重培养幼儿独立解决问题的能力，通过一点一滴的小事促进幼儿发展；尊重幼儿的需要，关注幼儿的一个动作、一个眼神、一句话。

四、孩子的人生，谁做主

我的儿子如今成家立业，事业算不上风风光光，但总能享受到工作的幸福。很多人当年都曾一度以为，儿子也会进入我的工作圈子，或者在某个专长领域一举成名，至少，在他们眼里，我们有着足够的能力去为他筹备一个光鲜的人生。

实则不然，对儿子的成长，我向来是按照他的兴趣和意愿疏导，在面临某些选择时，作为长者，我会提出自己的看法。

直到现在，看到电视上《我的青春谁做主》，儿子还高兴地对我说："有老妈你，我真幸运。因为，我的人生，我可以做主！"

其实，童年，应该说是一个人一生中最无忧无虑、最快乐的日子，为了让孩子以后有个美好的回忆，我一直在考虑怎样才能给他们一个快乐的童年。

一个小女孩在母亲节打电话到电台，为她的妈妈点歌，令人哭笑不得的是，她为妈妈点了一首《女人何苦为难女人》。人们或捧腹或感慨小女孩的早熟，却很少细想，是怎样的教育让孩子不像孩子。

继《哈佛小姑娘刘亦婷》一炮打响后，《我家笨笨上剑桥》、《轻轻松松上哈佛》、《耶鲁男孩》、《牛津圆梦》等图书陆续问世。望子成龙的家长，无不将此奉为圭臬，如法炮制，恨不得立马也造就出个"哈佛小姑娘"或"耶鲁男孩"来。一片叫好声中，一个5岁的青岛小姑娘，却勇敢地站出来大声说"不"。据报载，她的妈妈是《哈佛小姑娘刘亦婷》的热心读者兼身体力行者。按照刘亦婷的培养模式，这位妈妈每天捧着名著追着女儿，读给她听。小姑娘终于忍无可忍，捂起耳朵哭喊道："我讨厌刘亦婷，我再也不想听名著了！"原本开朗的小孩变得孤僻暴躁，最后不得不求助于医生。喜剧变成了悲剧，好心没得好报。青岛小姑娘的哭喊声，也应该引起千千万万个正在拼命培养"哈佛小姑娘"或"耶鲁男孩"的家长的反思。

如今，有一种弥漫于家长中间的、传染性极强的“天才综合征”，“小孩才能骑木马，爸爸妈妈便幻想他将来指挥十万雄师时之马上雄姿；小孩才把一曲抗战小曲哼得上口，爸爸妈妈便幻想他将来喉声一啭彩声雷动时的光景；小孩偶然拨动算盘，爸爸妈妈便暗中揣想他将来或能掌握财政大权，同时兼营投机买卖……”(梁实秋语) 为了这远大目标，为了给自己的小孩策划一个美好的未来，可怜天下爸爸妈妈们，真是千方百计，煞费苦心，实在让人感动。然而，这种“代构人生”的做法，对小孩的健康成长是否有益，小孩的身心感受如何，家长却很少考虑。

五六岁的小孩，本应是天真烂漫无忧无虑，可是却身背爸爸妈妈的沉重期望，为了当一个“哈佛小姑娘”或“耶鲁男孩”，整天学英语，背唐诗，学钢琴，读名著，学跳舞，练网球，没有节假日，没有自由活动时间，一天到晚都安排得满满的。这样的小孩，也许确实离“哈佛小姑娘”近了，但宝贵的童年，却因此变得痛苦不堪，了无生趣。教育学家孙瑞雪的幼儿教育演讲录《爱和自由》中提示我们：一个没有玩过水玩过沙，没有领略过大自然的美，没有和同伴追逐嬉戏过，没有发自内心大笑过的孩子，即使浑身披挂着知识，也可能离幸福很远，离成为一个完整的人很远。

这种情况下，儿童鲜为“童年”的主人。他们缺乏知识经验，难以辨识判断。大人们“越俎代庖”是天经地义的事，自然享有这份定义“童年”的权力，因此历史上的“童年”便呈现不同样貌。成人社会对“童年”的期许遂成教育的始发点。

而另一种类型的父母则是放任自流，宣称自己多么爱孩子，他想要什么，就给他买什么，上学送放学接，仔细想一想，这些父母真的陪伴过孩子成长吗？许多让孩子兴奋激动的事情，在成年人眼里也许是“愚蠢至极”，孩子在请求陪伴时常常被拒绝，甚至不少年轻父母为了省事，干脆把孩子扔给祖辈带。

其实，“童年”那份纯真自由的天趣确是美的源泉。童年或为人生一阶段，可是我们真的需要以告别“童年”来宣告自身成长、成熟吗？也许，多给孩子一点自由，也就是多给我们自己一些童趣吧。

哲人说，世界上没有两片完全相同的树叶。世界丰富多彩，人生道路千变万化，人的志向情趣更是千差万别，幻想用一个模式来克隆出无数“哈佛小姑娘”或“耶鲁男孩”，既不现实，也无必要，既违反教育规律，又扼杀小孩天性。因而，我们还是应该像著名教育家陶行知主张的那样：解放小孩们的手，让他们尽情去玩；解放小孩们的脚，让他们到处去跑；解放小孩们的脑，让他们自由去想；解放小孩们的嘴，让他们随意去唱去说。还小孩一个愉快幸福的童年，在发展他们自由自在的天性基础上进行适度的引导。

五、家园携手共育儿

苏霍姆林斯基强调：“唯一真正的美是人与人交往的美”。我在“立美教育”的研究和实践中，始终注重情感追求与和谐发展，积极打造“和谐社会”中的“和谐教育”，致力于完善家园共育，建设相互理解、真诚合作、共同进步的和谐人际关系。

古语说“海内存知己，天涯若比邻”。如今的网络时代使海内和天涯都消除了，借助于网络我们可以随时随地与亲人朋友相聚。网络缩短了时空的距离，网络使相隔千里的亲人相见变得简单而容易。

对于年轻的父母来说最牵挂的莫过于刚刚上幼儿园的孩子。“他们在幼儿园生活得好不好？”“今天喝水了吗？”“哭了吗？”诸多的担心和焦虑困扰着他们。为了使每个家长都能安心工作，每个家长都满意，明天幼稚集团开辟“幼儿在线”栏目。在幼儿园各个角落（如活动室、操场、食堂、收发室等）安装了可转动的摄像头。该系统全天24小时开机，具有极

★家长与幼儿在阅读

强的图像、影像处理功能，家长能够即时观察到教师的保教情况及孩子们的学习、游戏、进餐、卫生、活动、睡眠等各个生活环节。无论你身在大洋彼岸还是远在千山万水，只要孩子在明天集团，你就能与孩子咫尺相见。教师的悉心呵护换来的是幼儿的开心，家长的放心。远在大洋彼岸的爸爸妈妈看到自己的孩子在幼儿园快乐的生活，那份感动、那份喜悦，幻化成对教师无言的感谢，大洋彼岸的电话跨越千山万水来到幼儿园，用无声的泪水表达对教师、对集团领导的感激。

通过“幼儿在线”，家长可以看到集团的特色活动：幼儿游泳——我们生龙活虎，都是勇敢的好娃娃；幼儿英语——我们都是具有国际视野的小公民；幼儿电脑——我们都是具有现代意识的小IT。

★教师与幼儿在阅读

“幼儿在线”栏目解除了家长的后顾之忧，同时通过这个敞开的窗口家长可以对我们的工作进行监督，为我们的教学和管理提出宝贵建议。通过开放的栏目，敞开彼此的心扉，让家园共育变成心与心的交流；开放的栏目，使家长不入园就能了解孩子的一日学习生活情况，家长不入园也可以参与教学和管理工作。这种公开的教育管理方式，增加了幼儿园管理的透明度，极大地提高了幼儿园教学和管理的水平。

此外，我还特别注重让所有家长都能参与园所管理。父母事业委员会为每一个家长提供了参与幼儿园管理的机会。在集团编发的《明天信息报》和《为了明天》期刊上，所有家长都能发表自己的教育感想，交流教育的经验，都能享受集团的信息资源。

幼儿社会化的发展是完整的统一体，其中家庭、家长是幼儿社会化发展的极其重要的影响源。因此，我们不但做到与家长“心知心”，更要“手牵手”。

为了更好开展家园共育，我针对不同类型的家长以及具有不同职业和文化素养的家长制订了不同的共育目标，同时吸收家长的育儿经验，利用好家长的教育资源。教师紧紧抓住各种教育契机，请家长写下自己的心得体会，贴在宣传栏内，向其他家长进行宣传，利用家长和孩子身边的实例教育孩子。

同时，我还让幼儿教育走入社区，融入社会大环境中。我们利用社区的教育资源，扩展教育内容。如到小区花园远足，让幼儿感受到身边环境的变化；组织幼儿参加社区公益活动，如为灾区捐款、捐物；在老师和父母的带领下，参加清洁小区环境的活动；到敬老院慰问老人等等。这些活动不仅丰富了幼儿园社会领域的教育内容，也教育了幼儿关心他人、热心集体活动，培养他们对人和事的积极情感，使社区环境成为幼儿社会化教育的大课堂。其次，利用幼儿园自身的教育资源优势，为社区提供多种形式的学前教育服务，如休息日我们开放幼儿园大型玩具，为社区幼儿提供娱乐场所。

在中秋节主题教育活动中，小一班的老师们和孩子一起制作月饼，针对小班幼儿以自我为中心的年龄特点，教师提出了月饼做好请谁吃的问题，孩子们在教师的引导下，懂得了“先请长辈吃，大家一起吃”的道理，离园时孩子们把自己制作的月饼带回家和爷爷奶奶爸爸妈妈一起品尝，激发孩子心中有他人，爱父母、爱家庭的美好情感。

中一班教师则根据本班幼儿特点，设计了一系列丰富多彩的活动，如收集中秋节的传说和习俗资料、观察月亮、学唱歌曲、创编儿歌、自制月饼等。中二班在开展这一主题活动中组织幼儿及家长开展创编童谣和故事活动，充分发挥了幼儿的想象力及语言能力。另外，班上开辟的家长网站也起到了与家长沟通请家长参与的良好作用，使家长积极参与我们的教育活动，较好地实现了家园共育。园内活动的高潮是组织幼儿一起亲手制作月饼，使幼儿园全体教职工（包括食堂人员）都一起参与到中秋节的主题活动中来，形成教育的合力。在制作月饼的过程中，老师和食堂的师傅、小朋友及家长，一起通过各种渠道寻找制作月饼的方法、材料，园内还在活动前组织老师们一起到食堂学习制作月饼，其后开展了全园小朋友一起参与制作月饼、品尝月饼的活动。小托班的幼儿年龄小，园所就采取了大带小的活动形式，使每一名幼儿都有机会参与和感受节日的快乐。当孩子们吃上自己亲手制作的月饼并把月饼与家人分享时，那种成功的喜悦油然而生。

★中秋节做月饼

而在“重阳节”主题活动中，园所各班也开展了丰富的活动，老师和孩子、家长们一起收集了许多有关重阳节的资料，了解了重阳节的来历、习俗、传说，还创编了许多诗歌等。其中各班老师还结合本班幼儿年龄特点，从不同角度对幼儿开展尊老敬老的教育活动，如小托班的老师组织了“我不用爷爷奶奶抱”的活动；小一班重点教育幼儿体会长辈对自己的爱，培养幼儿自己的事情自己做，不给长辈添麻烦，从而达到尊敬长辈热爱长辈的教育目的；大班幼儿进行了“我为爷爷奶奶做事情”等活动。另外，我们还与小区居委会一起组织了“老少同乐”联欢活动，园所请来了社区中的老人和园内的老年家长，在社区的广场中，观看了幼儿准备的童趣盎然的文艺节目和社区文艺队的节目，小一班的一位爷爷还进行了书法表演，他挥笔写了“今日小朋友，明日栋梁材”、“尊老爱幼、尊师重教”的题词。除了和老人们一起联欢，园里还把爷爷奶奶和社区的老人都请到幼儿园，孩子们给爷爷奶奶搬凳子，为爷爷奶奶表演节目，给爷爷奶奶送礼物，请爷爷奶奶讲故事，和爷爷奶奶说一句话，一起赏菊、吃重阳糕……表达自己对老人的敬爱。孩子们天真的笑脸，感染了老人们，幼儿园里欢声一片。活动中我们充分营造敬老、爱老的氛围和理念，使孩子们从小就受到尊老、敬老、爱老的教育，并以幼儿园的敬老教育活动感染、带动周边社区的居民，营建中华传统美德的良好氛围，以达到构建和谐社区、和谐社会的目的。我们的活动感染了家长，很多家长积极参与活动，尤其是年轻的家长们参与了我们的重阳节活动后，看到孩子的表现、变化，非常感慨地说："幼儿园的教育真是深入细致，还进行这样的教育，我们平时都有些忽略，你们给我们也上了一堂生动的德育课。"

★和爷爷奶奶一起过重阳

在中秋节主题活动中，老师和孩子们创编了许多童谣，如"八月十五月儿圆，我和老师做月饼，圆圆月饼甜又香呀，送给爸爸（妈妈）尝一尝。""月饼圆圆，西瓜圆圆，吃上一口，又香又甜。葡萄圆圆，苹果圆圆，庆祝丰收，酒盅添满。月亮圆圆，一家团圆，亲亲热热，笑声不断。月饼圆圆，石榴圆圆，咬上一口，又脆又甜。樱桃圆圆，荔枝圆圆，庆祝丰收，果篮装满。月亮圆圆，大家团圆，高高兴兴，歌声不断。""中秋的月亮圆又亮，我在月光下高声唱，全家甜甜地吃月饼，美好的生活万年长。"在重阳节活动中，创编了《我给爷爷奶奶送蛋糕》、《重阳节》等童谣。如"九月九重阳到，爷爷奶奶都来到，爷爷奶奶都爱我，我给他们送蛋糕"。"重阳节，老人节，爷爷奶奶乐呵呵，舞刀弄剑身体棒，跳起舞来把歌唱。重阳节，老人节，爷爷奶奶乐呵呵，身体硬朗精神爽，爷爷奶奶幸福多。重阳节，老人节，爷爷奶奶乐呵呵，儿孙孝敬欢乐多，爷爷奶奶多快乐！”

老师们通过这些童谣，在生活中潜移默化地开展着中华传统美德的教育。另外，我们还把这些童谣配以民族风格的手工作品，制作成色彩鲜艳、童趣盎然的墙饰，展示在公共走廊中，使来到幼儿园的所有人都能感受到环境带来的美感和教育作用，从环境中就要体会出幼儿园浓厚的文化氛围及办园特色。

★中国传统节日墙饰

六、聆听花开的声音

自从来到幼教一线，便如沐春风，满怀希望和热情，踏进了童话般的世界。我运用所学的知识和积累的经验，用博爱，滋润快乐；用智慧，开启文明；用鼓励，唤醒自信；用宽容，示范尊重；用无私，引导正义；用平凡，孕育最美。

天真无邪的孩子，像一朵朵鲜花，纯洁无瑕、诚实坦然，童言稚语，其乐融融。

清晨，我用灿烂的微笑迎接孩子们和家长的到来；黄昏，我以愉悦的心情目送老师将孩子们交到家长的手里，亲切地说一声：“明天见。”我把最真挚的爱奉献给每一个孩子，得到的回报是孩子们更纯真的爱。在孩子们灿烂的欢笑声中，我感受到一种无与伦比的快乐。

当园长期间，我坚持到班上去，和孩子们在一起游戏，一起快乐，幸福地拍手。孩子们虽然小，可他们的情感世界是十分丰富的，一分耕耘，一分收获，我倾心的付出也得到了回报。在和孩子们亲切交流的过程中，我真诚地希望，给她们那一颗颗无瑕的心里，营建一个美的缤纷世界……

看着孩子们一天天成长，静下心来细细品味幼教一线带来的种种感动，我惊奇地发现，原来自己正荡漾在幸福的海洋里，陶醉在美的世界中！

迄今为止，我们集团的孩子在各级各类比赛中屡屡获奖，音乐、美术、舞蹈、体育各方面百花齐放。在大提琴方面，赵洺瑶同学先后荣获首届全国少年儿童艺术技能技巧大赛“世纪星”二等奖、第六届全国专业青少年大提琴比赛青年组第五名，许粟则获香港第三届国际青少年艺术节钢琴组金奖，冯超颖、冯超慧、冯超群三人的葫芦丝在第六届“星星火炬”中国青少年艺术英才推选活动上获集体项目二等奖。小提琴作为我们开发比较早的艺术立美课程，更是人才辈出，爱琳、马霖、李蕊淼、郑裕丽、李媛、吕梦雪、郑欣蕊、周凡、刘诗荣、张子健、董亦杨、董何佳、刘在东、孙澍阳、童瑞仟、王嘉恒、张芷苒、秦子玉、付婧瑶、张博同、陈盛宇等众多同学都在全国小提琴比赛、全国音乐家协会小提琴比赛、中央音乐学院“金色北京”全国小提琴比赛等赛事中夺得桂冠。张一帆的独唱也先后荣获星星火炬中国青少年艺术英才选拔活动三等奖、第三届艺术大赛北京分赛区金奖。舞蹈方面，邱意、徐墨涵、张依洋、王心怡则在全国万人健美操大众锻炼标准大赛、全国健美操联赛名列榜首。而美术方面，樊川、李欣怡、孙诗雅、张语桐、王静漪、师皓澜、王佳一、李浩甲等62人先后在全国少年儿童美术书法摄影大赛、全国少年儿童迎奥运比赛中取得优异成绩。

★奖杯奖牌奖状

七、两封贺信

幼儿园怎么能建得既有童趣又有时代感，既亲切又温馨呢？孩子们是否都能够喜欢上幼儿园呢？这个问题一直萦绕在我的脑海里。孩子美丽的童年，我能给他们多少，我能为他们做些什么呢？我做的一切在孩子们幼小的心灵里是否能尚存些许的痕迹呢？我不得而知。5年过去了，10年过去了，这期间我的孩子们竟然时时出现在我的面前，即便是不能见面也会有一封封“家书”到来，这让我从内心深处感动不已！

在明天幼稚集团成立十周年之际，我接到了来自大洋彼岸的电话，收到了异国他乡的一封贺信。清秀伶俐的由宓小姑娘在紧张的课余时间发来信件回忆当年入园的情景，并由衷地感谢当初教过她的老师们。她信中回忆道：差点儿没能进塔院幼儿园是因为爸爸单位负责招生的人把我给漏报了。妈妈直接找到了郑佳珍园长，具体怎么说的我不得而知，反正最后我这条漏网小鱼还是进了这所幼儿园。

她说：“妈妈为我选择这个幼儿园的原因：一是离家近；二是幼儿园的外观设计吸引孩子；三是塔院幼儿园当时也是很有名气的。”

如今十几年过去了，她已成为一名大学生了，可幼儿园一直在她心中。上学了，每当走到幼儿园她都会对妈妈说：“还是幼儿园好，真想回到幼儿园。”这明明是对幼儿园的眷恋之情，是对童年的美好回忆。当听到这些话以后，我的心久久不能平静，“亲爱的宝贝，这里永远是你的家！老师爱你！”

在她的脑海里竟然还清晰地记得进入幼儿园时，带她的三位年轻漂亮的女老师。她还记得自己当班长的时候，还记得她帮助老师看钟点的情景，还记得坚持完成任务后老师夸奖她的情景……我想，其实老师的一个表扬、一个微笑、一个赏识的目光、一个表示友好的动作、一个眼神，甚至是一句不经意的赞美，对孩子来说都太宝贵了！

她说：“幼儿园给我的感受是清晰的，那就是快乐。妈妈那时就说过：

衡量幼儿园最基本的标准就是看孩子愿意不愿意去。塔院幼儿园做到了！她迎接孩子的是童话般的园舍、老师们一张张的笑脸、小伙伴们张开的小手和每天做不完的游戏。”

在她的脑海里，幼儿园老师和园长的形象至今没有在记忆中消失，是因为幼儿园在她毕业时留下了珍贵的照片和寄语，上面是这样写的：

祝由宓小朋友学习进步、健康成长，记住美好的童年。园长郑佳珍

愿由宓小朋友永远活泼、聪明、可爱！你最喜欢的张老师

祝由宓小朋友学习进步、身体健康，做一个三好学生。白老师

祝由宓小朋友好好学习、天天向上，做一名好学生、好孩子。王老师

她来信说：“今天，我可以欣慰地告诉养育我的幼儿园和培育我的老师，你们对我的要求和寄予我的厚望我做到了！这一切的一切是因为有这块适合幼苗成长的土壤和不辞辛苦的园丁们，是你们使得我这棵小苗没有受到任何伤害，在人生最重要的阶段茁壮成长。

“感谢我的幼儿园给了我金色的童年，感谢我的幼儿园为我插上了梦想的翅膀！

“愿我的老师永远年轻、漂亮，愿你们爱孩子的一颗童心永驻！

“愿我的幼儿园永远是孩子最爱去的乐园！”

我现在才知道童年对一个孩子来说是何等的重要！这是一个普通母亲给我的一封信中告诉我的。她信中说：“‘天才训练营’是柏林电影节的官方主体活动之一，旨在扶植全球范围内的新锐电影力量。上大学的女儿在提交的3000多份作品中凭借她的想象力和创造力脱颖而出，被邀请参加了2008年的这次活动。之后她在当地的两次英文专题演讲还受到了在场观众的欢迎，她还接受了德国电视二台对选中的其中两个青年的电视采访。”

她信中还说：“我真庆幸在孩子的童年时期我做对了，我始终认为孩子的学前期不需要给他们灌输多少知识，激发孩子对知识的渴望度，让她完成这个阶段他们应当完成的事情，而不是父母期望他们所做的一切；我也感激幼儿园的多角度的养成教育，让她从学会做人开始，让孩子的头脑中先有属于他们自己的故事，而不是简单地把小学的课程提前来教。而这

恰恰为她今后十几年的学习打下了最坚实的基础。”

她特别提到了我在她的育儿经——《不用出国同样出色》中写的一句话，在书中写道：“这本书我请了女儿不同阶段的教育专家给写上一句话，当然我最看中的是女儿人生的起步阶段。我请了用心做学前教育的明天幼稚集团的总院长郑佳珍，她这样写道：涂人生最佳底色——精彩人生从这里开始。的确，她的让每个孩子都成长、让每个老师都发展、让每个园所都提升、让每个家长都满意的理念在孩子成长过程中都得到了验证。我感谢她，是她为我的孩子插上了智慧的翅膀，是她为我的孩子创造了无限的想象空间，是她为我的孩子开设了用之不竭的学习驱动力，她拥有教育家的智慧与风范！她不愧是当代幼儿教育家！”

母女的信件令我感动，也令我深思。没有说教痕迹的互动交流，没有心理距离的平等对话，让我们获得了同伴的感觉，让我与她们重拾童年的美丽，重温快乐的回忆！

第七章 理性思考引领改革

一、开启“明日学苑”

在提倡终身学习和可持续发展的今天，教师作为知识的重要传播者和创造者，应该不断以新的知识充实自己，成为热爱学习、学会学习和终身学习的典范。作为教育行业的从业人员，必须要不断充电。只有不断充电，才能使其各方面工作特别是教育教学工作再上一个台阶。

多年的工作实践，激发了我探索学前教育的激情。同时，新形势下的工作也对个人的知识水平提出了新的要求。对知识的探求愈多，对自己的要求就愈高，我深知，只有不断地充实自己，不断地更新自己的观念与视野，不断地追求新的目标，才能在人生的轨迹上演绎着与众不同的精彩。为了深究问题的症结，我常常学习到深夜，在知识的海洋里不断汲取。刚参加工作时，我只是个非教育专业的中专毕业生，由于坚持不懈地进修，我已经获得教育学学士学位和经济管理学的研究生学历，现在又通过了北京大学 EMBA 的学业课程。

路漫漫，其修远兮，吾将上下而求索。知识的魅力，让我孜孜不倦，乐此不疲。随时“充电”，不断学习，成了影响我一生的重要因素。学习的好习惯，在我离开校园后，仍然持之以恒地保持下来。

“让每一个教师都成长”是我的教育理想，是我园长管理生涯的追求。我认为决定教育成败的关键因素有三：一是教育目标是否正确，二是课程体系是否科学，三是师资队伍是否合格。而师资队伍建设更是决定教育成败的关键因素，因为教育目标的实现正是由教师通过实施课程体系来实现的。

怎样打造一支合格甚至是优秀的教师队伍，是每个幼儿园园长或者学校校长必须思考的问题。每个幼儿园教师从优秀到良好、到合格甚至到差都会有一个分层，每个教师的人格素质有差异、专业能力有差异、学历水平有差异，因此不能一概而论，必须要依据教师的不同特点对症下药和因材施教。

当然，我能够认识到这一点，也是走过了很长一段“弯路”。刚做幼儿园园长的时候，怀着能够让所有教师成长的愿望，也为了实践公平公正的管理思路，我对所有教师都提出了相同的要求，从写教研笔记到教研观摩等。但是这种广撒网的效果却不理想，我发现在这样平均使力的情况下，优秀教师很难体现其优秀，普通教师也很难提升。放眼望去，好像所有教师都一个样。究其原因，发现这种单一的培养模式对基础较好的教师而言没什么提升的作用，对基础较差的教师而言往往又超出了她的能力范围，这属于典型的“药不对症”。

针对这种情况，怎么办呢？我认为首先要树立榜样，要让优秀教师脱颖而出，成为大家学习的对象，这就是后来所说的骨干教师，她们是幼儿园的脊梁，既是师德育人的表率，更是教学科研的行家里手。于是我制定了骨干教师培养计划，为优秀教师成长提供发展平台。例如通过工资制度，对市区两级骨干教师给予特殊津贴，让大家都能看到这个目标，都有向这个目标发展的动力。

我们不得不承认，按照能力和素质划分，幼儿园的教师是分层的，有优秀的，有普通的，有稍差一点的。在这种认识前提之下，我以骨干教师培养为核心，开始在幼儿园推行分层培养体系，从新任教师到青年教师，到区级骨干教师，到市级骨干都有自己的培养目标、培养内容和培养方式。

集团成立以后，师资队伍建设存在几个重要的问题，一是学历偏低，教师一般来自中等幼儿师范学校。300 多人的教职工队伍中有教师 129 人，其中大专以上学历的仅有 22 人，占总数的 17%，且仅有 1 人在一线任教，已经不能满足学前教育发展的需要；二是教师的专业素质良莠不齐，既有基础比较扎实，具有一定专业素养的优秀教师，也有不少基础薄弱，没有专业特长的教师；三是教师多把目光停留在教学上，墨守成规的教学型老师很多，而缺少那种会思考的研究型教师。

在 20 世纪 90 年代中期，随着教育以及社会的不断发展，整个社会对学历的要求越来越高，幼儿园教师学历偏低已是不争的事实。我当时已经察觉，学历问题将成为教师发展或者园所发展的大问题。但是怎么来解决这个问题呢？当时其他好多幼儿园和学校，不仅不支持教师去读大专、读大学，反而想方设法阻挠，因为教师参加各种学历进修一般会对工作有所影响，尤其是脱产学习更是会严重影响幼儿园工作，而且老师拿到学历文凭后容易“留”不住。而对教师自身来说，很多教师由于时间、精力以及入学机会的问题跟学历教育无缘。

我在思考，能否找一种方式让老师学习工作“两不误”，既不影响正常工作，又能获得读大学的机会。我找到了首都师范大学当时负责成人教育的老师，直接说出了我的困惑和期望，希望能和他们在这方面共同营造一种能够实现上述两种目标的大学教育方式。首师大的老师为我这种异于常人的要求而惊讶，他还没见到哪位校长或者园长能够把教师的学历教育放在这样重要的位置来考虑，而且要从单位这个角度来解决。通过认真的考虑，集团和首都师范大学终于合作，建立“明日学苑”来实施学历教育。集团有计划地安排全体教师参加首都师范大学的学历教育，先是大专，然后是本科。到 2009 年，集团全体教师的本科毕业率和在读率接近 100%，超前完成了教委规定的学历达标任务。

明日学苑启动之初，部分教师不理解，尤其是年龄偏大的教师，认为这辈子就这样了，学不学没什么关系，于是总是拿工作忙、家庭事务多、抽不出时间为由消极怠学，以为走走过场、混混时间就能拿张文凭。首师大严谨的教学管理让她们大跌眼镜，上课有点名，课后有作业，考试得严格。第一学期下来，少数教师部分课程不及格，需要补考。补考事件的发生让大家真正意识到学习的“重要性”，原以为走形式的读书变成真正的回炉锻造。

教师分层培养规划表

教师类型	教师培养目标	培训内容	培训方式
市级骨干教师“明天之星”教师	具有独立的科研能力，拥有特色明显的教育成果，成为科研和教学能力双强的学者型教师。	为教师提供参与国家级、市级等高层次课题研究的机会，鼓励她们承担课题研究中的重要任务，组织参观和观摩其他示范幼儿园的公开活动和专家讲座，为教师配备专家学者作为导师，结合幼教前沿的理论和方法，对教师的教科研进行全面的指导，为教师提供在全国、市区和集团内部展示教育成果的机会，帮助教师总结教育经验，形成自己的教育特色。	主要采用导师辅导、自学反思、教研互动、总结教育经验和公开展示的方式。
区级骨干教师	能够较好地理解和贯彻《纲要》，成为创新意识和研究能力较强的创新型教师。	邀请外部和集团内部的专家，分析教师指导活动的情况，指导教师如何在教育行为中贯彻《纲要》，鼓励教师根据自己的特长和兴趣来发展自己的教育特色，组织教师学习“快乐与发展”课程和“艺术立美教育”，安排教师自觉查找教育行为中存在的不足，提供教师参加科研的机会，注意在教育和科研中培养他们的创新意识。	主要采用专家讲座和点评，集中学习和研讨、自学自查和参加科研课题等方式。
青年教师	先进的教育理念能够很好地落实到行动中，创新精神和研究能力进一步得到发展，能够较好地做好课改工作。	鼓励教师通过自学和研讨，深刻理解新颁布的《纲要》实施细则的教育理念、很好地运用《快乐与发展》课程和集团新发行的《明天好娃娃》教材。为教师提供参观、观摩研讨和专题讲座的机会。	主要采用自学自查、集中业务研讨、参观观摩的方式。

续表

教师类型	培养目标	培训内容	培训方式
新任教师	具有较好的职业道德意识,具备独立开展教育教学的业务能力,初步具备研究意识和科研能力,学会做好家长工作。	安排教师参加海淀区新任教师培训班和“十一五”继续教育培训工作,重视职业道德教育,重点学习开展教育教学必备的能力,例如“一日生活的组织”等,安排骨干教师或者有经验的教师深入班级对她们进行一帮一的指导,保教主任指导她们的日常工作,指导她们制定半日活动计划等。	主要采用集中培训、观摩骨干教师示范课、现场诊断和现场指导,师徒帮对, 自学反思,写教育笔记等方式。

除了教学管理严格，我从集团管理角度还给予教师另外一种压力，例如在集团的规章制度中明确要求教师在某个阶段必须达到专科学历，在某个阶段必须达到本科学历。如果届时达不到学历要求，将对教师做转岗处理。学习不仅是学习，学习也是工作，这是我力图向教师灌输的一种观念。其实我是希望老师们不要被时代所淘汰，希望老师们能够通过学历教育来符合社会和教育的发展需要。

我的这种“严厉”让教师“畏惧”，但是我更愿意教师能把这种压力变为动力。首批取得专科、本科学历的人很多后来都得到重用，成长为优秀的骨干教师，成长为保教主任甚至是园长。我希望大家看到，集团需要的是这种愿意学习、善于学习、积极向上的教师。我的努力没有白费，在“明日学苑”开办的第一年就有 30 名教师通过了成人高考。

“明日学苑”工程，至今使集团在岗教师本科毕业和在读本科以上学历已达 100%，在岗教师都获得了普通话测试、计算机模块考试、英语口语资格证书。老师们都能自觉主动学习现代化教育理论来提高自身素质。在提高教师素质、促进集团两支队伍建设以及提高保教质量等方面取得了巨大的成绩。

二、成立“立美艺苑”

我曾经随机抽查一个教师的音乐活动，发现这位教师的音乐水平太差，竟然经常跑调，而且我能看出她对节奏、曲调等音乐要素缺乏感觉。课后，我跟老师聊天，发现这位老师虽然是幼师毕业的，但是从小对音乐接触很少，在幼师读书的时候也对音乐没有多大兴趣，在这方面的训练少。但是幼儿教学活动中又必须组织音乐活动，因此只好硬着头皮上了。后来，我集中一段时间对各幼儿园进行了突击检查，发现其他幼儿园也有这样的情况。

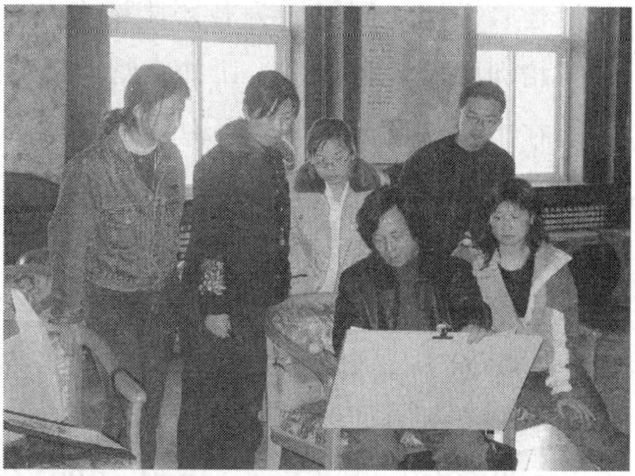

★2006 年 2 月，集团园本课程“立美艺苑”正式开课。图为老师接受辅导

立美教育目标的实现必须具备一支专业能力强的师资队伍，当时的师资情况肯定是不能满足教学的需要。基于这种情况，我产生聘请专家组建艺术团，借助外力提升教师业务能力的想法。在我和同事们的努力之下，2004 年 10 月，教师艺术团正式成立，分设“明天之声——教师合唱团”、“明天之美——教师舞蹈团”、“明天之星——教师管乐团”。

在明天幼儿教师艺术团成立之初，只有三个分团。随着集团的发展，这三个分团已经不能满足集团每一位教师园本培训和继续教育的需求。2006 年 2 月，集团新开设了“立美艺苑”，包括国画、西洋画和手工的学习和培训。还根据教师的需求调查结果，开设了京剧团和打击乐团，提高教师在京剧和打击乐方面的艺术修养能力。在集团教师舞蹈团、合唱团、管乐团、打击乐团的基础上，组建女子电声乐团、教师鼓乐团，让每一名教职工在集团中得到成长。至此，明天幼儿教师艺术团已经达到十个之多，从多个方面培养了教师的艺术才华和业务能力。

★立美艺苑国画班老师专注作画

在资金并不富裕的情况，集团不惜重金为管乐团教师购买黑管、双簧管、萨克斯、短笛、长笛、圆号、长号、小号、大号、巴松、马林巴、大鼓、小鼓等多种乐器，组建管乐团。同时，为各团聘请专业精良的优秀教师担任培训工作，保证了培训的质量和水平。比如，管乐团的指挥李美珠老师是我国著名管乐指挥，在中国人民解放军军乐团工作，是国家一级指挥，深受广大音乐爱好者的喜爱和尊敬，为普及音乐教育做出了卓越的贡献。她曾带领学生管乐团赴香港、悉尼参加第 9 届、第 10 届亚太吹奏大会。2000 年指挥北京市少年宫交响管乐团参加瑞士的阿尔卑斯国际音乐节，获得银奖（金奖空缺）。2001 年应邀赴荷兰参加第 40 届世界管乐大赛和第 9 届指挥比赛。京剧团教师是来自北京京剧院国家一级演员张四全，他自幼随父张盛庭练功学戏，5 岁登台，以演美猴王著称。1997 年出任北京京剧院青年团团长，曾率该团赴新西兰、英国、葡萄牙、日本等国访问演出。

我们注意严格管理教师培训活动，并纳入继续教育考核之中。集团专设艺术团办公室来管理艺术团日常工作，由专人负责制定艺术团工作计划，管理艺术团教师，保管各种乐器，安排艺术团活动时间。严格考勤制度，并与教师工资挂钩，与继续教育学分挂钩，保证培训效果。各分团又内设负责人，实行层层管理，提高培训质量。

★立美艺苑手工班老师展示布艺玫瑰花

艺术团成员来自一线教师，为保证教师的培训时间和班级工作不冲突，要求同班级的两位教师选择不同的艺术团体。一般定于周三或者周五上午 2~3 个小时的时间专门培训。各艺术团教师采用适合的教学方式，根据成员的水平或分层教学或平行教学；艺术团教师为他们选择合适的教学内容。比如，西洋画学习中，针对成员基础薄弱但同时课时较少的情况，教师大胆地采用临摹大师油画作品的做法，激发了幼儿教师对油画的兴趣，减少了对油画的陌生感，同时还培养了教师的成就感，从而能够更好地达到培训的效果。

立美艺苑自成立以来，参加了多次演出、比赛和交流活动，提高了业务能力，取得了良好的效果，赢得了领导的好评，得到了社会的认可，提高了集团的知名度。比如，集团教师合唱团首次参加“全国教师合唱节”就取得了二等奖的好成绩。集团教师舞蹈团指导的幼儿歌舞在儿童歌舞学会第三届会员代表大会暨全国优秀儿童歌舞工作者表彰大会“飞舞天涯”儿童歌舞专场中的表演受到专家的好评。每年一度的由集团艺术团成员演出的“新年晚会”更是受到家长的啧啧称赞。集团艺术团赴韩国、日本开展演出和交流活动，教师的表演能力受到了国外同行的赞许和肯定。

通过全体明天人的共同努力，师资队伍建设取得丰硕的成果。市级骨干–区级骨干–园级骨干的立美教育人才梯队，保证了立美教育的开展，全面发挥了人才辐射作用。集团还被评为北京市高等学校市级校外人才培养基地，承担了培训中华女子学院以及北京幼师实习生的任务。大家说，我和我的同事们，在以开阔的办学胸怀实践和传播着立美教育思想。

三、教科研促发展

幼儿园开展教育科研的作用是什么？这是大家一直争论的问题。我认为教师通过对教育问题的研究，对幼儿的研究，对教材的研究，对活动的研究，无疑可以提高教育教学能力。孩子学得累，教师教得苦，这是好多幼儿园的通病，我们也常常感叹，凭借一己之力，一园之力，改变起来很艰难。而教育科研无疑就是一个法宝。通过科研，获得幼儿科学学习，教师科学施教，幼儿园科学管理的新途径，从而提高学习效率，教学效益，管理效能。教师和幼儿苦教苦学的现象也可以从某种程度上得以改观。我一直主张在幼儿园做教育科研要以研究园本活动课程为重点。

我始终觉得，教育科研工作不是赶时髦，追时尚，而是为了提高教师教育教学研究能力，引导教师更新观念，促进幼儿的全面发展。集团把教育科研列入了常规性的重点工作。我们以教育科研为先导，高度重视教育科研工作，促进了集团整体办园质量的不断提高。如今，教师们的教育科研意识越来越强烈。现在，教师主动承担教育科研课题，参与教育科研实践研究，努力成为研究型教师已经成为一种风气。

教育科研管理非常重要，尤其是作为一个统辖19所幼儿园的集团，更要建立专门的机构，确保集团教育科研工作的有效开展。为此，我们建立了相应的科研机构——课题研究中心，有专门人员负责集团教育科研工作，把教育科研工作纳入到集团整体规划中。同时认真制定了教育科研管理制度、考核制度、奖励制度，将教师们参与教育科研的积极性、实效性与考核相结合。为了进一步增强教育科研力度，集团提出各园园长带头参与研究，每个园长亲领课题，将教育研究融入园长的管理，如今，集团所有园长都有获奖论文。对于幼儿园的骨干教师，集团则专门建立了她们的业务档案，并充分发挥市、区骨干教师的作用，为她们提供做观摩、带徒弟等机会。对于有发展的青年教师，集团提供各种学习机会，使她们在学习和实践中成长。

当然，教育科研的开展离不开实际的教育教学工作，所以，我要求教科研专职人员经常深入实际，参与各园的教育科研活动，以“解剖麻雀”的方法，从逐个环节入手，有计划、有步骤地指导教师的教育观念与行为。鼓励各园创造性地开展灵活多样、生动有效的教育研讨，如录像分析、问题解答、行为点评、辩论会等。

在我的推动下，集团各园主动承担和参加国家、市、区的科研课题实验。如：“寄宿制幼儿园教育活动设计与实施方案”、“尊重平等教育与德育改革”、“幼儿智力与合作性发展”等。我始终强调幼儿园把科研和保育结合起来，使教师逐步成为研究者，注重教育实践过程的研究，从而既满足当前教育工作的需要，也满足了幼儿园发展的需要，还满足了教师专业发展的需要。

教育科研工作的开展，其目标是促进幼儿的和谐发展。每个幼儿都具有可教育性，幼儿的发展只是速度上的差异，没有优劣之分。在保教工作实践中教师们做幼儿学习活动的支持者、合作者、引导者，充分关注每个幼儿的发展并给予其充分的发展时间和空间。给幼儿留有思索的空间，了解幼儿的兴趣和发展需要，在活动中多观察少限制，采用隐性指导；给孩子留有动手操作的空间；满足不同孩子的需求，让幼儿在活动中自我主宰世界，给幼儿提供开放性的物质材料，启发、引导幼儿做到一物多用；相信幼儿有发展的能力，不强求幼儿同步发展，给幼儿留有主动发展的时间，教师学会等待；明确幼儿的发展是多起点的，幼儿的发展需要是多方面的，每个幼儿都有自己关注的兴趣点，都有他们自己的长处，给不同幼儿以不同的适时的帮助，促进幼儿富有个性地发展。教师深入幼儿生活，努力去了解他们，不断去发现他们，找到他们感兴趣的事物，找到他们的长处，引发幼儿主动地发展。通过对集团十年来幼儿的追踪调查，我们已经看到了孩子们发展的可喜成果。

我一直主张在幼儿园做教育科研要从做好每一个幼儿教育活动入手，从“小处”入手，克服教育科研的“神秘化”。

很多幼儿园教师一提到教育科研就感到神秘莫测、高不可攀，认为只有专家和科研部门的专业人员才能搞研究，对幼儿园教育科研存在认识上的误区，存在畏难情绪。

实际上，我们大力提倡教师人人有课题，其课题就是实际工作中最困扰教师创新和发展的问题。在选题上，要把握素质教育和新课程改革的发展方向，特别要围绕课程标准、园本课程资源开发、学习方式、师生关系、研究性学习、课堂教学方法、综合实践活动、幼儿发展性评价、教育信息与教学资源整合等热点进行选题。要从“小处”入手，选小题目，做大文章。我们可以把幼儿园教育科研通俗地理解为：发现问题——提出问题——找到方法——付诸实践——搞好总结——推广应用。教师要意识到教育科研就在身边，要在自己的日常教育教学工作中开展科研。

我一直认为幼儿园教育科研要从普及出发，克服教育科研的“精英化”。通过对教育问题的研究，对学生的研究，对教材的研究，对课堂的研究，来提高教育教学能力。

在我周围有些园所的教师认为搞教育科研是幼儿园教科室的事，是那些科研能力强、有科研天赋的教师的事，不是所有教师都能搞的，这种想法是不对的。我认为作为幼教管理者，应该让所有教师都认识到“每一个课堂都是一个实验室，每一个教师都是教育科学研究的成员”，“从教师在教育系统中的作用看，教师与科研人员的职责趋向一致”。幼儿园教育科研一定要消除“精英化”思想，强调“每一个教师都是教育科学研究的成员”，人人参与教育科研，真正实现“科研立校”、“科研强师”的目标。

我作为从事教育科研的一线院长注重从发展着眼，克服教育科研的“功利化”。开展教育科研的目的是解决教育教学改革中遇到的新问题，以提高育人的质量。但有些教师参与课题研究不是为了教学需要，也不是为了促进自身发展，而是为了完成幼儿园的“硬”性任务或者是为了评聘、晋职而进行应景性、功利性研究，把教育科研当成谋取某种利益的功利行为。这种“功利化”科研很难出成果，也不利于教师素质的提高。因此，教师必须要克服这种急功近利思想，从教学改革的需要出发，从促进个人发展的角度出发，在参与教育科研的过程中提高自己的能力，要将着眼点放在理论与实践的结合上，切入点放在不断改进教学方法上，关键点放在对教学的反思上，生长点放在创新教育理论和特色成果上，最终目的放在解决教育教学实际问题上。只有这样，教师才能克服功利思想，通过参与教育科研活动不断提高自己的能力和水平。

为了进一步规范集团的教育科研工作，解决教育实践中的问题，我首先与科研和保教相关的业务部门定下《幼儿园科研实践管理方案》、《幼儿园教育实践考核制度》、《教育教学评价标准》等一系列管理细则，然后针对幼儿园目前出现的一些问题，进行一系列讲座与教育实践研究，定期与不定期相结合的开展教学观摩。针对幼儿园实际出现的问题，相继确立了不同的教科研主题，如：怎样制定领域内的教育核心目标？怎样提高教师艺术领域方面的教育技能？怎样因人施教提出“美”的指导语？怎样的言行是真正的尊重孩子？活动中教师如何发挥主导作用培养幼儿的良好品行？小班如何深入做好家园共育的工作？如何做好毕业班幼儿的小幼衔接的工作？如何创设适宜的教育环境促进教师教学行为的转变？信息技术如何与幼儿园的课程相整合？找到、发现、研究和解决这些问题，就是我们科研工作主要的内容。

为了深入幼儿园教学实践一线，掌握一手材料，亲眼看到亲身体会到幼儿园教育水平、教师教学实际能力、整体教科研的研究质量，我每学期都走遍集团19个幼儿园，听新人课，看老教师的材料，观察孩子的实际表现，同时对幼儿园周边教育环境的创设也都有全面了解和掌握。

一般来讲，数学是一门研究客观现实世界数量关系和空间形式的学科，是思维的体操，是对幼儿进行早期教育的重要内容之一。第九幼儿园是数学游戏化特色的园所，一次到他们园，我看了张老师的一节大班计算活动，她那娓娓道来的亲切神情，循循善诱的启发之语，不同水平的孩子回答着不同的问题，幼儿人手一份的实用教具，特别是孩子们全神贯注地摆弄着学具，个个都显示着自信，我感动了，不禁走上前，指着一个小女孩手中的拼图卡问：“小朋友，你好，你能告诉我这里面有数字几吗？在这里面你能找出多少个三角？”她看看我点点头笑笑说“老师您好！这上面有6个数字，它们是2、3、6、8、9、0。”接着她又拿了一张图卡认真地对我说：“我们张老师说这个图形卡比较难，但只要认真看仔细数都能找到的，来，您和我一起，我教您！您也一定会找的。”我笑了，欣然接受她的“指导”。周围的小伙伴也都受她的感染，纷纷邀请别的小朋友和老师来看自己的成果。眼前的小家伙们都是那么专注，那么认真，那么仔细！张老师也微笑着用肯定的目光看着他们。

他们的举动让我久久不能平静，也许在他们中间就会出现未来的华罗庚、陈景润，也许这份来自心底的自信与对事物探究的执著精神将伴他们走向学生时代，为他们今后美好一生奠定良好的基础。

通过教育科研实践观摩与研讨活动深入开展，每一位教师都会提高教育教学能力。我相信从幼儿那里得到的幸福才是一个教师一辈子的幸福。这种幸福的感觉又会弥漫开来，成为教育教学活动中一个个美丽瞬间，我也相信我们可爱的老师一定也在体验着这份工作中带来的快乐，享受着这份职场上的幸福吧！

在教育科研的实际工作中我也看到我们自身的一些差距与不足，从中吸取和借鉴一些经验教训。

一次到一个幼儿园开展研究课活动，进入教室我们只看到了几个幼儿，起初我以为是活动区教育活动展示。孩子们个个穿着老师给备好的工作服，在手工作坊中工作。作坊分三部分：一部分是颜料处，一部分是图画处，还有一部分是展示处。几个孩子轻声细语地交流着，很投入地干着老师分配好的工作，特别是在最后作品展示的时候，件件作品都非常完整而美丽。然而，我却没有丝毫的“美丽”心情。活动中，我走出作坊，到他们本班找其他孩子，发现那些孩子松散地坐在座位上听着故事，脸上露出的是不耐烦和倦怠。我上前询问，老师说：“今天是分组教学，等一会儿，那些孩子回来后，主班老师再带这拨孩子去上手工课。”这就算分组教学了？这就是全面教育的理念吗？这就是立美教育吗？这样等待着主班老师授课的形式势必就是一种教育上的隐性浪费，我愕然了！

我以为分组教学就是一种差异性个性化的教学。分层、分组教学就是把同一年龄班级幼儿，按照学习基础、能力的差异分成若干个层次并有效结合，实施“交互式”、“互动式”教育，设定不同的教学目标、教学内容和评价标准来实施教学，以最大限度调动幼儿的学习积极性，幼儿在教学过程中发挥主体性作用，科学合理地完成活动任务，使每个幼儿在各自的基础上得到最大限度的发展，让每一个幼儿感受到成长的快乐，帮助每一个幼儿成为最好的自己。

我针对该幼儿园出现的这个教学实践的偏差，首先与园所的管理者进行交流，阐明了自己的观点和看法。强调教育科研来不得半点虚假，不能有丝毫马虎和差不多的思想。我对她们说：“作为幼儿教育工作者，要注重孩子的动手能力，发展幼儿的创新意识，依据苏联教育家维果斯基的

“最近发展区”理论努力为幼儿创造一个快乐的学习过程，在具体操作情境中引发孩子自主学习，这都很好，但只注重个别，不顾全体是不可行的啊！幼儿教育必须严格贯彻和执行《幼儿园工作规程》；必须要面向全体，因人施教；必须注重立美教育的核心理念，对孩子实施全方位的教育。我国大教育家、思想家孔子曾提出育人要“深其深，浅其浅，益其益，尊其尊”，即主张“因材施教，因人而异”。每一个孩子都是有价值的，每一个幼儿都是一个独特的自我，教师要从每一个幼儿的特点入手，必须注重个体差异，不能强求一律，也不可忽略其他。日常实施教育要实事求是，一是一，二是二，不能为应付考核与检查而走过场。”为了警示此类现象的再度发生，我立即令其停止这样的“分组教学”的尝试，并对其园所行为给予相应的处罚。

我说：“美国教育学家布鲁姆在掌握学习的理论中指出：‘许多学生学习中未能取得优异成绩，主要不是学生智慧能力欠缺，而是由于未能得到适当的教学条件与合适的帮助造成的。幼儿园分层分组教学要体现以人为本，全面兼顾各个层次幼儿的学习情况，最大限度调动幼儿的学习积极性，有利于每个幼儿最大限度的发展。”

我始终以解决问题为教育科研的价值取向，同时把教育科研工作作为深化办园思想，确立幼儿园特色，凸显集团品牌，积淀和持续发展集团文化的重要举措之一。

从问题到课题已经成为我们开展教育科研的基本思路。“问题”是一个很宽泛的范畴。工作中我们几乎天天都会遇到这样或那样的问题，如怎样正确评价教师、幼儿、课堂教学，怎样提高教学效率，怎样培养幼儿的自主学习能力等。这些问题看起来很微观甚至很渺小，以至于有人认为这不是教育科研。其实作为幼儿教师就是要为解决这些“小问题”而开展研究。

事实上，教师每天都生活在问题情境中，那么哪些问题需要研究呢？这要从研究的价值上判断。有价值的问题一般包括两类：一是探索性的问题，就是把教育理念、教育观念、教育成果转化为具体实践活动。如怎样培养幼儿生活习惯和学习行为？如何合理地、有效地、创造性地使用幼儿活动教材等；二是反思性的问题，这是善于发现问题、思考问题的教师为改进自己的教学方法，提高教学效率所发现的问题。这些问题最终都要在实践的层面上得到解决。因此，幼儿园的教育科研应立足于解决教育教学活动中的实际问题，着眼于改进具体的工作。值得一提的是，教育科研虽然把解决问题作为重点，但不仅限于问题的解决，最终的目的是通过问题的解决进一步加强理论上的学习和探索，从而总结出带有一定启发性和规律性的结论，再用理论引领自己的研究。

我始终认为要使“问题”在研究中得到解决，首先要制定切实可行的研究计划。在教师教育研究活动中，制订计划是至关重要的环节，它既是教师提出研究问题后采取进一步行动的前奏，同时又是行动前对自身行为所作的系统审视和反思。这些计划并不见得像专业研究者制订计划那样，内容详尽，面面俱到，可能体现为教师课前的教学设计，可能体现为教师与幼儿交往中的某些设想和打算。计划可能随着活动场景而动，依研究状态而移，体现出较强的变通性和灵活性。

注意资料积累是“问题”研究得以成功的重要保证，最初我就要求教师以撰写教育随笔心得反思的方式积累研究资料，把教育随笔与心得反思作为表述教师研究成果的重要方式之一，后来逐步过渡到撰写论文、研究报告等形式。

为了更好地解决教科研中的“问题”，规范一些研究行为，同时更是激励和有效调控实践中的研究行为，使之更加科学合理，从而提高教师的专业水平、园所的研究能力，我组织教师一同制定了相关的评价标准。

经过十多年的摸索和理性的思考，我在幼儿园实施立美教育，尝试和探索出了一些切实可行的经验和策略。

策略一：教科研工作中我们倡导“五大胆”，即“大胆参与”、“大胆尝试”、“大胆研讨”、“大胆推广”、“大胆接受”。提出和完善课题管理的制度要求，建立课题组成员个人业务档案，树立教科研为教育教学服务的思想和意识。

策略二：号召课题组教师开展“九个一”活动，即：一个精彩的教育随笔、一个尝试性的教育活动观摩、一篇研究性或描述性的论文、读一本好书、参加一个培训、制作一个实用开放性的课件、一个活动照片与录像、开展园内一帮一活动、对课题管理提出一条建设性意见。将科研课题在具体化、生活化、自然化的常态中进行。

策略三：重视实践研究“一条龙”全过程，走好“五步棋”：导、引、探、展、推。即：导入主题；引发兴趣；探索尝试；展示经典；推广成果。在实践过程中，边学习，边研究，边实践，边反思，发挥优势，将课题研究与教育教学结合，研发出“立美教育”园本课程，把科研落到实处，使科研取得实效。

策略四：强调多种形式、多种角度的科研活动相结合。组织各类专题讲座，名师传经送宝，观摩骨干教师示范课，采取梯队式拜师结对子，分组研磨等形式各异的研讨活动；利用科技信息手段将“经典活动”进行资源共享，通过“视频会议”扩大课题现场培训和讨论范围。

策略五：实现“四结合”，即幼儿园、家庭、社区、外辖区之间的互动，丰厚教科研的学习资源。

除此以外，我们还充分利用网络、BBS、电子邮箱、视频点播、电话联络、家访、印发通知、建立家园联系册等手段进行家园沟通，科学地指导家园合力建设良好的教育环境，鼓励家长了解、参与幼儿园科研实践研究和成果的推广。

利用家教园地、家教宣传栏、半日开放、现场展示、定期走进社区慰问等请进来走出去的活动形式，扩大幼儿园科研覆盖范围。

利用“手拉手”活动，扶助边远贫困地区的幼儿园，联盟百所外辖区同领域的学前教育机构，搭建交流平台，促进教科研同步发展，成果显著。

由于研究比较扎实，研究实力比较强，先后成功申报了多项研究课题，有海淀区“九五”规划课题《立美教育工程》，中国教育学会美育专业委员会“十五”重点课题《立美教育实践研究》，北京教育科学规划课题《学前教育信息化策略研究》，全国教育科学规划课题《完善立美教育德育功能的实践研究》、《幼儿园数字化教学方式的变革》等20多项科研课题。

2009年12月在《幼儿园科技教育环境建设与教师教学行为转变的研究》结题评审中，专家一致认为：明天幼稚集团有严格、严谨的管理机制，各个园区的老师全面参与，正是这样的人力、制度保障使学校的科研工作取得了很好的效果。在课题组学校中，明天幼稚集团的科研成果是最多的，也是研究最深入的。与总课题研究思路一致，明天幼稚集团分两个阶段展开了研究，第一阶段侧重于幼儿园科技教育环境建设的研究，第二阶段侧重于教师教学方式转变的研究。在环境建设方面，结合幼儿园的特殊性，分别探讨了普通教室内自然角、探索区，科技主题活动专用教室探索区、各个角落区、电脑区、回收实验区等区域的设计，同时探索了室外厅廊的设计与布置，根据园区特点，开辟了室外种植区、饲养角等。

教育变革最终目的是服务于孩子的发展，而孩子发展的关键在于教师。教师是否敢于变革与创新是幼儿教学能否发生变化的关键。学校科技环境建设的目的是促进教师教学方式的变革，从而带动孩子学习方式的变革。为此，在科技环境建设研究相对成熟的基础上，明天幼稚集团把精力转向了教师教学方式变革的研究，如：教师设计活动类研究课程、教师巧用启发式用语、教师创设问题情境、家园互动的教育情境等。这些既是科技教育软环境的建设，同时也自然而然地导致了教师教学方式和学生学习方式的变革，使课题研究进一步深化。在课题研究过程中，既有形象的案例作为支撑，又有经验基础上的理性思考与提炼，这些都为他人提供了可以借鉴的模式。

多年来，集团的教育科研取得了一定的成绩，特别是“立美教育”方面获得了丰硕的成果。集团承担了以立美教育为核心的20余项各级各类课题，组建了一支由专家、专职人员和教师组成的立美教科研队伍，引导全体教师通过行动研究提升立美教育专业水平，为教师创造参加各种教科研参评的机会；几百篇论文在全国美育课题研究中获奖；《立美教育实验研究》已经由区教科所验收，取得结题资格；制定出“立美”实践中的《教师工作评价标准》；各园也根据自己的实际情况形成了本园的“立美教育”

特色。集团被北京教育科学研究院评为“北京市教育科研先进学校”。通过发挥科研引领作用，集团已经具备一支研究型的教师队伍。

四、一张幼儿智能接送卡

2005 年 5 月，每一位即将在明天幼稚集团入托的家长都接到了“幼儿园入园通知书”，有的家长对一条这样的内容感到很不理解，还特意打电话到集团。

通知书上的内容是这样写的：“从本学期起，集团将为每一个幼儿配备专用的智能接送卡，希望得到家长的支持和配合。”

如今，明天集团已有 4500 多名孩子，每一个孩子手里都有一张智能卡，这张小小的卡片有效地实现了幼儿园智能化的科技创新。

这在全国是首屈一指的创举，北京明天幼稚集团又走在了幼教行业信息化建设道路的前列。

正是集团独自开发的幼儿智能接送系统，规范了幼儿的接送过程，家长可以查询到幼儿任意时间段内的接送信息，也让家长享受了孩子在园安全管理的过程。幼儿园也能根据系统提供的接送信息，准确有效地统计班级幼儿的月、周出勤情况。

早在日本研修时，他们的信息化建设就给我留下了深刻的印象。1995 年集团成立，我就提出了“领先一步，将信息技术引入学前教育领域”的目标。这在当时又是开创先河的理念。很多人，甚至包括我们自己的教职员工都不理解，有的老教师甚至抱怨，“我都年纪一大把的人了，还学什么计算机啊”。

综观当时世界形势，高速发展的信息化建设，带动了许多国家教育和文化事业的飞速发展。方寸之间，即可“坐地日行八万里”，领略浩瀚的文化；指尖轻点，即集书山学海之大成。而我国的教育，还停留在“笔尖耕耘桃李地，墨水浇开智慧花”、“情通三尺讲台外，志在一寸粉笔中”。

要发展，就必须突破以往的传统形式。让物化的形式被无形的信息传递所取代。我坚信：要跑在时代前面，就一定要用超前的眼界。在以后的日子里，集团无论资金有多么紧张，我都要优先保证信息化资金的投入。

回想当初，2005年集团智能接送系统刚刚投入使用的时候，一些家长也认为：这套系统有些麻烦，每天接送还要拿出卡来刷，这不是白费时间吗？我们孩子接送都是自己的亲人，没有什么可以担心的，不知道集团为啥还要做出这么多此一举的事情？

当时一些老师也认为，很多家长这么不积极，还不如我们自己取消了省事。

一开始，我就了解到家长和老师的一些信息反馈。所以在领导班子的院务委员会上，听取了信息中心的汇报后，我特别指出以下几点：一是集团坚持信息化建设的方向不变，坚持信息化为幼儿服务的理念不变；二是集团智能接送系统要总结使用中出现的问题和情况，继续进行调研，加强改进和提升，争取让系统做到更优化和智能化；三是要积极引导，让家长、老师认识到集团信息化的优势，即使现在我们不做，将来的信息化社会发展的趋势不可避免，集团要有领先意识。

随后一段时间，经过园里领导的重视和教师们的积极宣传，家长的观念得到了转变，尤其是一些家长认识到幼儿智能接送系统为幼儿安全带来的好处，也开始积极配合了。

在我的积极督促下，幼儿智能接送系统又进行了很多改进和优化调整，逐渐规范了幼儿的接送过程，信息共享的效果也得到了显现，尤其是提高接送效率，降低老师工作量，排除安全隐患，有效防止幼儿被错接、误接、甚至冒领拐带等现象的实际效果显现以后，家长、老师都主动配合了。

这就是集团运用信息技术带来的便利，一张卡片，开始在幼儿园试用，又经过半年的调试，幼儿智能接送系统终于正式投入使用了。

五、为集团信息化破例

从 1995 年到现在，15 年过去了，明天人在信息化的道路上可谓走得超前，走得轰轰烈烈！

我立志要做的，就是让孩子们插上飞翔的翅膀，去翱翔信息化的征程。

从集团成立之初，我就提出了“领先一步，把高新技术引入幼儿教育”的理念。为了实现这一理念，在我的坚持下，集团兴建了第一个每周可容纳 600 多个孩子学习和游戏的幼儿计算机专业教室。

这一决策的过程，至今历历在目。

集团刚刚成立不到一个月，在资金很紧张的情况下，财务部的赵老师找来了，希望能将筹建幼儿计算机专业教室的事情往后推迟一段时间，把资金用到更为重要的房屋改造工程上。

她的这一想法提出后，我的内心非常矛盾，一方面是集团的发展需要资金的补充，另一方面是自己的教育理念得不到充分的资金支持。

为此事，我还真的失去了平时雷厉风行的作风。

为此事，我双手掩眉，第一次苦苦思索了一个下午。

第二天早上，我找到赵老师，告诉她：“我考虑了很长时间，还是决定，我们不能为信息化堵路，要为集团的信息化破例。”

正是带着这样的信念，在以后的日子里，我一直没有动摇过，一直坚持着，在集团的硬件投入上不惜成本，要为孩子们的成长提供信息化的最坚强保障。

1996 年初，我们首先为总部各部门及各园配备了 486 计算机共 18 台，并利用电话线、Modem 卡以及 Bitcom 软件等使各园与总部之间形成计算机通讯网。

1998—1999 年，我们逐步实行无纸办公，利用计算机及辅助设备进行数据统计、采集信息、文字录入、名册排序、制表、扫描、打印、电子备份，通过网络编辑和传输其他信息。

1999 年，我们又先后为总部及各园配备了奔腾 2 以上的机器共 20 台，并运用较为先进的软件，如 Windows98 操作系统、Office97 办公软件等，各园利用 Internet 网络系统的邮件功能，传递数据、文件，简化了工作程序。

2000 年，集团进一步加快信息化建设进程，以宽带接入的方式，建立 DDN 专线互联互通的基础，将幼儿计算机教室原有设备全部更新和联网，对各园局域网进行整体连接，建立服务中心和对外网站，计算机配备到所有教学班，园长、保健医、事务员等行政人员实现每人一机。

2001—2002 年，完成了“园园通”和“班班通”工程。

2003 年，又投资建成 12 个幼儿计算机多媒体专用教室。至此，集团共有计算机多媒体教室 14 个，有计算机近 400 台，其中办公用机 100 余台，幼儿教学用机 280 余台，人机比例达到 1：8。

建立了因特网环境基础之上的“集团化校园网”，实现了集团内部信息资源的高度共享。

到 2004 年，集团的计算机总数达到了 500 多台，所有教学班都配备了计算机，所有幼儿园均建立了专用计算机教室，所有管理岗位实现了一人一机；总部还建立了中心服务机房。在软件设施建设方面，集团引入了宽带技术，利用 DDN 专线联网和光纤接入，实现了网上信息的快速传递，提高了计算机的使用速度和效率。

2004 年，第一幼儿园教研组长苏颖琦老师参与海淀区《纲要》试点园验收，当时，计算机越来越成为工作中的重要角色，为了教学活动的创新，苏老师制作了很多课件、收集了大量的图片和声音文件等，有时会在家里电脑上制作，U 盘存储容量小已经不方便使用了。于是，她自己花了近千元买了一个大存储移动硬盘。我们的老师为了更好地工作能付出这么多，真的让我感动。于是我向大家表示，集团正在大力推进现代化、信息化的教学方式，只要是为了孩子，工作中无论是在物质上还是知识、技术上，集团都会大力支持大家，这个钱不能让老师自己拿，要由集团来给大家出。很快，信息化一线的工作者都配备了移动硬盘及其他所需硬件。

很欣慰我们老师对信息化未来的信心。对一个老师来说，1000 块钱开启未来，值！而对我们集团来说，投入都是为了沿着信息化的大道更快地走向美好的明天！

……

2010 年，我们将完成 19 个区域网络中心的建设，中心机房 100 兆光纤接入，各园所 10 兆光纤接入。还将争取拓宽网络带宽，突破网络带宽的瓶颈，建设强大的局域网，为信息化建设提供优质的网络环境，为学前教育信息化建设提供良好的硬件基础。

集团的信息化从来没有落伍。我们在信息化的道路上迈着坚实而豪迈的脚步。

六、“马老师，我们看到您了”

2005 年 12 月 18 日，10 点钟，集团第一幼儿园中三班的马欣老师准时打开了家里的电脑，看到了一张张美丽的笑脸，听到了 30 名孩子在喊着“马老师”。

她露出了美丽的笑容，不时地向孩子们挥手。

能够实现在班里和马老师的“见面”，这都要归功于集团的视频会议系统，实现了孩子们要看到马老师的愿望。

孩子们已经三个月没有见到他们喜爱的马老师了，这时的马老师刚刚生产两周，消息传给孩子们时，李雅小朋友向王营老师提出了自己的想法：“王老师，我想看一下马老师。”

“你们是不是想马老师了？”王老师问道。

“是！”好几个孩子异口同声地回答。很快，众多小朋友聚在一起，唧唧喳喳地倾诉着对马老师的思念。

王老师看在眼里，和其他老师进行了沟通。很快，一场特殊的“见面”促成了。

当年集团自主开发的视频会议系统，没想到在班级里发挥了老师和孩子们网络沟通的作用。

集团自成立以来，每周的各种例会，在保证集团的统一、规范和有序管理的同时，往往会遇到人员协调、交通拥堵和浪费办公时间等问题。为了实现集团化办园资源共享，使全体教职工突破时空，集团引入了视频会议系统，并建立了专门的视频会议室，这使集团可以召开各园管理人员和教师参加的异地、实时和互动的视频会议，极大地降低了集团的运营成本，提高了教学及管理的效率。随着集团信息化的推进，不到一年的时间，集团视频会议系统就实现了调研、策划、开发和应用。

年初，当我提出开发视频会议系统时，有的老师认为，视频会议系统虽然可行，但是却失去了老师们当面交流的机会。

对此，我建议在系统开发的过程中，要实现老师们之间相互交流和沟通的机会。经过工程师的积极开发，最终技术上得到了解决。

和集团视频会议一样，在不久的时间内，我们又在集团网站上添加了视频点播系统，这在全国也是先例，更是受到了家长们的欢迎。

家长无论远在天涯海角，还是在异国他乡，都可以登录集团网站的视频点播系统，实现在网络的世界里观看孩子在班里活动的实时场景。我们最初仅仅是在集团第一幼儿园进行了尝试。在短短的两个月时间里，就有四位家长通过集团网站“总院长信箱”给我留言，感谢集团给他们提供了这么优越的条件，能够亲眼看到孩子在班里的活动。

2006 年，集团在信息技术方面有了重大的举措，开始筹建幼教知识体系库，这一工作的开展，更开创了我国学前教育运用信息技术的先河，达到了幼教领域的全面资源共享。我特别重视这项工作的开展，为此还成立了幼教知识体系库项目组。经过一个学期的努力，我们克服各种困难，终于完成了幼教知识体系库的调研、设计、开发和使用。

七、为小雏鹰插上高飞的翅膀

1997 年，在有关人士的牵头下，集团与清华大学合作，开展了计算机辅助教学的研究与应用。从此，我们介入幼儿教学软件的研发，并一发而不可收。

1999年，我们根据自己的实践经验开始立项，选派有经验的老师帮助整合资源和提供相关数据，以教与学的过程为研究对象，认真择题、选材，撰写课件脚本，结合系统策划、设计、美工、编程等技术开发人员，共同参与幼儿辅助教学软件——《幼教宝典1.0》的研发。

开发过程中，我们还邀请了中学老师对一些知识性的常识予以把关。我与项目组的老师一起封闭，一起把关，共同度过了多少个日日夜夜。通过一年的努力，我们硬是创造了自主开发教育软件的奇迹。

随后几年，又进行了《幼教宝典2.0》的开发。内容涉及社会、科学、语言、艺术和健康5大领域，直观形象地展示了看图讲述、分段教学、续编故事、平台拓展等多种功能，主要包括语言类20个、科学类21个、健康类11个、社会类11个、艺术类21个，共计83个课件。

幼教宝典的研发与运用，为教师教学、幼儿学习提供了全新的工具，促进了教师教育观念和幼儿学习模式的转变，成为落实《规程》和《纲要》的有效载体。

正是通过教育教学的实践，我们发现信息技术可以营造动态环境，激发幼儿语言表达的积极性，而信息技术提供的可视性和可听性可以培养幼儿模仿的兴趣，让幼儿了解到日常不易看见的画面，更好地实现促进幼儿发展的教育目标。来自集团第二幼儿园的陈盈老师就写了一篇《课件的运用与教育活动的结合》的文章，讲述了自己在运用宝典中的体会：

充分利用《幼教宝典》的声音、图像、美术、动画等现代技术的先进性、综合性、整体性、全面性，进行引导、启发，激发兴趣与求知欲，开发智力，培养能力，同时进行良好的品德教育，心理素质教育，即幼儿的整体素质教育。

1. 生活常规：行为习惯立美教育；服饰着装立美教育；坐姿行走姿势规范立美教育；

2. 语言交往：礼貌用语立美教育；与教师与同伴相互交流立美教育；

人机对话立美教育；

3. 良好心理素质：积极兴趣的调动与培养；培养自信心的立美教育；正确表达自己情绪情感的立美教育；良好的社会化集体合作意识的教育；

4. 学习习惯：操作机器行为的立美教育；观察力、注意力、记忆力、想象力、逻辑思维能力及手眼协调反应能力等，通过游戏形式美的途径进行积极培养；

5. 幼儿计算机教育与立美教育理念更好地融合，促进健康人格的实现，为达到人格的立美而奠定基础。

幼教宝典为幼儿提供了一个自主学习的空间，让幼儿在与电脑提供的动态、开放、交互的环境中，通过人机互动，使思考得到及时反馈。通过动手实践，他们又有新的发现，好奇心和求知欲得到满足和加强。

2008 年 4 月 25 日，北京市海淀区第三次推进学前教育信息化现场工作会在集团圆满召开。会上，我代表集团将自主研发的《幼教宝典》2.0 版分送给了到会的代表，全海淀区各幼儿园园长、副园长和骨干教师等一百多名代表再一次分享了北京明天幼稚集团在学前教育信息化建设中所取得的成果。

我们的爱，随着信息化的羽翼，开始展翅高飞，开始为更多的孩子创造梦想的原野和无际的天空。

八、智能管理

15 年的集团发展史，就是一部信息化建设的历史。我一直感到庆幸的是，我们紧紧追赶时代的脚步从没有停留，我们踏上了智能管理“提速”的列车。

目前集团的 19 所幼儿园，分布在海淀区的 12 个街区，我们运用现代化手段，实现着管理的现代化。

1997 年，集团在因特网上建立了自己的网站（http://www.mtyzjt.com.

cn)，建立了联系集团各园的网络。

2004年，随着集团质量、环境、安全获得管理体系认证，集团的信息化建设也跃上了一个新的发展阶段，实现了集团资源的高度共享，为全体教职工突破时空进行广泛信息交流提供了最便捷的手段。

办公协作平台系统也就是办公自动化，北京明天幼稚集团的幼儿教育办公协作平台，结合了保教工作特点，是以教育管理学、教育统计学和办公自动化协作理论为基础，以常规、计划、目标工作的和谐通畅为原则，以集团质量管理（ISO9001）、环境管理（ISO14001）和职业健康安全（GB/T28001）管理体系及其流程为标准化依据进行自主开发的。

办公协作平台主要包括学籍管理、文件管理、会议管理、图书管理、邮件管理、资源管理、系统维护、幼儿保教、营养配餐、人力资源管理、后勤资源管理、后勤事务管理、财务管理、网上招生、院长信箱与投稿信箱等幼儿园日常管理的全部业务内容。

在建设幼儿园办公系统时，由于不同幼儿园的幼儿特色教育不同，因此对信息系统的需求也是各不相同的，这就需要在开发办公协作平台系统时，尽量做到量身定做。

以文件管理为例，文件管理功能，实现了集团行政公文从拟稿、审核、审批、发文到最后收文的完全自动化，提供了集团与上级主管部门及外单位所发送的电子文档从接收到审阅到归档的全过程流程管理；用户可以自由地设定各种事务文书、请示、报告、通知等文档的处理流程，使各类信息处理流程化。在公共模块中所有的操作都做了最大人性化处理，一般用户根本不用进行特别的培训，就可以操作。

在学籍管理模块中，各园园长可以对本园的所有教职工进行基本信息及基本情况的维护和管理；教师可以对本班幼儿基本信息及幼儿父母信息进行维护和管理,同时,还可以对本班的幼儿进行入园登记、升班、转园、离园的处理；事务员可以通过该模块对幼儿的出勤情况进行登记。同时，还可以对幼儿的保险信息及保险的赔付信息进行维护；在学籍管理的查询模块中，可以对全集团所有幼儿园的幼儿出勤情况、男孩子和女孩子的情况、少数民族情况等相关的学籍情况进行统计。该模块功能的实现,规范了幼儿园管理的程序和流程，方便了集团各中心及各园对学籍的及时了解、查询和统计, 极大地提高了幼儿园的管理效率，同时为集团管理者及时掌握和了解来自一线的最基本、最真实的信息提供了便捷通道。

后勤管理模块实现了对集团房产信息包括办公、教室、绿化用地、幼儿活动用房用地等多项房产信息的管理；在设备管理功能中,实现了集团所有设备从入库、出库、报废等流程规范的管理,用户可以根据权限,查询集团所有设备的购置年限、分布及使用情况等；在伙食管理功能中,增加了对就餐人员的统计功能、食品供给管理功能和周食谱管理的功能，增强了对幼儿及教师伙食的管理。

2005 年，集团所属 19 个幼儿园全部安装了安全防范系统，报警器、摄像机、矩阵式环境监视设施等共同构建了新技术集成的安全防范体系。为保障幼儿在园的安全，全集团各园共计安装 80 多个摄像头，遍布集团的各个安全隐患死角，每个园所的制高点都安装一个 360 度的摄像头，以便能够在最高的位置俯瞰到园所的情况；在园所大门的出入口也安装了摄像头，可以对进出人员及时监控；有独立围墙的园所，安装在围墙上的摄像头能够对围墙内外的情况进行监视；幼儿园的操场也是一个关键位置，部分园所的音体教室也安装了摄像头，管理人员可以看到音体教室活动的场景。

幼儿智能安防系统，利用先进灵敏的红外线对射技术，将红外线对射机装在出入大门口、院墙四周等重要位置，同时在园内必要的区域架设摄像机，以确保园内无死角，红外线对射机与前端摄像机可连动，真正地实现了安防双保险，因此当有人试图非法进入幼儿园时，系统将触发前端报警器，后端报警主机将立即报警。

2008 年 5 月 15 日，我们接到一位家长打来的电话，说他有半个小时的时间都没有看到自己的儿子了。办公室工作人员迅速与第一幼儿园联系，后来发现孩子在睡眠室，和另一个老师在进行单独的活动。

这是一场虚惊！

但这正是集团监控安防系统发挥了敏锐捕捉、全视野不间断监控、自动录像记录的特点。强大的网传和互联网查询的功能，使这位有权限的家长通过互联网看到自己孩子没在班里的情况，及时了解孩子信息。

2006年，我将知识管理的概念引入学前教育，集团的信息化建设也进入了更新、更高的发展阶段。家园通综合服务系统的改造升级，把幼儿智能接送系统、幼儿在线系统与集团的网站进行融合，实现一站式登录，为所属幼儿园建立10个具有园所特色的二级网站，为百所联盟园创建宣传网页和网站链接。

九、创建幼儿园知识库

2005年，我从一篇文章上看到，某跨国公司利用技术优势，在创建全球知识资源库系统，将会把全球海量的知识纳入其中。

也就是从这时起，我也考虑，我们是否能建立自己的幼教知识体系库，这一工作的开展，将开创我国学前教育运用信息技术的先河，达到幼教领域的资源共享。

建立了自己的幼教知识库，可以为幼儿的成长提供真正适合他们需要的“养料”。为此，我咨询了有关专家，得到了技术上的支持保证。

做，必须马上就做！

于是，我们迅速成立了幼教知识体系库项目组，迅速克服了各种困难，完成了调研、初步设计工作。

2006年，一个完整的北京明天幼稚集团知识管理系统诞生了！

而这，仅仅用了不到一年的时间！

幼教知识体系库主要分为三个方面，即教学活动、教学服务、教学管理。包括7大知识体系库，即教育活动库、立美教育库、幼教理论库、幼儿园管理实践库、儿童营养库、专家资源库、信息技术库，主要功能模块包括知识资源、个人空间、系统管理、知识管理、问题集锦。

又经过三个月的运行，知识库实现了与办公化系统一站式的链接。

在知识库中，实现了对全集团幼教知识的集中管理和知识的共享，使用 Web 方式或接口方式收集数据，取代了集团教学管理通过传真、E-mail 等方式收集各园老师教育教学资料的传统方式，为全集团的老师提供了优秀教学资源共享的教学备课平台。

在知识库中，运用知识管理中的知识生命周期，从知识的上传、知识的审查、知识的发布到最后知识的更新，全面实现了从知识的产生到知识修改和维护的知识生命周期闭环。

在知识库里，全集团老师都可以对知识库的 7 大库进行上传，然后通过三级审查，即一级保教主任的审查，二级园长的审查，三级保教中心专家的审查，最后经过知识管理的系统管理员，将经过三级审查的知识发布到知识库里。

发布到知识库各库的知识最后可以通过知识更新这一流程，上传人和三级审查人可以适时地对已发布到知识库里的知识进行修改，完成知识生命周期的闭环。

幼教知识库试用后，第七幼儿园的张春晖园长给我发信息说，知识库大大提高了幼儿园教师的工作效率，老师们已经能充分利用已有的知识资源支持自己实际的教育保育工作了。

而这，正是我的初衷，我的愿望实现了！

知识库也大幅度地提高了集团教学管理的水平，为集团教学管理部门以及集团总部相关部门提供了及时、准确的基础资料类信息。

在庆功会上，我激动地说道："知识库的建立，标志着集团的信息化建设从基于操作系统共享文件的知识管理和基于办公自动化系统的知识管理，发展到基于知识库体系的知识管理时期。"

的确是这样，幼教知识管理的实施，是一场幼儿教育领域的革命，它将对教育观念、教学模式、教学方法、教学评价乃至整个教育体制产生深刻的影响。

幼教知识库的建立，也将极大地保护集团的知识产权，通过严格的知识库管理制度和手段将个人掌握的知识、宝贵经验，优秀的教案、课件等沉淀到知识库中。

十、明天集团的信息化

21 世纪，是科技主宰的时代，这个时代，也是信息技术孕育未来的时代。在海淀，这个全国高新科技发展聚集的地方，还有一群在科技和信息的乐园里期待展翅的小雏鹰们。他们，就是明天幼稚集团的 5000 多名孩子。

2006 年 12 月 19 日上午，北京明天幼稚集团学前教育信息化建设整体解决方案全面实现新闻发布会隆重召开。

会上，我正式向与会者发布：在计算机技术及互联网飞速发展的时代，北京明天幼稚集团敏锐地抓住了时代的脉搏，把信息技术与学前教育相结合，使信息技术成为辅助管理和服务、辅助教学、公共服务及幼儿安全管理的重要手段和工具；在教育信息化建设方面率先迈出了可喜的一步。我们在全国率先实现了教育信息化、管理标准化、资源共享化、安全科技化，全面提升了幼儿园的服务功能，完成了学前信息技术教育整体解决方案，基本建成了全国幼儿教育现代化管理手段的应用基地。

抓住了信息化的钥匙，就是抓住了时代的脉搏。我们就要做这样的弄潮儿。

2008 年 4 月 25 日，在集团召开的北京市海淀区第三次推进学前教育信息化现场工作会上，集团被北京市学前教育处正式确认为“北京市首家学前教育信息化建设基地”。

2009 年 4 月 24 日，北京市学前教育信息化基地建设启动大会在北京明天幼稚集团举行，来自全市各区县 130 多家单位的 200 多名代表参加了会议。北京市学前教育处处长张小红宣读了《关于公布北京市学前教育信息化示范基地的通知》，并为以明天幼稚集团为代表的 22 个信息化基地进行了授牌。我代表信息化建设基地园做了发言。

在北京明天幼稚集团的每一个发展历程中，我都深刻感受到了信息化给明天带来的变化，也享受到了信息化带来的成果。借助信息技术，集团为幼儿提供了更有效的教育手段和学习工具，为教师提供了转变教育方式和提升专业化水平的机会，构筑了知识沟通和共享的平台，优化了园所管理流程，建设了家园沟通的绿色通道，实现家园的零距离互动，开创了幼儿发展、教师成长、园所提升和家长满意的共赢局面，形成了和谐教育的良好氛围，塑造了集团品牌新形象。

在后来五年的发展中，我又提出新的信息化战略发展规划：自此，集团又开始了全面建成“家园通”综合服务系统；优化并集成办公协作平台；研发幼儿卫生营养配餐及管理系统、保教管理系统；提升幼教知识体系库，建成中国幼儿教育资源库；升级幼儿学籍管理系统和档案管理系统；深度应用 15 套信息系统；开展立美教育与信息技术应用相结合的课题研究；制定教师和幼儿信息化应用培训的内容、计划、范围和标准迈出了全面实施信息化的坚定步伐。

2010 年 10 月，全国教育技术协会幼儿教育协作研究会年会将在集团召开。有理由相信，在金秋 10 月，我们将收获更多的丰硕果实。

我期待着，我盼望着，明天的信息化脚步将会更加自由和宽广。

第八章

明天集团的特色课程

一、实践出“新”知

一段时间以来，我看到国内出版的一些教材，存在权威性不够、趣味性不足、“小学化”教育倾向严重、对儿童心理特点认识不够等缺点，有可能对孩子关键几年的教育形成不可挽回的误导。我身为幼教人，对于改变幼教现状有着不可推卸的责任与使命。要为孩子创设互动性、操作式、体验型的活动课程的想法在我的头脑中萦绕了许久，同老师们沟通后，大家也都有这样迫切的心情。但就如何入手，从何开始，是否需要请专家学者来论证我们的想法，我们的设计是否能实现，大家都提出了很多疑问和建议。我说：“我们要有自信，理论来自实践，实践出真知，专家理论水平高，我们实践能力强，我们就从强项入手，发挥优势特长，我想我们一定能做好这项利民利园利社会的大好事、大实事！”

我们都知道，研发幼儿园活动课程不同于其他，它更注重根据幼儿的年龄特点与幼儿园的特殊教育机构的性质，围绕游戏性、体验性、操作性及互动式的原则，依据《纲要》精神和立美教育思想，遵循学前儿童身心发展的规律建构活动课程。我们统一了思想，组织了一个研发班子，由教育科研部门主管，组织一线教师共同参与，很快就搭起了一个集团课程体系的核心与框架。从不同角度促进幼儿情感、态度、能力、知识、技能等方面的发展，要求学前教育的改革与发展在宏观层面上发生质的变化，体现学前教育与国际接轨的思想。以“幼儿发展为本”为幼儿的后继学习和终身发展提供更广阔的空间，把握幼儿发展的全体性、全面性、差异性和可持续性，将幼儿发展为本和社会发展为本的课程目标渗透和整合，体现时代精神和优质学前教育的理念。我们试图从尊重幼儿生命个体、考虑幼儿的学习特点出发，用整合的观念建构课程，提供幼儿需要的经验内容，着眼幼儿最基本的感性经验的积累，使幼儿获得最基本的发展。

在研发过程中，活动课程的设立和建构注重幼儿各自经验的扩展和特殊能力的需要，尽可能地体现启蒙性和广泛性，自主性与提高性；同时，将来自幼儿生成的有价值的内容，合理地有效地吸纳到教师的预设内容中去，试图建立一种使人性、智性同社会相互协调的新教材。我们将五个发展领域中的核心概念和基本经验有效地整合到课程目标之中，开启幼儿的多元智能，注重幼儿早期的潜能开发和个性化教育，正确把握幼儿发展的全面性、全体性、差异性、持续性和操作性：

全面性——3-6 岁幼儿体、智、德、美、劳各方面的和谐发展。

全体性——所有来自不同文化背景的幼儿都应享有优质教育。

差异性——尊重由遗传、环境和教育的不同所形成的个体特征，重个性化发展。

持续性——所有影响幼儿的活动，都应对其后继学习和终身发展起推动的作用。

操作性——幼儿独立体验尝试，自主学习参与系列互动活动。

纵观全国学前教育实践，从形式上来看，幼儿园普遍越做越规范，但在深入理解园本课程的本质内涵上，还存在很大的提升空间。我们现在的弊端就是约束性的措施太多，鼓励性的措施太少，教师参与热情被各种常规所剥夺，也被形式主义所影响。

园本不是一个空间概念，而是代表一种理念，是幼儿园科研的新范式。园本课程的创新是一种文化变革，文化的创新有其特殊的规律，急是急不出来的。急出来的不是真正的成果，只有书面的材料，形式上的东西。

我一直主张在幼儿园做教育科研将研究园本活动课程为重点，鼓励和支持把握立美教育精髓的东西，建构园本活动课程要从做好每一个幼儿教育活动入手，从“小处”、“细节”入手，以“尝试操作”、“游戏体验”为主设计立美活动课程。

记得一次我们在研发幼儿立美教育系列活动课程《幼儿立美教育课程活动教材——每月一节》选择适宜的内容的时候，我将研发分为3个组：小、中、大班。3个组经过反复交流碰撞9次，大家提供了970多个教育互动性主题活动。在筛选中，小李老师说“三月有‘爱妈妈节’，三个年龄段的内容都是‘爱妈妈’，目标要分解制定三个，要不就定一个大一点笼统一点的吧。”宋老师说：“这个可不太合适，每个年龄段的幼儿特点各有差异，虽然主题月一致但内容与目标应该有明显的区别，这样家长、老师清楚，更主要的是适龄的孩子完全可以独立操作啊。”陈老师说：“咱们的这些教学活动都是通过实践而梳理出来的，选择的每个活动内容都该把实现将最近发展区转化为现有发展区为目标，促进幼儿的发展，这是我们研发课程的出发点也是研发教材的目标。”就这样，经过多次推敲，反复验证，经过近3年的实践尝试，终于成型了。我们从970多个活动中择出了132个互动操作性的系列主题活动，完成了明天幼儿系列丛书《幼儿立美教育课程活动教材——每月一节》、《明天娃的电脑世界》、《明天好娃娃》的编写工作。

经过十多年的摸索和理性的思考，我在幼儿园实施立美教育，建立核心园本课程中，搜索出了一些切实可行的经验和策略。

二、园本课程风景独好

从教30多年来，我先后主持了“园本课程”建构、调试、完善、发展等几个阶段的工作，深刻地感受到园本课程并非神秘得高不可攀。我们的园本课程取之于教育实践，又回归于实践，同时又在我们的工作实践中得到发展和提升。我用了 20 多年的时间才创建研发了“幼儿立美教育实践课程”，而且还在不断完善和发展。这套课程不仅证明了我们幼教工作者锲而不舍和实事求是的精神，也证明了要追求自己的理想与事业就要有信心和勇气，要学会坚持与审慎，要经得起诱惑耐得住清苦。

在我看来，园本课程开发包含的范围很广泛，它可以从广义和狭义两个方面去理解：广义的园本课程开发指的是幼儿园及教师对现有课程的处理及决策，这种行为在日常生活中比较常见；狭义的园本课程开发则是指在课程专家的指导下各方共同参与课程的决策过程。

园本的立美课程就是以一线的教师为主体设立的实用性课程。在我眼中科学教育中美的形式很多。幼儿园设计了一个活动“会跑的颜色”，使科学道理动态化，用美的色彩、美的形式和动态的美，展现了科学中的美。美有形式特征，美是用形式表达的情感。利用各种形式化特征的载体，如音乐、舞蹈、文学形式，都可能表达科技的美，可能影响情感。如何抓住美的形式特征呢？老师们知道自己学科美的形式特征，能够逐步地进行情感教育。在语言方面，老师朗诵或讲故事的语言有节奏，或铿锵有力，或抑扬顿挫。幼儿园科学教育首先要懂得各门文化形态的形式特征，这样才可以选择利用科学教育中美的形式。

集团的品牌需要打造，集团的文化需要提升，集团的成果同样需要凝练。一个好的教育思想、教育理念和教育成果，需要长期的积累和沉淀。

针对幼儿立美教育理念，为了理解与实践，我设计了一个活动课程导图，以图为纲，以立美教育为引领，首先确立了完整的立美教育课程体系。

立美教育课程是落实《规程》和《纲要》的桥梁，是实现教育目的的手段。幼儿园的课程是帮助幼儿获得经验，促进其身心全面和谐发展的多种活动和生活的总和，是一个动态的过程。其中包含了幼儿学习和生活过程中所接触和碰撞到的一切物、景、情。通过多种教育活动，不断充实和丰富幼儿的全部经验来发现世界的知识和奥秘。以此认识为基础，根据立

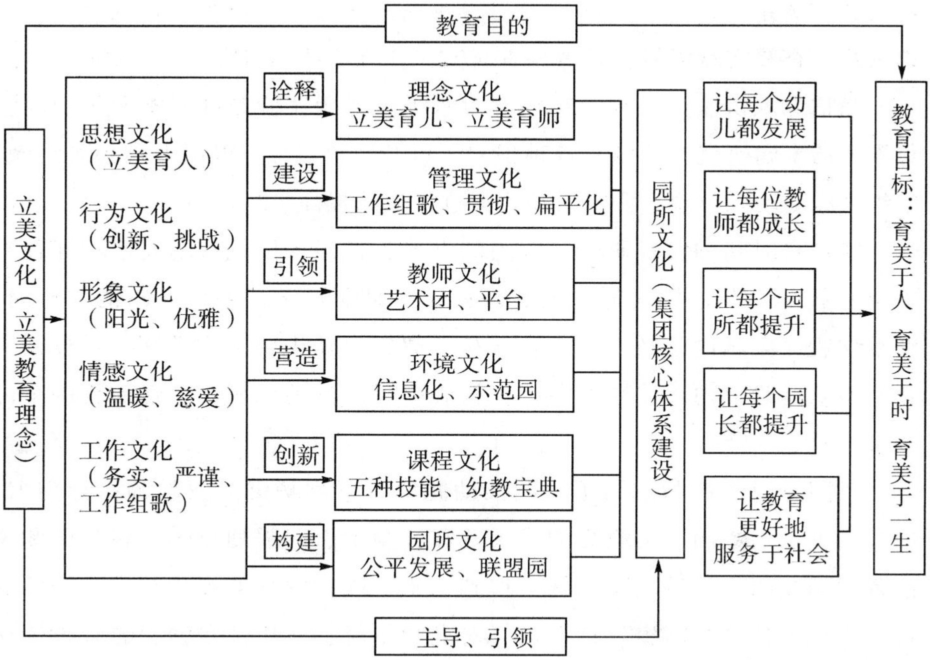

美教育的原则，明天幼稚集团以《规程》为依据，确定了四类课程体系，即核心课程（语言、计算、音乐、体育）、非核心课程（社会常识、舞蹈、美工）、潜在课程（校园文化、环境美化、行为习惯、家庭教育）和活动课程（主题活动、劳动教育、演出训练）等四位一体的课程体系。四类课程合成一个有机的整体，形成充满生机的、相互协同的课程结构。

幼儿立美课程在完成《幼儿园教育指导纲要》五大领域目标的基础上，设定了四条主线：环境立美、艺术立美、生活立美、活动立美。以每月一节的主题互动性活动为载体实施教育活动。

立美课程内容的选择基于目标，基于环境，基于幼儿学习的多种需要。具体编排课程内容是从多角度思考，依据课程目标组织教育内容，根据幼儿能力发展特点组织教育内容，根据学科领域特点组织教育内容，全面突出差异性个性化操作体验式立美实践内容。

我在立美课程的研究中，要求教师处理好前所未有和有中求新的创造与创新的关系，处理好教师主导与幼儿主体的关系，组织教师认真学习理论书籍，查阅文献资料，开展调查研究，使立美课程研究有一个高的起点。

邀请专家讲座，提高教师的学习水平。各园实验教师对本园子课题进行深入的专题研究，并做好各种积累。召开教科研会，及时开展各种交流，组织观摩活动以及现场研究活动，促进认识的提高。

经过长时间的实践研究，集团的立美教育课程模式和幼儿活动课程基本确立起来。课程模式为：核心课程——课堂教学：采集、归纳、感知；活动课程——园内外教育活动：分析、研究、认识；潜在课程——校园文化环境：体验、内化；园本课程：核心课程、活动课程、潜在课程的全部成果。

集团还组织教师编写了《明天幼儿教育系列丛书》及教师指导用书，向社会展示了集团立美教育的成果并在社会上引起强烈反响，在集团和全国各地幼儿园使用后反映较好，得到了来自同行的高度评价与家长们的赞扬。一位家长这样写道：这套教材对老师来说，实用性较强，课程设计比较新颖。对于幼儿来说，教材的动手操作性较强，好多都是以粘贴的形式出现的，书内的图画颜色新颖，能在第一时刻抓住幼儿的注意力。而且，课程的设计上从幼儿来园第一天开始，高兴来园，克服分离焦虑，接着再用一些游戏的方式教会幼儿一些简单的知识。幼儿很喜欢用这套教材。一位中班家长找到我说："《明天好娃娃》的理念非常新，内容有特色，能够很好体现素质教育观念，幼儿的可操作性较强，此外，它的纸张精致，画面很清晰、美观，体现了一定的审美性，幼儿非常感兴趣。此书有相应的教师或家长指导用书非常好，这样，就算是非幼教专业人员也可以根据书中的提示去指导幼儿。希望此书的应用范围再广一些，现在孩子比较聪明，希望再增加点难度。"一位大班幼儿的家长给我的信中写道："《每月一节》这套教材的实用性较强，内容也较丰富，适合幼儿、家长及教师使用，尤其是后面的小贴画，便于幼儿动手操作。我们认为这套教材能够突出集团的特色，应该更好地发挥这套教材的使用功能。"

三、科技之花香满园

在学前领域实施科技教育，是向广大儿童传播科学知识、科学思想和科学方法，可促进幼儿理解和掌握科学技术，丰富幼儿热爱大自然的情感，启发幼儿主动关心周围的环境及事物，激发好奇心、认识兴趣和求知欲望。发展幼儿的认知能力、提高他们的思维水平，形成对周围世界的探究兴趣及解决问题的能力，并可帮助幼儿获得有益的学习经验，促进其身心和谐发展有特别重要的意义。我们面向幼儿园全体幼儿，在科学态度、科学知识和技能、科学方法以及科学行为习惯等四方面，由浅入深、由近及远、由表及里、由形象到抽象地开展活动。

科技教育主题的确定应是教师结合幼儿的发展需要，与“科技纲要”中相应科技教育目标相结合，针对一个主要的科技内容开展专题科技教育活动。在活动中幼儿带着问题，对相关的科学材料摆弄操作，在操作实践中发现问题，解决问题，提出新的问题，以获得直接经验和体验。教师在活动中根据幼儿的认知特点，从幼儿感兴趣的或较熟悉的现象入手，提出可供探索的主题，给幼儿提供参与探索和研究的机会，让幼儿在实践中寻找解决问题的途径和方法，同时对活动中的问题进行有效的分析、归纳、总结。

最终成功地在幼儿园搭建了全面的科普教育课程整体架构，摸索出了幼儿科普教育的原则：启蒙性原则，生活性原则，操作性原则，游戏性原则，环境性原则，科学技术与社会相结合的原则，科技教育与情感、态度、价值观培养相结合的原则，科技教育与艺术教育相结合的原则。确立了以科学探索活动为主题的一系列活动内容。分别从科学态度、科学知识与技能、科学方法与能力、科学行为与习惯四个方面，按大、中、小班对幼儿科技教育的目标进行分解：

科学方法与能力
小班 学会使用一些小实验的器材。 中班 1. 知道收集信息的几种渠道和方法。 2. 独立或合作完成一些手工练习、小制作。 3. 学会比较同一类事物,找出它们的相同点和不同点。 大班 1. 学习与同伴交流实验结果。 2. 会用不同的方法进行操作,并观察它们的效果。 3. 可以用多种渠道收集信息。 4. 学会比较不同类事物,找出它们的相同点和不同点。
生命科学
小班 1. 感知常见动物的形态与本领。 2. 能分辨植物与动物。 3. 感知身体的各个组成部分,知道如何保护它。 4. 知道人类应当保护环境。 中班 1. 了解基本的营养、卫生与保健的作用。 2. 感知植物的根、茎、叶、花、果实、种子等的用处。 3. 认识周围常见的动植物。 4. 感知一年中气候变化对生命体的影响。 5. 知道人类应当保护环境。 6. 知道各种生命体的生长过程。 大班 1. 区别栽培植物、家养动物与野生动物。 2. 感知生命体(植物、动物)的延续主要是依靠不同形式的繁衍方式。 3. 感知周围常见动植物的生活、生长习性。 4. 知道生命体适应环境才能生存。 5. 知道生命体与生命体之间是有关系的。 6. 知道人类应当保护环境。
物质科学
小班 1.对生活用品进行简单的描述和分类。 2.知道常见物体由哪些材料做成。 3.知道材料可以加工成各种物品。 中班 1.物质有不同的形态和状态。 2.受到足够大的力的作用,物体会运动。 3.废旧物品可以用来加工成玩具和其他有用物品。

续表

大班 1. 知道声音和光的简单性质。 2. 感知物体运动与摩擦力。 3. 了解物体的物理变化。
地球空间科学
小班 1. 地球上的气候可分成季节。 2. 地球上有白天、黑夜的变化。白天、黑夜变化一次,就是一天。 中班 1. 岩石、土壤、水分和大气都是地球的物质,它们具有不同的性质和用途。 2. 太阳给生命体带来光和热。人类利用它制造了各种太阳能设备。 3. 天空中有各种物体,有的是自然物,有的是人造物,它们都会运动。 大班 1. 地球上的物质是十分丰富的,但人类如果无限制地使用它,可用资源将枯竭,人类的生活和生产就将受到严重影响。 2. 人类研制了各种飞行器并借助它离开地面,直至飞向太空。 3. 地球表面有生命体和非生命体及现象,而且这些现象是在变化的。
军事科学
通过活动,使幼儿了解各种常见军事武器,如枪、炮、飞机、军舰等。
科学前沿与高新技术科学
小班 1. 了解看、听、说等是最直接的信息传输。 2. 了解电视每天都在传播信息,它不仅可传送声音,且可传送文字和图像。 中班 1. 知道各种类型的电话使远距离信息传输变得更快、更方便。 2. 了解城市立体交通建构。 大班 1. 感知电子计算机和网络是现代化的信息处理、控制手段。 2. 了解生活中的高新技术现象,如节能灯、食品保鲜、无土栽培、温室栽培、机器人、磁浮列车、克隆动物等。
实用技术
小班 1. 学习打电话。知道父母单位或家中的电话号码,知道 110、119、120 等各有什么用。 2. 辨别在家庭周围的几条路及它们的方位,大致指出家庭所在地的位置。知道住处附近的标志性建筑物。 中班 1. 了解一些家用电器的安全使用知识,并能在家长指导下正确使用。 2. 会折纸和制作简单的橡皮泥塑。 大班 1. 知道家庭中的简单工具,并能安全、正确地使用它们。 2. 能用不同的物品进行组合、造型。 3. 学习分类整理物品。

续表

科学技术史
小班 1. 了解人类一直在进行科学发现与技术发明。 2. 感知港口的轮船、飞机场的飞机等，并对它们产生兴趣。 中班 1. 知道几位古代的、近代的、现代的科学家和发明家。 2. 培养对科学家和发明家的尊敬。 大班 1. 通过参观现代化生产线与手工作坊，感知技术的进步。 2. 简单了解科学技术的历史。
科学行为习惯
小班 1. 学会翻书、看书。 2. 会正确盥洗、进餐、站和坐、行走和活动。 3. 爱护花草树木。 4. 会自己整理、收拾学具，放回原处。 中班 1. 会保护周围环境，不随地吐痰，不乱扔废纸果壳，不随地大小便。 2. 有对材料或物品拆拆、装装、拼拼、搭搭的习惯。 3. 无论自己是否同意他人的想法都应该认真倾听。 4. 有正确的拿笔、看书、握笔姿势。 5. 会正确识别一些交通标志、知道令行禁止。 大班 1. 耐心听完别人的话后再说自己的想法。 2. 有对自己拆零的物品恢复、组合的习惯。 3. 能从书本中、交流中、观察中、操作中、小实验中发现问题，并大胆提出问题。 4. 会用举例、类比等事实材料表达自己的想法。

此幼儿园科技普及案例研究形成了独特的课程体系，也形成了整套的教育活动用书，非常实用，有些小学低年级的科技教育活动就选用此书作为教材。看到这样的一幕，我由衷地感到欣慰。

四、信息技术让教材“活”起来

一段时间以来，一些幼儿园把信息技术仅仅作为辅助教或辅助学的工具，信息技术与幼儿园课程整合教育在目标、内容、过程、方式及评价方面仍存在单一的问题，削弱了信息技术与幼儿园课程整合本身所能够带给孩子的体验和乐趣。鉴于此，我深感很有必要对信息技术与幼儿园课程的整合进行研究，探讨信息技术与幼儿园教育课程的有效整合方式，有效发挥信息技术在幼儿教育中的独特功能，营造一种新型的幼儿教育活动环境。

在多年探索信息技术与幼儿园课程整合的过程中，我主要从几个方面来理解与实践：一是整合的目标研究。探讨信息技术与幼儿课程整合的必要性在哪里，也就是回答为什么要将信息技术与幼儿园课程整合起来的问题。其次，研究信息技术与幼儿园课程整合的最终目标，是要探索集信息技术教育理念、教育活动行为和学习方法为一体的信息技术素养教育范式，其目标在于实现园所、社区及家庭的教育活动目标的有机结合，实现基于数字化环境的自主学习、合作学习、探究性学习模式的研究。

二是内容的整合研究。我根据《幼儿园教育指导纲要》指出，幼儿园的主题活动内容要贴近幼儿生活，生活化是幼儿园课程的一个重要特征。我们可以利用信息资源丰富、时效性强的特点，将信息技术与幼儿园课程内容有机整合，充分利用各种信息资源，引入时代活水，与幼儿园教学内容相结合，使幼儿的学习内容更加丰富多彩，更具有时代气息，更贴近生活和现代科技；同时也可使教师拓展知识视野，改变传统的学科教学内容，使教材“活”起来。内容整合模式研究结合集团《完善立美教育德育功能的实践研究》国家级课题，将信息化建设纳入整个课题研究中去，并作为幼儿园立美教育发展的重要手段和内容之一。

三是活动过程的整合研究。“活动过程整合”，我认为是指教育者与学习者以教与学为目的的具体操作形式。即将信息技术的学习运用与学科课程的学习探究有机地融合在同一活动过程中，并在这一过程中达到对建构主义所倡导的“同化”与“顺应”的目的。这是课程整合的主体，也是实现信息技术与幼儿园课程整合的途径。过程整合的模式研究将着重研究幼儿园活动课程的信息化应用，并探讨在幼儿园教育中，利用数字技术的优势，改变教师“教”的方法和幼儿“学”的方式、方法。

四是教与学方式的整合研究。我想这主要体现的是幼儿学习的开放性，学习过程的交互性以及内容形式呈现的多媒体化。在实施幼儿主题教育活动的过程中，融入现代信息技术手段，这种包含图像、音频、视频、动画等的信息化手段，能够呈现符合幼儿直观感知的学习材料和内容，符合幼儿认知发展的特点，有助于提高幼儿学习的兴趣，激发他们自主探索学习的乐趣。教与学的方式整合着重研究幼儿教育中信息化素养的培养，其中渗透信息意识教育方式、方法。研究同时也能提高教师的教育教学能力和研究开发能力，帮助教师形成有教育价值的信息化教育教学案例、课件、评价体系及课程模式。

五是整合的评价研究。我理解它旨在将幼儿园课程与师生教与学的实效性及幼儿园整体的教育质量进行全方位立体式多层次多角度的评价与判断。通过评价研究，可以有效把握信息技术与幼儿园课程整合系统中各方面的情况，从中了解教育活动运行的状态，判断教育目标的达成与教育效果的优劣，进而分析教育行为，优化教育策略。信息技术与幼儿园课程整合的评价研究将重在评价教育计划和教育活动目标是否建立在了解幼儿现状的基础上；教育的内容、方式、策略、环境条件是否能调动幼儿学习积极性；教育过程是否能为幼儿提供有益的学习经验，并符合其发展需要；教育内容、要求能否兼顾群体需要和个体差异，使每个幼儿都能得到发展，都有成功感；教师指导是否有利于幼儿主动、有效地学习等。

我所理解的整合更多强调的是利用信息技术来营造一种新型的教育活动环境，该环境应能支持情境创设、启发思考、信息获取、资源共享、多重交互、自主探究、协作学习等多方面要求的教育活动方式与学习方式。

信息技术与幼儿园课程整合的特点

目标整合	内容整合	活动过程整合	教与学方式整合	评价
全面性	生活性	生活性	融通式	整体性
启蒙性	浅显性	体验性	综合性	参与性
融合性	本土化(规范化)	结构性	互动式	平衡性(实效性)
操作性	个性化	逻辑性	审美式	发展性
指向性	多元化	有序性	合作式	经验性

也就是将信息技术全面应用到各学科教学的过程中，使各种教学资源，各个教学要素和教学环节，经过整理、组合、相互融合，在整体优化的基础上产生聚焦效应，促进幼儿信息技术应用能力的发展。

在设立园本活动课程过程中，我们按照幼儿园教育目标、幼儿发展的特点与需要，根据幼儿园的实际状况和课程资源条件，将信息技术与本园的课程内容、课程方法、课程编排、课程管理等方面相融通，并在实践与研究探索基础上，对信息技术与幼儿园课程整合理念有了进一步的认识，也形成了一些物化形态的课程行为范式。

在信息技术与幼儿园课程整合研究中，我们已经不是简单地将信息技术应用于课程目标、课程内容等某个独立的环节，而是从幼儿教育课程开发的系统出发，围绕目标、内容、活动、教与学过程以及评价等，形成了一种闭环模式，深化了早期的单一行为。

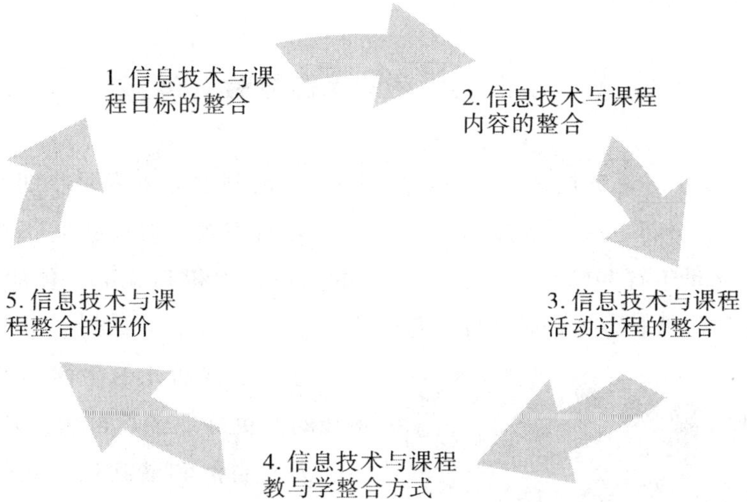

信息技术与幼儿园课程整合的模式循环图

在系统整合的理念下，信息技术与幼儿园课程整合的框架主要表现为：根据明确的教育目标，选择适合年龄发展需要的教育内容，在活动过程上采用符合教育特点，贴近幼儿生活的体验操作式的活动，结合幼儿立美教育四条主线：生活立美、环境立美、活动立美、艺术立美，依据《幼儿园教育指导纲要》中的五大领域（健康、语言、科学、艺术、社会），将信息技术教育目标与内容和这五大领域充分整合，编制出适合 3~6 岁幼儿认知特点的活动课程和学习内容，并在实施中及时对目标达成、内容设置、活动方式、学习效果等做出全方位的评价和审核，从而确定适应园本特点和幼儿年龄特点的幼儿教育模式。

例如，我们将生活立美教育主线与健康领域的教育相融合，设计了 3~4 岁幼儿“高高兴兴上幼儿园”主题活动，将来园的实际情况录制成小短片，请幼儿观看，了解不同的表情所表达的不同心情。通过教育课件上的各种动作变化与颜色的调整，让幼儿知道怎样做是对的，怎样做是令人高兴和喜欢的事情。而且幼儿还可以亲自动手操作这个游戏课件，以巩固自己的认识。设置这类主题系列活动，将信息技术整合于其中，有利于 3~4 岁幼儿的养成教育。

五、生动的生态体验

“老师这白薯真是她自己挖出来的？”“老师这老玉米是小朋友自己种的吗？”家长们一次次地提问，我一遍遍地回答着，对此我并不感觉到麻烦，相反我还有些暗自高兴，因为我的做法再次得到验证，体验式教育、家园共育有利于幼儿养成良好品行。

★农庄采摘活动

为了丰富幼儿的生活体验，也为了让幼儿更好地亲近自然、爱护自然，感受人与自然和谐共处，我带领集团于 2008 年就开始开展了园外自然生态学习活动课程。4000 多名幼儿走出幼儿园参加生态教育体验活动。教师带领幼儿深入田间地头，通过挖野菜、刨花生、挖红薯、喂小兔、走迷宫、玩沙、草坪游戏等活动，让幼儿在真实的生活中去探究、学习，丰富了感性经验，锻炼了幼儿体魄、培养了动手能力、团队合作意识 ，同时激发了幼儿爱自然、爱劳动人民的美好美德和情感。园外自然生态学习课程利用农庄特有的资源，内容设计充满了农趣、童趣、野趣，对于生活在城市的幼儿来说，这些活动大大丰富了幼儿的生活，活动新奇、有趣，幼儿玩不够、看不够。园外自然生态学习课程使幼儿感受到大自然的勃勃生机，置身于大自然中，幼儿体验到了从没有过的快乐。教师们也深深感受到孩子们在收获活动中的喜悦。

园里教师将自然生态学习活动融入本班日常教育教学活动中，结合季节特点，为幼儿进行相关的知识储备，做好家长宣传工作。幼儿园注意积累幼儿活动时的影像资料，回来后张贴出来，让家长了解幼儿参加农庄活动情况，分享孩子的快乐。之后通过谈话、绘画、手工、歌舞等多种活动再现农庄有趣的活动，使得自然生态学习活动成为班级主题教育活动的重要内容，从而有效地促进幼儿发展。

自然生态课程很好地融合了五大领域的教育内容，使幼儿在清新自由的大自然中获得发展。

利用农庄的自然生态环境空间，让幼儿充分沐浴新鲜的阳光和空气，感受农庄的自然美、风景美，积极锻炼身体，达到自然美和健康美的和谐统一。

开展丰富多彩的农庄艺术活动，激发幼儿创作灵感，让幼儿有表达的欲望。 培养幼儿观察美、感受美、表现美、欣赏美的能力 。

通过参加农庄丰富多彩的活动，使幼儿感受劳动人民的辛苦，激发劳动热情，体验人美、劳动美。

幼儿感受到人生、植物的成长过程，在活动中丰富经验、丰富词汇认读和加深理解经典文学作品 ，增进幼儿语言表达能力。

自然生态体验课程，让城市的孩子暂时告别了喧嚣，远离了钢筋混凝土围筑的藩篱，充分体验了泥土的清新，感受了大自然中植物、动物与人的和谐相处。自然生态体验课程带给孩子的不仅是知识，更是身心的愉悦，精神的放松和自由。

六、早教进驻童话世界

我一直在考虑，幼儿立美教育活动是否应该向下延伸，向外拓展，幼儿园立美教育是否应该深化到婴幼儿的领域中并与社区早教相结合，满足更多家长需要，让婴幼儿享受优质的教育资源，为早期教育建立课程体系，开发一套0~3岁婴儿的教育活动课程呢。对此郝老师也有同样的考虑。于是借助多年的实践研究和专业知识，我们便开始了尝试。首先根据1~12月的婴幼儿的月龄特点进行创编，用艺术的形式编辑了系列描述月龄特征的诗歌、表示动作发展的歌曲与图文并茂的童话故事《青青虫》，来指导家长与老师教养适龄孩子。其中喜闻乐见的童话故事《青青虫》最受家长们欢迎。故事中出现的一个个美丽情节，都是在提醒成人应该给婴儿创设怎样的生活成长空间与适宜的环境，以及施教的一些具体方法。

(冬季)

一月 (躺)

阳光下的小叶床是那么温暖，躺在上面可真是太舒服啦！青青虫慢慢地爬上小叶床，用一片小叶角被轻轻地盖在身上，憨憨地睡着了。伴着树叶上小知了的歌声，它笑了，在睡梦中它梦见了亲爱的妈妈，梦见了亲爱的爸爸，它甜甜地笑了。

二月 (转)

阳光透过小树叶洒在青青虫的身上，躺在小叶床上的青青虫慢慢醒了，它掀开小叶角被，打了个哈欠，眨了眨眼睛，伸了伸腰，好甜好美的梦啊！青青虫转动了一下小脑袋，听着知了姐姐还在轻轻地唱着，看到阳光透过树叶一闪一闪的，啊，今天又是一个好天气！

(春季)

三月 (翻)

小叶床上的青青虫左右晃了晃圆身子，好像在和树叶缝里透出的阳光捉迷藏，忽然，它停住了，一使劲儿翻了个身，趴在小叶床上，咿咿呀呀慢慢地向前转了转。青青虫看到了美丽的小露珠，那小露珠晶莹剔透照出了青青虫的小圆脸，映出了青青虫的圆身子。呵呵，真有趣！

四月 （扭）

呼吸着清爽的空气，听着知了姐姐的歌声，青青虫自在地扭动着身子，笑嘻嘻地努力抬起头，突然发现小露珠后面是妈妈和爸爸，它高兴了，快速地扭了过去，它打算让妈妈爸爸拥抱一下。穿过小露珠，噢，好凉快啊！咦？露珠里怎么有个和自己一样的青青虫呢！哦，嘿嘿那是自己呦！

五月 （蹭）

透过一片一片绿绿的树叶，啊！青青虫终于将自己的身子蹭了过去，它终于和自己的爸爸妈妈拥抱在一起。它高兴得一个劲地搂搂这个抱抱那个，青青虫的爸爸妈妈呢，微笑着抱着青青虫，更是没完没了地亲了个够，树叶上的知了姐姐看着快乐的青青虫一家也唱得更起劲了。

(夏季)

六月 （坐）

晴空万里的日子，坐在小树叶上的青青虫，专心地听着知了姐姐的演唱，握着小拳头跟着节奏摇头晃脑，好像听懂了什么似的，一会儿它就一阵一阵地拍着手，一会儿又摇晃着小树叶欢呼着，噢，喔，棒哦，哈哈，它乐得合不拢嘴！

七月 （动）

生长在大自然中的青青虫，渐渐地发现小谷物和青青菜是它的最爱，吃着它喜欢的食物，它会开心得不得了！很快地青青虫又有新发现，怎么自己的嘴里露出了两个小东西，这是什么？青青虫很奇怪。它急忙张开嘴巴请爸爸妈妈看。爸爸妈妈看了以后笑了，哦，宝宝这是你的牙齿，以后你可以吃到更多更有营养的美食了！

八月 （爬）

随着一天天过去，小青青虫渐渐长大了，小树叶已经太小了，青青虫开始四处活动，一会儿爬到另一片小树叶上钻进小露珠里，一会儿挪到小树干上抓抓上面的小豆豆，有时还挤到知了姐姐的身边，哈哈，小青青虫手里时常攥着各式的小叶角，玩得可真开心啊！

秋季

九月（独立）

蓝蓝的天空飘浮着几朵白云，金黄色的叶子下面，藏着可爱的青青虫，今天可是自己吃的谷物和青青菜，自己喝的露水，而且一会儿，星星出来的时候也是自己睡觉哦！呵呵青青虫的爸爸妈妈今天要出远门，青青虫这可是头一次啊。它有些兴奋，一定让爸爸妈妈有个惊喜！果然当爸爸妈妈回来的时候，青青虫已经安然入睡了！青青虫可真棒！

十月（站）

天空中的大雁排成一字向南飞去，青青虫抬头望着它们整齐的身影，想着要是自己能站起来和它们挥挥手打个招呼就好了。于是，它手撑地脚使劲，用尽全身的力气，啊，青青虫真了不起，摇摇晃晃地站起来啦！它高兴地笑着向渐渐远去的大雁挥着手！

十一月（走）

天气渐渐冷了，知了姐姐回家了，又送走了大雁哥哥。青青虫想着，去看看小松鼠吧。怎么去呢？以前是爸爸妈妈抱着，现在要自己试着走过去，对！于是，青青虫鼓足力气，手扶着小树干，站起来，左腿站稳，抬起右腿，它颤颤巍巍迈开一生中第一步！

冬季

十二月（自立）

要去外婆家过年喽，青青虫裹着厚厚的叶绒衣，和爸爸妈妈一起穿过树林，看着光秃秃的树干，看着雪地上自己的小脚印，青青虫高兴极了，这是它第一次看到这洁白的瑞雪，它情不自禁地高声唱起来，啦啦啦，啦啦啦，朋友们开心的一天开始啦！

在我看来，一月至十二月的早教婴儿活动课程，既有童话故事，又有诗歌童谣，同时还有配乐歌曲，是一套具有独特性与创新性的活动课程。

至今此类课程似乎还不曾多见。

七、幼儿动手做实验

一次我来铁路幼儿园的科技宫，看到大班幼儿正在上实验课，一个孩子一会拿试管，一会拿个烧杯，一会拿支毛笔在淀粉糊糊上沾沾，在一张宣纸上画几笔，再吹吹，一会又在一旁记着什么，可真忙。我不禁问了一句“你这是做什么?”那个小朋友抬头看看我，认真地说：“我在做科学实验，用淀粉调色呢。”看着孩子认真的样子，我有一种陶醉的感觉。孩子在适宜环境中，投放恰当的材料，孩子自主学习的积极性就会被调动起来，孩子注意力和持久性也自然更好。我和孙智敏园长商讨，是否可以将此类活动系统地整合起来，做成幼儿园自己的课程呢?孙园长马上就和园里老师们研究我的这个主张，动态实验的园本活动课程就这样应运而生了。小班、中班和大班都有相应的经典的活动课程。为了更加规范，老师们还设定了一些规范模板，这样课程成熟后还可以让更多的幼儿园和班级推广和分享。

动态科技特色课程 科学教育实验模版（参考）

【适用年龄】 3~4 岁

【设计实验活动的名称】

能干的小手

【设计实验活动的背景（由来)】

这个活动是我们班主题活动中的一个活动，根据小班幼儿的年龄特点，以自我为中心、比较关心自己的特点，结合本班的主题，开展了这个有趣的自然科学活动。

【设计实验活动的目标】（任务)

1. 能关注自己的小手，喜欢探索。

2. 初步认识手指的名称。

【设计实验活动的材料】（准备主要设备与器材)

糖纸、彩泥块若干，盘子，手指木偶五个。

【实验操作程序】（步骤）即系列活动网络图中的一点

邀请幼儿玩一玩→启发幼儿说一说→引导幼儿想一想→鼓励幼儿做一做

【实验活动的过程】（系列活动轨迹照片）

一、邀请幼儿玩一玩

昨天，王老师到娃娃家做客，发现娃娃在哭着要糖吃，可是我们的娃娃家里没有糖，怎么办呀？请小朋友帮忙吧！

二、启发幼儿说一说

1. 小朋友刚才我们做一件什么事情呀？除了我们用的糖纸橡皮泥，我们还用到一样非常重要的东西，你们知道是什么吗？

2. 你们知道他们都叫什么名字吗？他们还有大名，你们知道吗？（手指木偶）

3. 我们的小手太能干啦！那都能干些什么？

三、引导幼儿想一想

小朋友想一想我们的小手不能干什么？

四、鼓励幼儿做一做

听音乐做律动“我有一双小小手”。

【实验活动的结束】

听音乐做律动“我有一双小小手”。

【实验活动拓展】

教师鼓励幼儿中午用能干的小手自己穿脱衣服，使幼儿在生活活动中继续巩固用能干的小手做事情。

【实验活动的效果与反思】（改进与设想）

反思：

孩子们带着浓厚的兴趣，在老师游戏化的语言引导下，跟着教师手指木偶一步一步地认识了五个手指的名称。

改进：五个手指比较大小不太适合小班幼儿，应该改进。

【活动的关键与重点、创新点】

请幼儿尝试自己动手给娃娃剥糖，发展幼儿的小肌肉动作、学习五个手指的名称……

【实验活动的相关知识要点】

将各类活动的内容经过精选后，分为5~6岁幼儿、4~5岁幼儿、3~4岁幼儿的完整园本活动课程体系。

第九章 文化内涵塑品牌

一、明天品牌的文化定位

品牌就是“知名度”。有了知名度就有了凝聚力与扩散力，就有了发展的动力。对我所创立的明天幼稚集团而言，品牌既是事业发展的结果，更是事业进一步发展的动力。

在当前竞争激烈的教育大潮中真正做一个能够持久下去的品牌，必须要有宏观的视野，具有教育管理的内涵和深度。从海淀区幼教科视导员到塔院幼儿园园长，再到明天幼稚集团的总院长，我与幼教结缘已有 35 年。相比中小学教育和大学教育，幼教在教育体系中一直属于“弱小民族”，所以打造幼教品牌、为幼教争光成为我的一种情结。针对国有资金对幼教投入不足、优质教育资源短缺的问题，我一直在思考着幼教的出路。在集团化办园的同时，我们应该如何把“明天”的品牌做得更加有含金量呢？

我有一个喜欢收集酒瓶的好朋友，一开始，收集的无非是各式各样的二锅头、牛栏山之类的普通酒类，瓶瓶罐罐，大大小小，琳琅满目。而随着她事业的不断发展扩大，人脉日益开阔，她的酒瓶也不断增多，不但样式越来越广，连酒瓶的品质也越来越高档，茅台、XO、杰克丹尼、尊尼获加……

不得不承认，在一开始，我对她这一行为很不以为然，只当不过是一些酒瓶的搜罗与陈列，但是到后来，我不得不油然生敬。因为她收藏的过程，并不是简单的数量增加，更是一个文化“品位”逐步上升的过程。

对于幼教品牌而言，这里面也存在着文化定位问题，这个文化定位通俗地讲可以等同于办学思想和办园宗旨，例如实行什么样的办学体制？有什么教育特色？。

朋友的酒瓶文化给了我很大的启发，“小瓶装贵酒”，这是人们通常的做法，物以稀为贵嘛，四川高粱酒会用五升、十升的大酒瓶，但是从国产茅台到法国拉菲没见过大瓶装和家庭装的，要是茅台也五升、十升的往外甩卖，估计也就只能是个高粱酒的质量和价格。而我想办的幼儿教育，并不想走“小瓶装贵酒”的贵族道路，因为我把幼儿教育看做公益事业，是为普通老百姓服务的事业。因此，如果说我对集团的品牌文化有个定位，那就是要走平民路线，走大众路线，要“大瓶装好酒”。瓶子要大，能够分享的人就多；酒要好，幼儿从中的获益就多。

集团化办园，这就是我想要的“大瓶”。“好酒”从何而来？幼儿教育不但实现规模增长，更要同步提升教育品质。我希望呈现给世人的不但是蓬勃发展的集团规模，更是追求卓越的保教质量。因为，任何教育的改革，最终要落实到教育质量上，要落实到对孩子的教育质量的提高上，否则任何改革都是一句空话。

我从自己人生的发展感悟到了“美”。15 年童蒙憧憬的美好世界，15 年求学触动的美丽人生，10 年幼教科沉思的美丽事业，15 年一线创业感悟的美妙生活……

我从幼儿教育发展的需要找到了“美”。人对美有着自发的追求，这个特点在婴幼儿时期就有非常突出的表现。儿童心理学的研究表明，刚出生不久的婴儿就对各种鲜明艳丽的颜色表现出明显的偏爱，听到悦耳的音乐就会手舞足蹈伴随有愉快的情绪反应。两三岁的幼儿则能进一步将“美丽”、“漂亮”等词语与表现的事物，如漂亮的衣服和玩具等联系起来。用美的观点来教育幼儿，会比冷冰冰的说教更为有效，能让儿童在快乐愉悦的气氛中学到行为的准则，有助于他们更好地适应社会，有利于他们的健康成长。

我就是要用“集团化”这个大酒瓶装“立美教育”的好酒。

明天品牌的教育内涵，就是要让孩子们在这里得到最好的教育机会，为他们的人生涂上最靓丽的色彩。因此，我希望用立美教育的光芒给予每个孩子以温暖。

让更多的孩子美在开端，赢在起跑线，这就是我们要建设的明天品牌！

二、幼教不等于幼稚

正如全国人大副委员长许嘉璐所指出的：“要把教育的视线延长到儿童出生的那一刻”，当前社会上对幼儿教育的认识还有待提高，很多人对幼教有偏见，认为幼儿教育是可有可无的，与中小学和大学比起来无足重轻。这个现象也能理解，因为中小学、大学对人发展的作用是显性的，有中考、高考、就业等指标来衡量。幼儿园呢？没有考试，没有分数，没有统一的显性的评价标准。但是，有一个事实已经得到西方人力资源学家和教育经济学家的证实，那就是在幼儿教育阶段投资的边际效应最大。其实，中华民族在几千年的文明发展中也早已有了相似的认识，“三岁看大，七岁看老”是大家耳熟能详的谚语，只是这种表达更为朴素和朦胧而已。

非常庆幸的是，我们国家的父母对学前教育越来越重视，从某种意义上，“尊师重教”的民族传统和改革开放的时代机遇为学前教育提供了很好的发展环境。孩子是父母的希望！现在的家长往往从胎教开始，就小心翼翼、千方百计地要给孩子最好的启蒙教育。

不是为了分数，不是为了升学，不是为了就业，幼儿教育的价值主要体现在哪儿？我们的教育重点又在何方？

我用 35 年的教育经验来回答这个问题，就是八个字：“培养习惯，塑造人格”。

看似平淡的幼儿园生活，每天好像一直重复着同样的环节，其实，幼儿园一日活动安排还是很充实与紧凑的。孩子们也就是在这种集体环境下学本领、长见识；积累生活经验、提升对社会的认识……从而不断提高他们自身的能力和水平。

我认为，幼教不等于幼稚，育人大于育儿。幼儿教育，因其特殊性注定要成为教育领域一种特殊的文化。幼教，不只是教会孩子走路，更是教会孩子独立走路，引导他们走正确的路。

我强调明天的幼儿教育就是塑造人格的教育，塑造人格就要重视幼儿社会性的发展。实践证明，能和其他小朋友和谐相处的小孩是开心快乐的，这种开心快乐能使他的内分泌系统处于平衡状态，全身的各种腺体正常工作，这样有利于他的生长发育。当然，社会性发展得比较好的幼儿，适应能力和自制力都比较强，在入园的时候，他们能比其他幼儿更快地熟悉老师和同伴。在平时，他们更容易与老师、同伴相处得融洽，有更多的机会与老师、同伴交往，从他们那里获得信息，扩大自己的眼界，在与同伴的合作游戏中，提高自己的能力。同时，我们还教授幼儿如何学习做人，因为幼儿在幼儿园的环境中，从一个“自然人”发展成一个“社会人”，如懂得自己的事情要自己做（自己吃饭、穿衣等），知道要遵守游戏规则，做一个诚实、乐于助人的人，热爱父母、长辈、不怕挫折、勇于探索等。

人格教育不等同于做人教育，人格也是道德的升华，是人美的显现，是理想的精神理念和意志的凝定。必须把做人教育推向人格教育。

通过什么手段来塑造人格？就人格谈人格？我们是通过幼儿“习惯”的养成来促成幼儿人格的发展。一位哲学家曾经说：“一个好习惯的养成只需一周的时间，而想改掉一个坏的习惯，则需要很长的时间。”由此看来塑造幼儿健康的人格品质，应适时把握幼儿的敏感期，为幼儿创设适宜的环境，发展幼儿的语言、行为、秩序及社会意识。

其他幼儿园也都谈人格教育，也都讲习惯养成。明天集团跟这些幼儿园有什么不同呢？我们的不同之处在于通过美育的实验，用立美教育突破了美育的局限，形成了一套独具特色的教育模式或者说是教育体系。正如法国美学家库申所说：“美的特点并非刺激欲望或把它点燃起来，而是使它纯洁化、高尚化”，“美感是一种特别的情操”。我带领集团将“塑造一个幼儿，培养一代人”的幼教理念纳入“立美教育”体系中，进一步开展相关教育。立美教育的最终指向在于完美人格的形成，完美人格实质在于真善美和谐统一。通过艺术、美感、经验和审美活动使人的情感高尚、心灵纯洁、人格完美。在这个意义上讲，这就是明天品牌教育内涵的鲜明特色。

我觉得美其实就是一种质量，是一种儿童对生活质量的把握，对生命价值的理解与诠释。儿童的人格完善是一种美，儿童的个性发展是一种美，儿童的身心健康也是一种美，这些都是高质量的表现。通过课堂，要引导儿童在学习中欣赏优美与崇高的事物；在合作中建立师生民主平等与融洽的人际关系；在探究中培养孩子认识与探索的兴趣。

三、有教无类与因材施教

孔子讲：“有教无类”和“因材施教”。明天品牌的精神，就是要求对每一个孩子都给予相同发展的机会，促进他们的身心健康发展，带领他们平等、自主地融入主体社会。人生来由于遗传、家庭环境的不同已经造成了事实上的不平等，我们希望能够用幼儿教育的平等来弥补人与人之间的差距，我们要维持人类公平的最后长城。

多年的幼教经验使我深知，教师在指导幼儿创设环境时，不仅要善于捕捉幼儿的兴趣、需要，而且要与教育目标、内容相结合；要在运用幼儿已有经验的同时开发新的经验，为幼儿提供充分发挥、创造的空间，让每个幼儿能愉快地选择适宜自己水平、特点的活动内容和方式。同时教师要提高自己的教育技能，从幼儿创设环境中挖掘教育价值，并以此为依据，生成课程。

同时，我也要求集团所有幼儿园通过计算机技术，为幼儿提供一个自主学习的空间，让幼儿在与电脑提供的动态、开放、交互的环境中，通过人机互动，使得孩子的思考得到及时反馈；通过孩子的动手实践，使得他们又有新的发现，从而使幼儿的好奇心和求知欲得到满足和加强，促使思维保持积极主动状态，同时也能使幼儿在独立操作的同时产生好奇心，引发疑问，并且不受固定模式约束，变思维的单一性为多向性，克服操作定势的阻碍，从活动中发现问题，提出问题，解决问题。譬如利用 KIDSMART 开展教学，组织折纸游戏，都为幼儿的个性化学习提供了良好的机会。

著名教育家苏霍姆林斯基说："教育——这首先是人学，不了解孩子——不了解他的智力发展，他的思维、兴趣、爱好、才能、禀赋、倾向——就谈不上教育。"他还说："必须深入了解儿童的精神世界。所以，作为幼教工作者，我们只有了解孩子，才能教育孩子。了解孩子，包括了解每个幼儿的个性特征，各方面的发展水平，以及孩子家庭、生活环境及过去成长史等方面。在幼儿园，孩子发展上将会有一些问题，老师只有了解，才能有的放矢地解决教育上的问题，更好地做到因材施教。

在我的教育实践过程中，发现少数儿童在语言、数学和艺术等方面存在着超出普通幼儿水平的表现。当然，目前针对超常的儿童特殊教学班甚至是特殊教育机构层出不穷，但是这些培训机构都偏重于特殊技能的培养，而缺少人文关怀，缺乏对超常儿童的人格塑造。而家长对这些儿童也有过高的期望，往往只关注智力的培养，忽视了人格教育或者说是情商教育。结果这些超常儿童即所谓"神童"长大后往往跟社会格格不入，结果被社会淘汰。

因此，我主张幼儿期的超常儿童教育不应以知识教育和技能教育为重点，还必须以人格教育为主，要以美的教育手段来教育孩子认识美，体会美，教育孩子学会关爱，学会沟通交流等。对于父母来说，超常幼儿只是在某一方面超越了这个年龄段应有的水平，但是不能因为这个原因就剥夺他们好玩、爱动、喜欢听故事的幼儿天性。而对于老师而言，不要因为孩子在某一方面有"过人之处"，而给予过分的重视和关注。教师应按照孩子的发展水平，充分考虑其心理特点，将启发诱导手段转化为美的方式，激发其求知兴趣，使每一个孩子的身心得到全面、均衡的发展。

同时，对于存在某些问题的特殊儿童，我们也给予应有的关注。何谓“特殊儿童”，就是指个别差异特别显著的儿童，或更具体地说，特殊儿童是在某方面或某几方面的个别差异特别显著，而可能有特殊的学习或适应困难的儿童。

我们集团曾经有一个小朋友是个早产儿，先天发育不良，不会穿脱衣服，不能正常进餐，不会刷牙漱口及擦嘴，就连走路也不平稳，不与小朋友和老师交往，不愿意参加班内组织的各项活动。我们的老师不但没有放弃他，反而给予他更多关爱，经常走到他的座位旁，蹲下来与他对话交流，老师最初的尝试得到孩子的反应是低头、转过头、不关注、没有丝毫表情，更别提对话了。但老师并不灰心，连续几天，依然如此尝试寻找各种话题，找小朋友喜欢听的话题打动他。“奇迹”终于出现了——他走到我们老师的身边，拉了一下老师的手，用他那不清晰的话语小声说：“你在干吗？”随后依偎在老师身上，顿时让老师感到无比的幸福。老师高兴极了，搂住孩子，笑着。从那以后孩子经常拉着老师的手，用简单的一两个字的话语与她交流。

随后，老师又发动班里的孩子主动帮助这个宝宝。两个月过去了，他终于和小朋友们热情交往了，和小朋友一起玩得很起劲，又叫又笑，虽然小朋友围着他做游戏，不小心刚碰到他，他都会一下子摔倒，但快乐洋溢在他脸上，家长看了都很欣慰。

四、开门办园

1995 年春，北京。

2000 多个身着黄色服装的小朋友雀跃着来到天安门广场，举行了“爱国”主题仪式。

“我是一朵小小花，你是一朵小小花，开放在小小的花园里啊，生长在幸福的阳光下……”孩子们欢快的歌声，良好的精神风貌，整齐壮观的队伍，引得路人纷纷停下来，好奇地打听：“这么小的孩子能够组织得这么整齐，这么昂扬，这些是哪个幼儿园的孩子啊？”

我们的老师骄傲地告诉她们："我们是明天幼稚集团的！"

从此，无数人记住了这个名字："明天！"

那时集团刚刚成立，作为一个新生儿，很多人并不知道，更不要说了解和认可我们了。生源、口碑、社会影响的挑战，使我决定，一定要走出去，一定要让大家了解"明天"！

★2006 年 5 月 20 日，集团举办幼儿才艺大赛，图为模特表演

果然，我们所带出的孩子以声势、风貌、素质、才艺之美为我们打响了"明天"品牌的第一炮。

随后，在多年的发展中，我更是时时强调树立品牌意识，要以优质的办园质量赢得社会各界的广泛认可。

1995 年 4 月，集团与汕头潮之阳学校联合开办潮之阳幼儿园。

5 月，集团在海淀工人文化宫举办首届艺术节。

1997 年 5 月，集团在北京音乐厅举办了"北京明天幼稚集团幼儿室内乐团庆六一音乐会"。6 月，集团在世纪剧院举行了《迎香港回归"明天更美好"歌舞晚会》。

★2000 年 7 月，集团师生赴港与香港灵粮堂幼稚园师生共同演绎"灵粮乐韵颂明天"音乐会

2000 年 3 月，集团在中国剧院举行"北京明天幼稚集团成立五周年庆祝大会暨'雏鹰·太阳·明天'文艺晚会"。

7月，集团280余名教师、家长及幼儿赴香港与香港灵粮堂幼稚园师生进行文化交流，并于当晚在香港大会堂联合举办“灵粮乐韵颂明天”综合音乐会，增强了香港人民对祖国大陆的了解。

2003年1月，应澳大利亚悉尼市政府和澳中科技文化促进会的邀请，集团教师、幼儿和家长一行63人赴澳大利亚的墨尔本、堪培拉、悉尼、布里斯班四个城市进行文化交流。

2004年10月，集团教师一行17人赴韩国进行了为期七天的幼儿教育考察活动。参观了幼儿园、幼教博览会，并与韩国幼教界同仁们进行了交流。

2007年6月1日，集团在清华大学体育馆举行了“明天-2008”迎奥运大型团体操表演。2008名北京明天幼稚集团幼儿、280名来自全国各地联盟幼儿园幼儿、上百名教师、近千名家长参与的同台互动，共同描绘了一幅家园共育、喜迎奥运的美好画面。

2009年6月1日晚上，集团在水立方举办了“童年的歌”演唱会，近千名幼儿同唱《听妈妈讲那过去的事情》、《丢手绢》、《春天在哪里》、《闪烁的小星星》、《我爱北京天安门》……随着歌曲的变换，水立方一会儿充满春天的气息，一会儿亮起漫天的星星，一会儿又成为国旗挥舞的海洋，在孩子们动听的歌声中，在场的所有成人仿佛回到了童年，找回了童真。

★在“花语坊”里插出美丽的花篮

……

打开门，我们走出去，也请进来！欢迎五湖四海的朋友们！

1997年5月，美国保育、早期教育访华团一行17人，到集团小星星

★1997 年 5 月，美国同行来集团参观访问

幼儿园参观访问。

1998 年 6 月，美国亚利桑那大学国际学院访问团一行 16 人，来集团参观访问。

6 月，匈牙利儿童友好基金会会长乌德瓦利·卡博尔率领的 28 名师生组成的访华团来集团小星星幼儿园进行友好访问。

10 月，日本神户市甲南学圜理事长中西典彦、教授谷口文章一行来集团参观访问。

★1998 年 6 月，美国客人来集团访问

还是在这月内，联合国教科文组织北京教育学术交流中心在集团总部办公楼前举行“定点联系幼儿园”挂牌仪式。

12 月，集团塔院幼儿园与青岛市市南区山东路幼儿园缔结友好园。

1999 年 7 月，香港灵粮堂幼稚园音乐文化交流访京团 200 余名幼儿、教师、家长及校友会成员来北京明天幼稚集团开展文化交流活动,并在海淀剧院隆重举行“京港小朋友手拉手‘明天’ ‘灵粮’更美好文艺晚会”。

……

我们用开放的视野来看待世界，世界用开阔的胸怀来拥抱“明天”。

2006 年 10 月 19 日，日本东京都练马区民亲善访问团一行来集团第一幼儿园参观访问。这一年，离我远赴日本求学已经 15 年，我对来访的客人说：“1991 年我去贵国学习，给了我一生难忘的记忆。”是啊，现在回想起来，当年发生的故事记忆犹新。我在那里学到的不仅仅是幼儿教育的知识，更给了我开办幼儿园、创建集团的启迪。

如今，回顾往昔的峥嵘岁月，明天集团能有今天的辉煌成绩，我个人能有今天的成绩，我的教育理想能够成为现实，都可以归结为物理学家牛顿说过的一句话：“如果说我比别人看得更远些，那是因为我站在了巨人的肩上”。正是将学习作为明天品牌的核心精神之一，认真吸收国内外的成功经验和优秀做法，我们才能少走弯路，事半功倍地做大做强我们的事业。

★1998年10月，集团成为联合国教科文组织定点联系幼儿园

事业因为品牌而兴旺，品牌因为宣传而推广。除了开展各种国内外交流活动，我们要利用自身网络平台、外部媒体平台和内部媒体平台来构建明天的宣传阵地。

我们创办《明天信息报》、《为了明天》、《立美教育》期刊等，形成了浓郁的宣传文化，同时出版《幼教宝典》等园本教材，推广我们的文化，从而打开一扇让更多人了解“明天”的窗口，将集团的教育理念、集团的文化、集团的经营活动传递出去，与社会建立了双向沟通的关系。

信息技术和网络媒介的兴起为品牌提供了新的契机。1999年，集团在INTERNET网上建立了自己的网站，在局域网、城域网和外部因特网三网合一的基础上，设立了“集团简介”、“各园简介”、“信息频道”、“学前动态”、“明天宝贝”、“特色课堂”、“明天人风采”、“娃娃天地”等栏目，通过网站平台为集团在信息高速公路旁树立了一块高大醒目的广告牌！2007年，我们从各幼儿园需求调研入手，为各幼儿园建设了独立的二级网站，功能强大、内容完整、外观优美、风格各异的各园网站既实现了为幼儿家长更好服务的目标，又为集团的品牌建设增添了绚丽的一笔。

品牌因宣传而推广，更因交流而焕发芬芳。我们利用网站开设了“总院长信箱”、“投稿箱”、“视频点播”、“BBS论坛”、“网上招生”、“家园桥”、“幼儿园在线”、“我家宝宝”互动栏目，在信息之路上打开一扇“交流之窗”。今天，家长和教师可以登录网站查阅教育资料，集团通过网站发布各类招生通知（演示进入网上招生栏目）等各类通知和消息。BBS论坛为教师、家长和各界朋友提供沟通和交流的场所。集团各园老师可以在这里发布教育教学的优秀经验，提出工作中的困难和疑惑。针对幼儿专门设计的娃娃天地将一些好听的歌、故事，好看的画，有益的活动展示出来，包括儿歌、小画廊、故事屋、童言童趣、玩玩做做等，让幼儿在集团的网站里也有广阔的互动空间。通过班级活动网站设置的“班级管理”、“明天宝贝”、“幼儿在线”、“今日我出镜”、“师生聊天室”、“留言簿”等网页，使幼儿与教师、幼儿与幼儿、教师与家长的沟通交流有了更多的渠道和空间。现在，网络式班级管理模式已成为集团一道亮丽的特色育人风景。

15 年来，集团网站（www.mtyzjt.com.cn）已成为社会、家长了解明天幼稚集团，了解幼儿在园一日情况的窗口。集团利用互联网为家长和教师架设了一条彼此及时沟通与交流的桥梁，为家长和幼儿提供了优质而周到的服务，扩大了集团教育思想的传播范围，提升了各园实力，塑造了集团信息时代新形象。

五、让品牌“动起来”

2000 年，我正伏案写作，电话机铃声响起，屏幕显示出一个陌生的号码。

凭直觉，这是一个并不熟悉的人，因为经常跟我打交道的人都知道，这个时间我通常是在办公室，所以一般都是先打到办公室来。

果然，电话接通，是一个略带稚气的年轻女孩，听到我说“喂，你好”，她似乎还微微愣了一下，然后才小心翼翼地说：“郑院长您好，我是中国教育服务中心的王丽，我们对您的集团化管理办园模式很感兴趣，想安排全国的幼儿园园长去您那里学习、取经，您看您能在百忙之中安排时间接待一下吗？”

原来，中国教育服务中心为了促进全国学前教育发展，提升园长办园水平，专门策划推出了一个培训项目，带领全国各地的幼儿园去参观幼教系统特色鲜明的知名园所，通过观摩考察，来促进各幼儿园之间的交流和提升。

认真倾听之后，我热情地说："欢迎你们组织大家来，我们很愿意全国的姊妹园来我集团观摩，我们的门是为同行们敞开的，我们可以互通有无，共同学习、共同提高，同时也能给我们留下宝贵意见和建议。"

对我而言，这是一件很有意义的事情，我们一直倡导"开门办园"，就是不吝相授，互相切磋。

"谢谢，谢谢您院长！"这个小丫头语带兴奋，也感染了我。

之后，我们陆陆续续接待了他们组织的全国各地的观摩考察团，通过交流，他们把我们的立美教育、信息化建设、集约式管理等很多机制带回全国各地，我们也在接待中加深了友谊，促进了自我提升。

后来，王丽调任我们集团任职，仍念念不忘当年的这一个电话。原来，当时，她刚刚涉足培训机构担任幼教专员，那次观摩活动也是她策划观摩培训计划的第一个活动，而之后联系其他园所，并不像这次这么顺利，大部分园长推推托托不愿意接待，所以她为我们"开门办园"的博大胸怀和自信所打动，后来自愿申请调任我们集团工作。

随着明天集团在国内外知名度的提高和影响力的增强，越来越多的国内外幼教同行前来邀请我们参加有关文化交流活动。走出国门，推广了我们"明天"的品牌，也使我们了解了国外幼教发展情况，同时也使我们开阔了眼界，为进一步发展打开了思路。

不但如此，有很多幼教相关机构或幼儿园开展一些活动，我还经常让我们的老师去帮忙，因为，我始终觉得，"明天"并不只是我们明天幼稚集团里的孩子们的明天，更应该是所有受教育者的"明天"。所以，为了教育的明天更美好，为了孩子们的明天，我们"明天"应该成为为所有教育人贡献的"明天"！

自 2005 年 3 月十周年庆典之后，我提出了新的五年规划目标，即在挖掘潜力走内涵式发展道路的基础上，不断拓展外延，建立联盟园所，推动中国幼教事业的进一步发展，推广集团的管理与立美教育成果，并向西部地区或其他地区辐射，推动学前教育的均衡化发展。

2005 年 4 月，我参加了浙江大学教育发展中心举办的“幼儿园集团化园长管理经营论坛”，在论坛上做了个报告，向与会的朋友们介绍了集团文化、管理与教育教学的情况。

会后，来自新疆喀什地区泽普县幼儿园的代表、党支部书记海仁尼沙阿西木和保教主任欧珍次主动找到了我，说我们集团联盟办园的思路深深打动了他们，且与他们一直极力寻求互助伙伴的思路不谋而合。经过简短的交流，泽普县幼儿园的代表毅然决定改变既定的行程，与我们同返北京，参观集团，深入了解集团的整体情况。

同年 6 月，该园园长梁素君老师来到集团，先后参观了集团的一幼、二幼、五幼、八幼等多所幼儿园，被集团的立美教育特色，独有的集团文化、管理与教育理念，环境布置、教师的教育教学能力所折服，当即提出了成为集团第一联盟园的申请。经过友好协商，我们决定择日举行签约仪式。

恰在此时，内蒙古兴安盟幼儿园也来参观我们幼儿园，闻听此讯后，兴安盟幼儿园园长兴奋异常，也申请成为我们的联盟园。

2005 年 6 月 10 日，下午两点整，总部多功能厅，北京明天幼稚集团联盟办园协议书签字仪式在这里举行。会场内气氛祥和而又热烈，每个人的脸上都露出了欢快的笑容。当我的手与新疆泽普县幼儿园、内蒙古兴安盟幼儿园两所幼儿园两位园长的手相握时，全场的掌声不断，我的心情也再次激荡飞扬。

10 年是一个跨越，10 年是一个新的征程。1995 年，我们明天开

★2005 年 6 月 10 日，新疆泽普县、内蒙古兴安盟幼儿园成为集团联盟幼儿园

始起航；2005 年，我们选择再次起航，开启跨出北京的第一步，开启选择服务社会，让更多的孩子享受优质教育的第一步。

同年 10 月，我还亲往新疆泽普县幼儿园参加揭牌仪式，那趟新疆之行，尽管已经过去多年了，但我依然清晰地记得……

10 月 18 日，我们一行 15 人从北京出发，乘机先抵达乌鲁木齐，然后转机到达了喀什地区。短暂驻留后，第二天即前往喀什地区泽普县幼儿园。

从喀什乘车到达泽普需要约 4 个多小时的车程。早 9 点，我们从喀什出发。沿途的风景是电影或是照片都无法表达的美。唯有亲身去体验、去感受才能明白那种不可逾越的美，惊心动魄的美。挺拔的白杨、百年孤独的雪峰、雪山下的牧场、金色的麦田、寂寥的街巷、赶着驴车的维族老汉、戴着头巾的维族少女、茫茫的戈壁、空旷而寂寥的塔克拉玛干沙漠、神秘而绵长的叶尔羌河、一轮圆月，大地的安宁与祥和，都令人如此痴迷！

初到泽普，给我们的是另一份惊喜，这里缺少西北部地区的原始，而增加了许多浓郁的现代气息和文化氛围，这是一个少数民族文化与汉文化高度交汇融合的地区。

汽车刚驶入县委宾馆，泽普县第一联盟园园长梁素君便带着园内教师一阵小跑迎上前来，党支部书记海仁尼沙阿西月更以维吾尔族式的礼仪逐一拥抱远道而来的客人。

抵达泽普的第二天，便是隆重而热烈的欢迎仪式和北京明天幼稚集团新疆泽普县第一联盟园的挂牌剪彩仪式。

正午 12 点，声声爆竹宣布了挂牌剪彩仪式的正式开始。参加此次仪式的有来自县委、县政府、科教局、泽普县兄弟学校领导，南疆各县市幼教同仁、幼儿家长代表、幼儿园教职员工共计 130 余人。仪式由泽普县教育系统党委书记梁俊峰主持。

喀什地区教育局副局长张学礼、第一联盟园园长梁素君也做了重要讲话，表达了他们对集团一行欢迎、感谢和衷心的祝福。在挂牌仪式中，当地的主要领导，泽普县人民政府副县长茹仙姑丽阿塔吾拉致辞，赞称："此次联盟活动，充分体现了集团对少数民族边疆地区教育事业的关心和支持，这对我县学习和引进先进的教育理念，提高幼儿教学管理水平，提升教师整体素质，壮大办学规模，全面推进素质教育进程具有十分重要的意义！”

同时，她还高度评价这次联盟办园，指出“北京明天幼稚集团新疆泽普第一联盟园正式挂牌，是我县幼教工作的一件大事，也是我县教育事业发展中的一件喜事，标志着我县幼教工作进入了一个新的发展阶段，泽普的教育事业也必将因此而谱写新的篇章。”

当我发言时，我介绍了联盟办园的成果，以及我们“注重公益”、“品牌特许”和“信息共享”的特点，旨在推广明天的管理经验和教育理念，共同提升更广大地区的学前教育水平。我还表示，在泽普幼儿园这所联盟园的未来发展上，我们将按照明天幼稚集团联盟办园方案，在培训服务、广告服务、信息服务、科研服务等方面向泽普县幼儿园提供有力的支持和帮助。

考虑到泽普幼儿园经费困难的实际情况，我还代表集团向泽普幼儿园捐赠了 1 万元人民币，表达了集团全体教职工对边疆同行的一点心意。

此次新疆之行，不但是我们的一次教育合作，同时也传播了祖国心脏首都的文化，发掘出西部文化的精华，使东西部文化、教育达到真正的交融和发展，此次签约，成为集团教育事业发展的又一里程碑，为宣传集团教育理念和办园宗旨有了良好的开端，标志着集团优质幼教品牌在全国的首次成功推广，我们的品牌真正开始“动”了起来。

通过文化内涵的修炼与品牌战略的实施，我们“明天”，正渐渐走得更广、更远……

我曾收到一封本集团远赴阿联酋支教的老师来信，信中充满了自豪。我读后，也是充满欣慰，因为，我们的品牌正在渐渐走向世界……

“亲爱的总院长：

我在阿联酋一切都好。我把在集团学习到的优秀理念、好的教学方法应用到教育教学中，受到了国外领导的好评。同时，我也认真地学习和积累了他国的一些好经验，相信会更促进我们在教学中的立美教育。

今天我们参观了音乐学院，我能够一一说出那些乐器的名字，还能够简单演奏小提琴、钢琴和长笛，其他国家的老师们都可佩服我了！我独立制作的支持教学的软件，让他们也欣羡不已，现在计算机操作的很多问题，他们都跑来问我呢……现在，所有人都知道，并且欣赏我们的立美教育，向往我们的集团，还说一定要到我们集团学习考察呢……”

六、为让教育更美好

30 多年的教育生涯，让我的生命变得充实，而回首这些历程，在幼教系统摸爬滚打 20 余年，从白手起家到如今身担重任，总有太多经历让人难忘，而 10 年人大代表生涯，也是最重要的人生经历。

★2002 年 12 月，作者当选为北京市第十二届人大代表

1998 年，我当选为海淀区第十二届人大代表；2002 年，当选为北京市第十二届人大代表。

身为一名人大代表，我得以跳出小教育的圈子，站在更高的层次上去践行责任，心系教育发展。作为明天集团的党总支书记、总院长，作为一名教师，我深深挚爱着我的课堂和孩子们。而人大代表的身份，更让我深感责任的重大，因而不遗余力地为北京市基础教育快速、均衡、优质地可持续发展而倾尽心血。我们以“达则兼济天下”的胸怀，在 20 个外省市吸收了百余联盟园，还与海淀区乡镇农村园开展了“手拉手联盟办园”的活动，让更多的孩子享受优质教育。与社会上其他联盟机构不同，明天幼稚集团不但不收取分文加盟费，还免费为联盟园进行培训和指导，我还带领教师和专家到新疆、内蒙古等偏远地区支教，与他们分享先进理念，获得了联盟园的高度好评。

不但如此，我还以一种强烈的使命感站在教育前沿，直陈利弊，心忧未来，为教育事业呼吁呐喊。曾负责过海淀区教委基础设施建设工作的我，对新建小区配套教育设施建设流产严重这个问题的关注已有多年。1985年和1994年市政府先后颁布、修订了《北京市人民政府关于本市新建改建居住区公共服务设施配套建设指标》，其中对新建和改建居住小区的教育配套设施做了明确规定。由此，新建小区必须根据社区人口比例建设配套教育设施。而在常规的审批程序中，规划部门只负责审批小区规划，建设部门只负责建设、施工，教育部门只能在接到建委的通知后才去验收。建设者就是利用这种管理脱节的弊端占据主导地位。如果教育部门主动找上门来，开发商就千方百计地寻找理由拒绝；而在教育部门不了解规划和建设的情况下，则根本没人过问，全由他们自己决定。针对这一情况，我在多方研究考证后，提出了“商家在新建社区时规避政策、少报面积、分次审核，不建或少建配套教育设施，或在办学之后又转做他用。小区居民住上新房却无处就近送子女入托、入学”的议题。建议市人大应根据现实状况，修订或重新制订出台一个较为完善的地方性法规，使生活小区配套教育设施的标准、定额、规划、建设、产权和管理等问题能走入法制化轨道，明确界定规划、建设、教育等主管部门在此问题上的职能关系。我的建议得到了有关部门的高度重视。此外，我还提出了关于修改幼儿收费标准、关于在学院路地区建立示范性学校等意见和建议，为基础教育的发展起到了促进作用。

2006年4月，北京市教委出台了《关于取消小学附设学前班的通知》的文件。文件要求限期取消现有的小学附设学前班。但我在调研中却发现，2006年秋季开学后，在一些小学开设学前班的情况有增无减，有的学校或相关机构仍公开在网络上招生。而且，学前班还出现很多的“变种”，如学校与少年宫、少年活动中心等机构以联合举办的方式开办学前班。一些社会力量机构也看准学前班的市场，打起了办学前班的主意，如某培训中心，与海淀、门头沟、朝阳等9所学校合作，打着多元艺术幼儿园招生的旗号，招收幼儿。另外，学前班的收费问题也严重违反相关的政策，目前各个学校学前班每月收费从几百元至上千元不等，这和物价部门所规定的学前班收费每月 30 元的政策差距惊人。可见，《关于取消小学附设学前班的通知》文件的出台，不仅没有限制住小学附设学前班，反倒使一些小学大打政策的擦边球，结果使学前班的存在在 2006—2007 年这一年之内有了合法的身份，并且愈演愈烈。因此，我在两会上建议，教育主管部门应进一步修订《关于取消小学附设学前班的通知》，将取消小学附设学前班这一规定落到实处。此建议受到北京市教委重视，目前已明确于 2010 年在全市小学全部取消附设学前班。

人大代表的身份，让我多了一项工作的压力，也多了一份为民请命的机会，为教育革新参政议政的条件，我为此奔走，不辞劳苦，到基层，到每一个家庭。累了，趴在桌子上休息一会再写议案；困了，站起来走走，再坐下写未完成的议案。我知道，我的每一笔，每一个建议，都包含着众多家庭的声音。这一切，都只为让教育真正远离尘嚣的困扰，还原其本色，真正朝着优化、科学的发展方向不断迈进。

人大代表的经历，让社会和集团以我为纽带联系得更加紧密，为明天品牌灌注了新的内涵。

七、和谐社会，我的责任

以天下为己任，是中国传统文化重要的价值观念和人生追求。《孟子·万章下》中，孟子评价伊尹，说伊尹“思天下之民，匹夫匹妇有不与被尧、舜之泽者，如己推而内之沟中，其自任以天下之重也。”意为天下的普通百姓有没有受到圣人的恩泽，不能安居乐业的，伊尹都认为是自己的责任，就像是自己把他们推下水沟中一样，从而自觉担负起平治天下的责任。可以说，自任天下，是以天下为己任，向来是历代儒家的理想和抱负。曾子曾认为士要“仁以为己任，死而后已”，以建立“天下归仁”的理想社会为自己的人生使命。孔子也说：“天下有道，丘不与易也。”就是说如果天下有道，我也不会这样努力去推动改变了。顾炎武提出“天下兴亡，匹夫有责”，从而成为中华所有志士仁人的自觉认识，进一步泛化成中华民族的文化内蕴。

从担任人大代表开始，我内心更加充盈着以天下为己任的使命感。在我做人大代表的工作过程中，我认为坚持原则就是对国家的忠诚，对人民的爱，对和谐大同的追求。“苟利国家生死以，岂因祸福避趋之。”作为人大代表，我们的责任是推动国家的进步，而要想推动一个国家的进步，必须从我做起，从心做起，由爱延伸向和谐。我愿意为政府决策提出好的建议，愿意为人民群众的利益发出呼声，这不是我个人的力量，而是人大代表的职责所在。

10年来，我始终履行代表的责任，尽心尽力，牢记一个共产党人为事业奋斗终生的信念，在人民代表的履历上，写下了“责任”与服务的承诺。对上，建言献策；对下，不计个人得失，为民请命。我始终觉得，作为一个人大代表，为民请命是我的使命，不计个人得失、一心为集体是我应有的品德，而忠实履行人大代表职责是我不懈的追求。

从接过火红的人民代表证书的那一刻起，我就思考着如何担当起人民代表的重任，如何不辜负党和人民的信任。我以近乎童真的热情开始学习，认真学习宪法、代表法和其他法律法规，通过学习不断强化自己的责任意识和使命意识，不断增强自己的参政、议政能力，并虚心向其他代表学习，提高自己分析和解决问题的能力。多次上门拜访老代表，学习他们的优良作风和工作方法，同时还积极参加人大组织的各项活动，把每一次的人大活动都当作自己学习的好机会。

当初步了解了人大代表的工作后，我便开始以极大的热情和科学的态度依法履行代表职责。尽管集团管理工作繁忙，但我都会抽出时间，深入选区与选民见面，说说社区发展，聊聊百姓生活，听听民意呼声。对群众普遍关心的热点、难点问题认真展开调查研究，有理有据地写出议案和建议。为增加走访了解情况的准确性，我还认真到相关部门走访调查，最后进行归纳整理，及时写成代表建议向区有关部门反映。同时，我还认真跟踪和追办议案和建议的办理情况，力求问题获得圆满解决。

譬如，了解到育新花园小区周边环境多年来受到粉尘、化学异味、噪音等严重污染，影响到北京市58所高校和科研单位以及小区5000多户、20000多居民的生活和工作，小区180名专家教授曾多次联名向国务院、教育部和市政府反映，老代表们也曾提出议案，但问题一直没有得到有效解决。这一情况引起我的高度重视，多次深入居民家中进行实地调查、采取样品，积极参加小区环保组的代表、居民代表座谈会，听取群众意见，并上门拜访老代表，听取其对此问题的看法和建议。经过充分调查研究、分析取证，我带着提取的样品，在市人大代表会上提出了《整治育新花园小区周边环境、还小区居民良好生存环境》的建议。这一切实可行的建议得到了市委、政府的高度重视，承办单位市规委进行了认真的调研并给予及时答复。现主要污染源某工厂已搬迁，小区的整体环境得到了很大的改善。当看到小区居民们开心的笑颜，听到他们感激的话语，我心中充满了幸福感。

当了解到塔院小区出口——北土城路口一直没有交通标志，经常发生交通事故，群众意见很大这一情况后，我提出了《关于塔院小区出口北土城路口应设交通标志》的建议，引起相关部门的重视，海淀区交通支队很快安装了交通标识，妥善解决了这一老大难问题。

多年来，我实事求是，先后提出了《关于医院药费应当明码标价》、《关于小月河应当清污治理》、《关于海淀区环境整治》等许多意见和建议，都得到了有效的落实和解决。我还就小区违章建筑、物业管理等群众生活息息相关的问题提出了许多批评、建议，促进了小区整体环境的提升。

“人民选我当代表，我当代表为人民”，不是说出来的，而是做出来的。

我坚信，心在，爱在，和谐就在。这既是我个人的执著，也是明天品牌的灵魂所在。

八、热血真情赤子心

和谐，并不仅仅是以平静的力量促成改良，更体现在危难时刻的戮力同心。

在物欲横流的今天，有一种力量最能温暖人心，那就是真情。特别是在危难时刻，人与人之间的鼓励和帮助，是克服困难的最大动力。1998年，当全国发生大的洪涝灾害时，我带头向灾区捐款，为灾区人民送去首都人的温暖。2003 年，“非典”时期，我又积极号召集团教职员工向白衣战士捐款，为抗击“非典”的一线战士送去精神和物质的关怀。2005 年元月，我号召集团全体党员、团员和教职工为海啸地震灾区捐款，表达了中国人一方有难八方支援的高尚情怀。2005 年 8 月，我把在内蒙古讲学的2800 元讲课费，作为特殊党费上交给党组织。

2008 年 5 月 12 日 14 点 28 分，汶川发生了强烈地震。听到消息的时候我一阵阵揪心，总想知道灾区的状况怎么样了。看着网页上有关灾区的报道在不断地增多，看着一幅幅令人痛心的画面，我唯一想的就是我能为灾区做什么？明天幼稚集团又能为灾区做什么？

★2008 年 5 月 12 日，四川汶川大地震，集团教职工及幼儿踊跃捐款，图为集团退休老教师捐款献爱心

已经该下班了，很多老师还在办公室里沉默着，没有离开的意思。我知道，老师们和我的心情一样，国家有难，一个拥有崇高称呼的人民教师，应主动承当些什么。一个、两个……我的办公室陆续聚集了一些老师，从这一时刻起，我和我的老师们擦去眼中的泪水，投入到了抗震救灾的战斗中。

晚 7 点，“心系灾区，献我爱心”捐款倡议书写好了，上挂到了集团网站，为了每个幼儿园能把捐款事宜做好，我让教师们联系每个园长，安排好了一切，我捐出了自己对灾区的第一笔捐款。

第二天早晨，透过窗户，我看到一幼的老师们、孩子们、家长们把钱投进了捐款箱，虽然有一定距离，我也能看到很多孩子拿来了自己的存钱罐，我被他们感动着，眼泪不由自主流了下来。短短几天时间，捐款达到了30余万元，作为党员我又捐出了自己的第二笔捐款。

随着社会上捐款工作的开展，我欣慰自己走在了前面，与灾区人民心更贴近了。

新闻里我看到了倒塌的学校，看到了死伤的学生，看到了失去父母的孤儿，他们需要帮助。作为一个教育工作者，看到这些凄惨的画面，我感到揪心般的疼痛。成立一支为灾区儿童提供心理干预咨询、医疗保健和教育支持的“幼儿教师志愿者服务队”的想法在我心中产生，并准备在集团建立灾区孤儿班，组建灾区孤儿“临时大家庭”，以承担专业幼教机构的社会责任，发挥专业幼教机构的育人作用。

这一倡议刚一提出，就得到了集团全体教职工的热烈响应，短短半天时间，集团所属各园园长就带来305名教职工志愿到抗震一线做志愿者的请战书，老师们充满了激情的话语，表达了每一个明天人的爱党、爱国、爱人民的热情！感动了我，激励了我，振奋了我！高宏武园长在请战书中说：“我是母亲，我会用真挚的母爱去呵护孩子的心灵；我是女儿，我会尽善良的孝心去抚慰老人的创伤；我是教师，我会以专业的功底去科学地疏导；我是党员，我会用无私的大爱去定位人生的坐标。”

老师们把请战书送到了海淀区委、区教委，把孤儿抚养申请书上报给中国红十字会、北京市民政局及海淀区民政局。

全体明天人的这种热情和愿望被上级所肯定，集团志愿者服务队作为北京市唯一的一家志愿者团体很荣幸地接受了去老年医院照顾地震伤员的任务，开展爱心无限志愿服务活动，照顾专程来北京救治的91位四川同胞。

5月31日（周六），是集团志愿者在老年医院服务的第二天，又是休

★2008年5月29-6月30日，集团先后派出三批志愿者到北京老年医院照顾汶川地震伤员

息日，我决定去看看老师们，早晨不到7点我就到了医院，来到伤员救护区，楼道里一个穿着白大褂、手拿两把墩布在埋头干的小伙子让我看着那么眼熟，噢，是肖金煌。看来我们的老师到哪里都是那么的能干。一个小老师拿着抹布过来了，问清了她的工作，我拿过一个抹布和她一起干了起来，来回路过的老师们总想抢过我的抹布，让我去休息，可谁也没“得逞”。从一楼到二楼，整个楼道的墙围裙、楼梯、装饰镜框都让我们彻底擦拭了一遍，够不到的地方，我们还搭起了人梯。两个多小时以后，擦拭楼道的工作完成了，我去每个地方看一看，一个一个的病房探望过去，老师们是那么耐心地照顾伤员；在透视门口钱程、刘光洪轮流跑着去另一个病区来回送着片子；在食堂，本以为没有做过成人饭的集团炊事员只能打下手，却成为了主力军。这一幕幕，都让我感叹，自豪！

后来集团志愿者服务的日子里，我听到了很多故事：有些老师家住门头沟，为了成为志愿者，每天早晨四点就要起床，赶头班车到达集合地点，每天晚上回到家也都是晚上八九点钟了，但是这些老师从没叫过苦，从没喊过累，而是以积极饱满的精神状态坚持着完成了志愿工作；有的老师因家远不能赶上班车，就想办法租房子；有的老师家里有刚出生的孩子，但为了让更多的灾区同胞感受到家的温暖，年轻的妈妈们舍小家，为大家，用自己博大的母爱，滋润了灾区人民受伤的心灵。

集团志愿者不怕苦，不怕累，为灾区伤员带去了北京人、明大人的关爱与真情，区领导、老年医院领导等都分别给我打电话对他们的工作进行了赞扬。

集团的爱心维护了教育的圣洁和尊严，用爱心温暖爱心，用生命拯救生命，用心为生命撑起一片蓝天。尽老师的职责，给孩子提供一个安全的港湾；用手，把绝望从无助的身边赶开；用爱，让重生的希望生根发芽；用心，让生命的火花重新燃放！

九、明天之美

明天人的梦
像大海激起的浪花，那样美丽；
像海滩上的贝壳，那样绚烂；
明天人的梦，
更似彩虹，在中国的天空
画出了立美教育的七彩桥

明天人的笑声像太阳，
用火的燃烧升起了美的篝火，
用水的荡漾推动了社会责任
的领航，
用风的飞扬掀起了史无前例
的力量。
这一切，都是在春天里
——解冻、诞生和成长！

★外籍幼儿在画中国的大熊猫

正如刘光洪老师所写的这样，我们明天带着美丽的梦想，理性的探索，行走在通往未来的大道上。

我们用如火的激情、如水的厚德、如风的力量，继续勾画着“明天”的明天，规划着下一个15年的辉煌：

我们将让“明天”的明天充满均衡之美——继续拓展集团化办园模式，积极接收目前的薄弱园所，并在新兴社区开办新幼儿园，一面争取教委计划开办的公立幼儿园，一面创新合作办园方式，争取教委计划外的新幼儿园开办。努力将更多的幼儿园纳入明天幼稚集团的品牌下，推动所属幼儿园的协调发展。

力争到2015年，新增直属幼儿园或者合作办园10所左右，将教学班级增加到200个以上，实现6000名入园幼儿的招生目标，为解决北京市“入托难”问题做出最大努力。

我们将让“明天”的明天折射理性之美——通过课题引领，积极吸收中小幼各阶段的研究精华，重点开展立美立德协同发展、立美教育与信息技术整合等方面的建设，实现立美教育的理论突破。建设和完善立美课程体系，建构集团、幼儿园和班级三个层次的立美课程。

力争到2015年，在所属幼儿园全面运用涵盖立美教育全过程的系统的立美教育教材，实现以自编教材为主体开展立美教育教学工作；完成《完善立美教育德育功能的实践研究》等两个国家级课题以及20个市区级课题的研究工作，形成以论文集、案例集以及专著为主的立美教育科研成果；集团培养的幼儿全面超越《幼儿园教育指导纲要》的基本要求，具备健康的身心和应有的生活学习技能，为幼儿的人生发展打好基础。

我们将让“明天”的明天彰显特色之美——继续推进立美教育框架下的园所特色发展，鼓励各幼儿园通过课题研究与园本教研来发掘和提升各园教育特色，推动幼儿园教育的多元化发展，并组织新增园所通过级类验收，重点培育新的北京市示范幼儿园，助力集团品牌形象建设。

力争到2015年，集团所属幼儿园再有1~2所幼儿园成为北京市示范幼儿园，形成市级示范园—区级示范园的园所体系。

我们将让“明天”的明天充满知性之美——通过师资培养，打造一支知识型、研究型的高素质教师队伍。为教师继续提供参加学历教育的机会，不断提高教师队伍的学历水平，将集团教师的学历水平从本科学历向研究生学历推进，超前完成学历达标任务；通过加强教育教学实训，开展艺术团活动，引导教师在教学实践中开展行动研究，提升教师专业水平；建构优秀教师选聘机制，为青年优秀教师提供成长机会；并建设集团文化，增强集团凝聚力和向心力，为教师提供健康和谐的成长氛围。

力争到2015年，全体教师完成本科学业，研究生在读和毕业人数不低于教师总数的10%，超前实现学历达标任务；市区两级骨干教师、学科带头人超过一线教师总数 30%，形成一支高学历、高素质的以骨干教师为核心的教师队伍！

我们将让“明天”的明天充满开放之美——重视教学交流，将优秀教育成果及时转化为教材、软件和音像资料，将立美教育系列教材扩大发行范围，在全国多个省市推广运用，为其他幼儿园提供学习范本和操作手册；突破行政区域的限制，借助联盟园体系构建跨区域的教育资源共享平台，重视幼教知识体系库的运用，利用远程视频、语音、语言等实时交流系统，建设以信息技术为基础的远程教育平台，推广先进教育经验，弥补由于区域、园所造成的教育差距，发挥优质幼教资源的示范作用，推动学前教育的和谐发展。

未来的 15 年，明天人会在原有的基础上“而今迈步从头越”，为新的征程期待更辉煌的故事。

我相信：明天，将更加绚烂！

后记

一、我的爱在这里

在整理这本书的过程中，我得以重新审视自己50多年来走过的路程，有惊心动魄，有剑拔弩张，有春风化雨，有震撼感动，有惊喜连连，有欢欣鼓舞……太多太多的人和事，太多太多的回忆和企盼，如今回味起来却可以那么安静地看待。这样静静地追记逝去的时光，让人感觉生命的确像一条河，点点滴滴总是真。

几十年幼教生涯，15年在集团的奋斗，所思所想，所作作为，也许放在历史的长河中只是飞溅起几个浪花，但于我而言，却都是实在的，深刻的，甚至是刻骨铭心的。这一路探索中，有辛劳，有坎坷，但也收获幸福、成功。

从研究和管理工作转型到具体的幼儿园管理工作，我深深感到这看似游戏一样的工作其实并不简单。它需要我们付出时间、精力和永远不变的爱心。但也正因为有一颗装满孩子的爱心，有一颗永远年轻、跳跃的童心，才使我的每一天都充满了阳光般的灿烂。

我深爱幼教，深爱孩子们。走近他们时，会发现孩子们自然魅力中有遮不住的希望。似初生的嫩叶，纯净却脆弱。需要我们采一片绿阴送给他们，擎一片蓝天留给他们。而我既已踏入了浓阴的绿色的叶的帐篷下，便不会再寻找返回的脚印，我要沿着空隙中的太阳足迹走下去。无需食“智者之果”，无需载“千里骏鬃”，我只要拔起泥中的双脚，因为我要去拾撷心中那片绿。

天真可爱的孩子们发掘出我内心里最童真的部分，跟他们一块跳，跟他们一块唱，跟他们一块笑，生活里一切的不如意和烦恼都渐渐远去。听着他们清脆地叫“园长妈妈好”，看着他们聚精会神地听我说话，感受着他们对我的信任和喜爱，还有什么比这种受人尊重和喜欢的感情更美好的呢？

“爱人者，人恒爱之；敬人者，人恒敬之。”

我庆幸自己选择了幼儿教育这份幸福的职业，更庆幸自己有机会走进这无邪的童心世界，“一切为了孩子，为了孩子的一切，为了一切的孩子。”朝着这目标，我一如既往地努力着。

我有一个心愿，办最美的幼儿园，开启孩子最美的人生，对我而言，便是享受了自己最美的人生，任再艰辛，也乐在其中！

时代的变迁需要我们不断地更新教育思想与方法，但热爱和责任永远是做好工作成就事业的根本，拥有它们就拥有了成功的基础，我会永远这样做！

二、亲情寓我饱满人生

每一个成功的人背后，都有一个家庭的默默支持。我不敢妄言成功，却仍对多年来家人的支持心存感恩。就是这些深爱的亲人们，让我在做事业的同时，享受着一个饱满的人生。

犹记得，当时在塔园幼儿园时整托班尝试开设的一年中，一天 24 小时我几乎都在幼儿园。只有 7 岁的可爱的儿子却异常懂事，非常理解我，支持我，每天傍晚到幼儿园看看我，亲亲我，有时候还安慰我，然后为不打扰我工作，就乖乖地回家。每次，看着他的背影，我很感动，也让我安心，踏实。我常自言自语地说："儿子，妈妈爱你！妈妈也爱这些幼儿园里的小弟弟小妹妹们，他们的爸爸妈妈工作忙，无法照顾，妈妈的工作就是要照顾好他们，这是妈妈的责任，也是他们父母托付给我的责任啊……"

几个哥哥也大力支持我的工作，当年，初到塔院幼儿园当园长时，我带着几个年轻的女老师荷锄斩草，并要进行园所设施环境的布置工作，哥哥们也给了我很多的帮助。后来集团成立，每每遇到困难，哥哥都想尽办法帮我。在手足同胞并肩克服困难的过程中，我也感受着亲情的温暖。遗憾的是，1999年，大哥罹患恶疾，尽管我为挽救大哥，不顾危险，提供了3000CC的血液，让医生提取白细胞做了血分离实验，但最终仍成遗憾。但大哥走得很平静，没有留下更多的遗憾……

从此，我更加珍惜生命，珍惜真情，并推己及人，希望每一个家庭都完整地享受健康和快乐的天伦之乐。在岗位上，我积极构建美的幼儿教育，让每一个家庭都充满笑容，生活中则尽量力所能及地帮助他人。

2008年汶川地震期间，海淀区教委与中国教育研究会"中国汶川地震专家应对政策行动组"合作，推荐2名集团教师参加首批赴四川灾区"流动幼儿园"的成员。当时，集团八幼何淼已经是指定人选，还有一个名额。这个名额让谁去呢？

灾后的四川到处是危险，余震不断，加之天气炎热，又是雨季，生活条件很是艰苦，这样的情况我不想让集团任何一个教师再承担风险。于是，我想到了刚进门几个月的儿媳妇张海娣。当时，市里催得紧，海娣正好在带班，我没有机会和她商量，也不能考虑亲家们是否会因为我的自作主张不高兴，就报

★2008年6月18日，集团选派教师参加汶川地震应对策略专家行动组流动幼儿园项目志愿者支教活动。作者送集团志愿者离京

了她的名字。很高兴的是，当我告诉儿子、儿媳妇这一决定时，他们都欣然接受了。

从确定去灾区到走，仅有短短的几天时间，每天我都会在下班后带着儿媳妇买一些必需品，一个月的时间不算短，儿媳妇还从来没有这么长时间离开过家，看着高高兴兴跟在我身边的她，我能给予的就是尽最大努力的支持。

儿媳去灾区那天，我去机场送行，一直开开心心的她突然在走进机场的一刹那转身跑回来扑在我的怀里哭了，我把何淼、海娣搂在怀里，答应一定会去看她们。

连续23天，何淼、海娣克服重重困难，在没有任何条件可以依靠的环境里，为灾区人民送去优质学前教育服务的支持和帮助，受到了专家的高度赞扬。而我也真的履行了诺言，于7月初悄然飞抵绵阳，当几经周折敲开她们临时住所的门时，两个丫头惊喜地跳起来——在那里，她们是灾区孩子们的精神支撑。而在我面前，她们回归孩子的本性，一个雀跃，一个拥抱，一声“妈——”，让我更加感受到人间亲情的美好……

三、一生无悔

回顾这么多年来创业的艰辛，甘苦自知，有笑有泪。曾经很多人问我，从优越的行政工作到这样艰苦的幼教一线工作，可曾后悔。我笑笑：“选之所爱，爱之所选。”

是的，也许，如果当初我留在幼教科继续从事行政及研究工作，我的人生将会是另一种风景和境界。

然而，我无怨无悔，来一线是我最认真的选择，就算苦累，都是快乐的。因为我深信，只有在爱的岗位，才能创造奇迹！

至今，我仍然经常亲历亲为，在闲暇时做一些幼儿园基础性的工作。譬如集团各幼儿园正在经历一级一类的验收工作时，为了提高集团整体的形象，我们在假期中对各幼儿园及总部进行了装修。我穿着工作服，亲自带领总部的老师们进行彻底的大扫除工作，一只手拿着钢丝球，另一只手拿着铁铲，费力地清理装修时掉在地上的涂料印迹……很多人劝我，老领导了，不必再做这些，这些脏活、重活完全可以交给别人去做。但我觉得，在爱的岗位上，每一份付出，都是幸福的……

2010 年 3 月 25 日，北京明天集团成立 15 周年了，本人从事幼教工作也已经 35 周年。一路走来，有太多的人和事，给我太多的回忆，一个个感人的故事，一次次经验的沉淀，让我不能忘怀，而这一切都给我生命增添了七彩的光环，为此，我感谢幼儿园每一位孩子带给我的幸福与感动，感谢每一位家长的认可与配合，感谢每一位教职工的支持与理解。

★作者和孩子们在一起

在这本书出版的前前后后，也衷心感谢编委会专家对我的指导与帮助。为了让此书赶在集团成立 15 周年之前出版，集团白春芝、杨吉、郝建玲、刘光洪等几位老师经常陪我一起收集材料、整理素材，甚至连熬了许多通宵。对此，我感谢并充满感恩！

15 年的经历，也使我的人生之路更加美丽和多姿，我的选择、我的故事、我的生活也随着集团的成长而多彩。

15 年的经历，我感激于最初的选择与无悔决策，并勇挑急流，执著于在幼教的大海里搏浪与前行。我感恩于身边的每一个人，在改革的激荡中撞击与携手，并一路同行，为富有的生活增添色彩的斑斓。

15 年的经历，不管期间多少艰难和坎坷，但我带领着明天人最终以所展现出的顽强生命力，织就了最美的人生故事。

经过紧张的筹备、收集、整理和编纂，《立美人生》终于即将付梓。谨以此书献给为北京明天幼稚集团事业发展作出贡献的每一个明天人，一切关心学前教育改革与发展的各级领导及业界同行！

《立美人生》出版发行后，我的职业生涯也即将结束。一些老领导和老园长们都想让我多干几年，这使我很感动。然而，我很清楚，集团化办园模式之所以具有强大的生命力，并在全国各地得到发展，完全是党和国家的改革开放政策和几代幼教人共同努力的结果。

我们正处于一个伟大的时代，又是教育改革发展的重要机遇期，因此我们是幸运的。面对蓓蕾一样的孩子们，我常常为他们的生命绽放而激动，也为团队的每一份进步与发展而自豪。我不会停下脚步，因为，这个花儿一样的世界，我将永远深爱着！

由于时间太过仓促，难免有很多不尽如人意的地方，敬请广大读者谅解，也欢迎同仁批评指正。当然更希望我的文字能带给大家些许启迪，让我们共同为中华民族的幼儿教育事业合力奉献！

郑佳珍

2010 年 3 月 8 日